MY BEST

毎日の勉強と定期テスト対策に

For Everyday Studies and Exam Prep for High School Students

よくわかる 高校 日本史探究

Advanced Japanese History

Gakken

　「日本史探究」では，年代や用語を暗記するだけでなく，出来事の意味や意義，出来事が互いに与える影響や現代とのつながりを理解し，日本史の大きな流れをとらえることが必要です。それだけでなく，それらについて調査してまとめる力，考えたことを説明する力，議論する力を身につけることも求められるようになります。

　本書は，このような活動の基本となる「日本史の流れ」をわかりやすく解説することをめざしました。「学校の授業だけでは不安」と感じている人や「教科書では挫折してしまった」という人の助けになるように，次のような方針で制作しました。

・新学習指導要領にしたがって作成し，どの教科書にも適応できるように配慮してあります。

・日本史の大きな流れの理解に役立つ内容に重点をおいて，できるだけわかりやすく解説してあります。

・各章の最初のページ（トビラ）で各時代を俯瞰することで，日本史の大きな流れをつかみやすくしています。

・各講冒頭の **この講の着眼点** で示した疑問が，各講最後の **この講のまとめ** で解決されるように，流れを理解しやすい構成にしています。

・ **KEY WORD** **KEY PERSON** **⊕ PLUS α** では，用語だけでは理解しにくい重要事項について，さらにくわしい説明をまとめています。

　日本の歴史における過去の課題を理解し，考察することから，現在の日本が抱えるさまざまな課題の解決につながる何かを得られるはずです。本書がその助けになれば幸いです。

Gakken 編集部

本書の使い方

1 学校の授業の理解に役立ち，基礎をしっかり学べる参考書

本書は，高校の授業の理解に役立つ日本史探求の参考書です。
授業の予習や復習に使うと，授業を理解するのに役立ちます。

2 図や表や写真が豊富で，見やすく，わかりやすい

カラーの図や表や写真を豊富に使うことで，学習する内容のイメージがつかみやすく，また，図中に解説を入れることでポイントがさらによくわかります。

3 POINT や色字や**太字**で要点や重要用語がよくわかる

POINT で「覚えておきたいポイント」，「歴史の流れや背景」がわかります。色のついた文字や，太字になっている文章は特に注目して学習しましょう。

4 章末の**定期テスト対策問題**でしっかり確認

章末にある「定期テスト対策問題」にチャレンジすることで，重要用語を再確認し，学習内容の理解度を知ることができます。

5 この講の着眼点 や ＼これを聞きたい！／ で探究的な学習をサポート

各講の導入部分には，「この講の着眼点」を示してあります。また，ページのサイド部分では，学習者のよくある疑問に答えた「これを聞きたい！」のコーナーを設けてあります。いずれも探究的な学習において「問い」を立てる際のヒントになるでしょう。

CONTENTS もくじ

第 5 章 | 近代・現代:昭和〜平成 291

よくわかる

高校の勉強ガイド

受験に向けて
何をしたらいい？

勉強の不安，どうしたら解決する!?

受験に向けたスケジュールを知ろう！

> ## 高3は超多忙！
> ## 高2のうちから勉強しておくことが大事。

　高2になると，**文系・理系クラスに分かれる**学校が多く，より現実的に志望校を考えるようになってきます。そして，高3になると，一気に受験モードに。

　大学入試の一般選抜試験は，早い大学では高3の1月から始まるので，**高3では勉強できる期間は実質的に9か月程度しかありません**。おまけに，たくさんの模試を受けたり，志望校の過去問を解いたりなどの時間も必要です。高2のうちから，計画的に基礎をかためていきましょう！

> ## 志望校や入試制度に関する情報を早めに知ることも重要！

　受験に向けて，たくさんの大学の中から志望校や志望学部を選ぶ必要があります。また，近年は推薦・総合型選抜など入試制度も多様化しています。

　これらを早いうちに知ることで，大学や学部，入試制度に合わせた効率的な対策をすることができます。推薦・総合型選抜入試をめざす場合，部活動や課外活動にも注力する必要がありますね。各大学のホームページやオープンキャンパスを活用して，勉強の合間に情報を少しずつ集めていきましょう！

受験までのスケジュール

※3学期制の学校の一例です。くわしくは自分の学校のスケジュールを調べるようにしましょう。

高2	4月	●文系・理系クラスに分かれる　●進路ガイダンス
	5月	●一学期中間テスト
	7月	●一学期期末テスト　●夏休み　●三者面談
	8月	●オープンキャンパス
	9月	●科目選択
	10月	●二学期中間テスト
	11月	●進路希望調査
	12月	●二学期期末テスト　●冬休み
	2月	●部活動引退（部活動によっては高3の夏頃まで継続）
	3月	●学年末テスト　●春休み
高3	5月	●一学期中間テスト　●三者面談
	6月	●総合型・学校推薦型選抜募集要項配布開始
	7月	●一学期期末テスト　●夏休み　●評定平均確定
	8月	●オープンキャンパス
	9月	●総合型選抜出願開始
	10月	●大学入学共通テスト出願　●二学期中間テスト
	11月	●模試ラッシュ　●学校推薦型選抜出願・選考開始
	12月	●二学期期末テスト　●冬休み
	1月	●私立大学一般選抜出願　●大学入学共通テスト　●国公立大学二次試験出願
	2月	●私立大学一般選抜試験　●国公立大学二次試験（前期日程）
	3月	●卒業　●国公立大学二次試験（後期日程）

受験に向けて
基礎を
かためなきゃ

やることが
たくさんだな

基礎ができていないと，高3になってからキツイ！

高2までで学ぶのは，**受験の「土台」**になるもの。**基礎の部分に苦手分野が残ったままだと，高3の秋以降に本格的な演習を始めたとたんに，ゆきづまってしまうことが多い**です。特に，英語・数学・国語の主要教科に関しては，基礎からの積み上げが大事なので，不安を残さないようにしましょう。

また，文系か理系か，国公立か私立か，さらにはめざす大学や学部によって，受験に必要な科目は変わってきます。**いざ進路選択をする際に，自分の志望校や志望学部の選択肢をせばめないため**，勉強しない科目のないようにしておきましょう。

暗記科目は，高2までで習う範囲からも受験で出題される！

社会や理科などのうち**暗記要素の多い科目は，受験で扱う範囲が広いため，高3の入試ギリギリの時期までかけてようやく全範囲を習い終わる**ような学校も少なくありません。受験直前の焦りやつまずきを防ぐためにも，高2のうちから，習った範囲は受験でも出題されることを意識して，マスターしておきましょう。

増えつつある，学校推薦型や総合型選抜

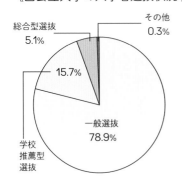

《国公立大学の入学者選抜状況》

- その他 0.3%
- 総合型選抜 5.1%
- 15.7%
- 一般選抜 78.9%
- 学校推薦型選抜

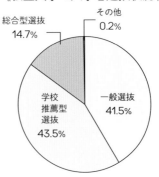

《私立大学の入学者選抜状況》

- その他 0.2%
- 総合型選抜 14.7%
- 学校推薦型選抜 43.5%
- 一般選抜 41.5%

文部科学省「令和3年度国公私立大学入学者選抜実施状況」より

> 私立大学では入学者の50％以上！　国公立大でも増加中。

　大学に入る方法として，一般選抜以外に近年増加傾向にあるのが，**学校推薦型選抜（旧・推薦入試）** や**総合型選抜（旧・AO入試）** です。

　学校推薦型選抜は，出身高校長の推薦を受けて出願できる入試で，大きく分けて，「公募制」と「指定校制（※私立大学と一部の公立大学のみ）」があります。推薦基準には，学校の成績（高校1年から高校3年1学期までの成績の状況を5段階で評定）が重視されるケースが多く，スポーツや文化活動の実績などが条件になることもあります。

　総合型選抜は，大学の求める学生像にマッチする人物を選抜する入試です。書類選考や面接，小論文などが課されるのが一般的です。

> 高1・高2の成績が重要。毎回の定期テストでしっかり点を取ろう！

　学校推薦型選抜，総合型選抜のどちらにおいても，学力検査や小論文など，**学力を測るための審査**が必須となっており，大学入学共通テストを課す大学も増えています。また，**高1・高2の成績も大きな判断基準になるため，毎回の定期テストや授業への積極的な取り組みを大事にしましょう。**

勉強習慣がうまくつくれない！ どうしたらいい？

まずは，小さな目標から始めてみよう！

　勉強は毎日の積み重ねが大切です。勉強を習慣化させて毎日こつこつ勉強することが成績アップの近道ですが，実践するのは大変ですよね。

　勉強習慣をつくるには，毎日やることをリスト化して管理する，勉強時間を記録して可視化するなど，さまざまな方法があります。おすすめは，小さな目標から始めることです。例えば，「5分間机に向かう」，「1問だけ問題を解く」のように，**毎日無理なく達成できる目標からスタートし，徐々に目標を大きくしていく**ことで，達成感を得ながら勉強習慣を身につけることができます。

Q

今日の授業，よくわからなかったけど，
先生に今さら聞けない…どうしよう!?

A

参考書を活用して，わからなかったところは
その日のうちに解決しよう。

　先生に質問する機会を逃してしまうと，「まあ今度でいいか…」とそのままにしてしまいがちですよね。

　ところが，高校の勉強は基本的に「積み上げ式」です。**「新しい学習」には「それまでの学習」の理解が前提となっている**場合が多く，ちょうどレンガのブロックを積み重ねていくように，「知識」を段々と積み上げていくようなイメージなのです。そのため，わからないことをそのままにしておくと，欠けたところにはレンガを積み上げられないのと同じで，次第に授業の内容が難しく感じられるようになってしまいます。

　そこで役立つのが参考書です。参考書を先生代わりに活用し，わからなかった内容は，その日のうちに解決する習慣をつけておくようにしましょう。

Q

テスト直前にあわてたくない！
いい方法はある!?

A

試験日から逆算した「学習計画」を練ろう。

　定期テストはテスト範囲の授業内容を正確に理解しているかを問うテストですから，よい点を取るには全範囲をまんべんなく学習していることが重要です。すなわち，試験日までに授業内容の復習と問題演習を全範囲終わらせる必要があるのです。

　そのためにも，毎回「試験日から逆算した学習計画」を練るようにしましょう。事前に計画を練ることで，いつまでに何をやらなければいけないかが明確になるため，テスト直前にあわてることもなくなりますよ。

部活で忙しいけど，成績はキープしたい！
効率的な勉強法ってある？

通学時間などのスキマ時間を効果的に使おう。

　部活で忙しい人にとって，勉強と部活を両立するのはとても大変なことです。部活に相当な体力を使いますし，何より勉強時間を捻出するのが難しくなるため，意識的に勉強時間を確保するような「工夫」が求められます。

　具体的な工夫の例として，通学時間などのスキマ時間を有効に使うことをおすすめします。実はスキマ時間のような「限られた時間」は，集中力が求められる暗記の作業の精度を上げるには最適です。スキマ時間を「効率のよい勉強時間」に変えて，部活との両立を実現しましょう。

日本史探究 の勉強のコツ Q&A

Q

日本史探究の効率のよい勉強の仕方は?

A

まずは流れをつかもう!

はじめは, 日本史全体のおおまかな流れを頭に入れることがおすすめです。まずは, 各章の最初のページで時代の概要を俯瞰(ふかん)してみましょう。流れや用語のインプットができたら, 「定期テスト」「入試」など用途に合わせた問題集に取り組んでアウトプットし, 知識を定着させましょう。

Q

何度読んでも忘れてしまう…。

A

因果関係を意識しながら読もう!

解説を読んでもなかなか頭に入ってこないという人は, 「ある出来事がどうしておこったか」「その出来事によって何が変わったか」という因果関係に注目しながら解説を読んでみましょう。本書の各項目の「着眼点」「この講のまとめ」もぜひ活用してください。

Q

どうやったら用語を覚えられる?

A

セットで覚えてみよう!

なかなか覚えられない用語は, セットにして整理して覚えるのがおすすめです。例えば文化史なら, 時代を超えて作品や作家をまとめ直すと変遷がわかりやすくなります。本書では特に重要な項目をPOINTの囲みにまとめていますので, 暗記に役立ててください。

第 1 章　古代

古代の日本は，縄文・弥生時代，西日本に小国が分立する時代やヤマト政権の成立を経て，しだいに中央集権的な国家へと統一されていきます。大陸から仏教やさまざまな文化を受け入れて国の体制や都を整え，天皇・貴族を中心とした国家が栄えました。やがて地方で豪族や武士が力をもち始めると，貴族の支配はゆらいでいきます。

1 | 旧石器時代〜縄文時代

　約１万年前に最後の氷期が終わり，海面が上昇して日本列島が形成された。このような環境の変化のなか，日本列島に住む人々はどのような生活を営んだのだろう。

1 日本列島の成立と日本人

　氷河時代(更新世)には，地球の気温が低下して海面低下がおこり，日本列島はアジア大陸と陸続きになった。その頃，大陸からトウヨウゾウや**ナウマンゾウ**などがやってきて，こうした**大型動物**を追いかけて人類も日本列島に渡来してきたと考えられている。

　これまで日本で発見された更新世の化石人骨は，浜北人(静岡県)，港川人・山下町第一洞人(沖縄県)などである。

　最後の氷期が過ぎて完新世になると，気候も急に温暖化して**日本列島**が成立した(約１万年前)。

　日本人の原型は，アジア大陸に住んでいた人々の子孫の縄文人であり，その後，弥生時代以降に北アジアから日本列島に渡来した人々との混血を繰り返しながら，現在の日本人が形成されたとされる。

2 旧石器時代の生活

　人々がまだ金属器を知らず，大型動物の捕獲などに石器を用いていた時代を**石器時代**という。そして石器時代のうち，石を打ち欠いた**打製石器**を用いた時代を旧石器時代という。

⊕ PLUS α

更新世・完新世
地質学における時代区分。更新世は約260万〜１万年前のこと。完新世は約１万年前から現在までのこと。

＼ これを聞きたい！／

Q どのようにして今の日本列島の形になったの？

A 氷河時代には寒冷な氷期と比較的温暖な間氷期が繰り返されました。そして，氷期には海面が現在と比べて，著しく下降しました。最後の氷期が過ぎ完新世になると，海面が上昇して北海道・本州・四国・九州が形づくられました。

1949年に相沢忠洋らによる群馬県の岩宿遺跡の調査が行われた。その結果，関東ローム層から出土した石器が打製石器であることが確認され，日本の旧石器時代の文化の存在が明らかになった。

この時代の人々は，狩猟と採集によって食料を得ており，狩猟ではナイフ形石器や尖頭器などの打製石器を用いて，大型動物を捕らえた。また，旧石器時代の終わり頃には，細石器とよばれる小型の石器も使い始めた。

3 縄文時代の成立

約1万6000年前から，水稲農耕を伴う弥生時代が始まる約2800〜2500年前頃までの期間を縄文時代といい，その時代の文化を縄文文化という。気候が温暖になり，氷河がとけて海面が上昇したことで，日本列島は大陸と切り離されて現在と近い形となった。この時代には大型動物は絶滅し，ニホンジカやイノシシなどの中・小型動物が多くなった。

この時代の人々の生活を特徴づけるのは，縄文土器と磨製石器の出現である。縄文土器は低温（約600〜800℃）で焼かれた厚手で黒褐色の土器で，縄目文様をもつことからその名前でよばれた。縄文時代は土器の変遷によって草創期から晩期まで6期に区分され，特に草創期の縄文土器は，世界で最も古い土器の1つとされている。磨製石器は石をみがいてより鋭利につくられた石器で，木の加工などにも利用された。この磨製石器を使用するようになった時代を新石器時代という。

▲尖頭器

▲縄文土器

4 縄文人の生活と信仰

　気候が温暖化した結果，**植物性食料**が豊富になって需要が高まり，食料を貯蔵する穴などを掘る打製石斧(石鍬)，木の実をすりつぶす石皿やすり石などが用いられた。

　狩猟には弓矢が使われ，主な対象はニホンジカとイノシシであった。また，海面の上昇で入江が多くなったことから漁労も発達し，釣針・銛などの骨角器が見られた。人々が食べたものを捨てた貝塚から，それが確認できる。

　住居は竪穴住居であり，それがいくつか集まって集落がつくられた。一方，三内丸山遺跡(青森県)のように，集合住居と考えられる大型の竪穴住居を伴う大きな集落もあった。また，人々の身分はまだそれほど明確には分かれていなかった。

　縄文時代の人々には，あらゆる自然現象や自然物に霊魂が存在すると考えるアニミズムという思想があったとされ，呪術的な風習を示す遺物としては，男性の体の一部を表現したとされる石棒や女性を表現したとされる土偶などがあげられる。

　抜歯の風習は，通過儀礼の１つとして成人の儀式の際に行われたものと考えられている。また，死者は屈葬という手足を折り曲げた方法で埋葬された。

　縄文時代後半になると，儀礼道具や祭祀施設の発達や大規模化が見られ，社会は徐々に複雑になっていった。

KEY WORD

貝塚

過去の人類が，居住地の周辺に捨てた貝類の殻や魚骨・獣骨が堆積した遺跡のこと。縄文時代の遺跡で，大森貝塚など東京湾沿岸には大規模な貝塚が集中している。

⊕ PLUS α

黒曜石

黒色の火山岩。旧石器時代以来，石器の材料として使用された。原産地が限られているため，その出土した分布状況から，縄文時代にはかなり遠方の集団との交易が行われていたことがわかる。なお，ヒスイ(硬玉)の出土分布からも同様のことがわかる。

出典：ColBase

▲石棒　　　　　　▲土偶

▲縄文時代の主な遺跡

POINT

縄文文化の主な特徴

☑ 道具　食料の獲得や調理に，**磨製石器**や**縄文土器**を使用

☑ 住居　地面を掘って建てた**竪穴住居**で生活

☑ 信仰　自然物や自然現象に霊威を信じる**アニミズム**

この講のまとめ

氷期が終わり，気候が温暖化する環境の変化のなか，日本列島の人々はどのような生活を営んだのだろう。

☑ 植生が変化して植物性食料が豊富になり，食料を保存したり，煮たりするための縄文土器を用いるようになった。

☑ 地上の大型動物が絶滅し，中・小の動物を狩る弓矢や，漁労を発達させた。

2 | 弥生時代と農耕社会

この講の着眼点

弥生時代では食料生産が始まった。食料生産は人々の生活にどのような影響を与えたのだろう。

1 弥生文化の成立

中国でおこった水稲耕作は，朝鮮半島を経由して日本にもたらされ，紀元前8世紀頃，日本の九州北部でも**水稲耕作**が開始された。その後，水稲耕作は西日本から東日本へと伝わり，やがて北海道と南西諸島をのぞく日本列島の大部分に広がった。水稲耕作を基礎とする農耕文化の誕生から，古墳がつくられるようになる紀元後3世紀半ばまでの時期を**弥生時代**とよび，その時代の文化を**弥生文化**とよぶ。こうした水稲耕作の広がりは，弥生時代早期は九州北部の菜畑遺跡や板付遺跡，後期は静岡県の登呂遺跡などで確認できる。

▲弥生時代の主な遺跡

なお，北海道では狩猟や漁労が中心の続縄文文化，南西諸島では貝類などの食料採取が中心の貝塚文化が続いた。

弥生文化は，大陸から伝わった青銅・鉄などの金属器，稲の穂摘みに用いられた石包丁，磨製石器などの道具を伴う文化である。土器は縄文土器よりも高温で焼かれ，薄手で赤褐色をしているのが特徴の弥生土器に変化した。

2 弥生人の生活

水稲耕作の普及で，人々は食料採取の生活から，食料生産の生活に移行した。農耕社会の成立である。

水田は，小規模ながらも灌漑・排水用の水路を備えた本格的なものであった。木製の鋤や鍬を使って耕作し，石包丁で穂首刈りを行い，木臼や竪杵で脱穀も行った。そして収穫物は掘立柱（地面に穴を掘って柱を立てた建物）の高床倉庫におさめられた。

▲高床倉庫

弥生時代後期には，石器の多くは鉄器にとってかわられ，鉄製農具の普及により生産力が高まった。

弥生時代の人々の住居は，縄文時代と同

▲支石墓

じく竪穴住居が一般的だったが，集落を構成する住居数が増え，西日本を中心に大集落もみられた。

弥生時代の死者は，集落の近くの共同墓地に埋葬された。体をのばした状態で埋葬する伸展葬が多いが，墓の形式は地域によって大きな違いがある。九州北部では地上に大石を置いた支石墓や，大きな土器の中に遺体を入れて埋める甕棺墓が見られた。盛り土をした墓も出現し，近畿地方や東海・北陸地方では方形の低い墳丘のまわりに溝をめぐらした方形周溝墓があらわれた。

やがて，大規模な墳丘をもつ墓が西日本の各地に出現した。岡山県の楯築墳丘墓，山陰地方の四隅突出型墳丘墓などがその代表的なものである。これらの墓には多くの副葬品がおさめられた。これは人々の間に身分差が生まれ，強力な支配者があらわれたことを示している。

また，人々は，豊かな収穫を祈願し，収穫を感謝する祭りを行った。こうした祭りでは，青銅製祭器である銅鐸・銅剣・銅矛・銅戈などが用いられた（銅矛は刺突用の武器，銅戈は柄に直角となるように刃を取り付けた鎌のような武器であるが，祭器として使われるようになった）。それぞれの祭器は分布地域が分かれており，いくつかの共通した祭器を用いる地域圏が生まれていたことがうかがえる。

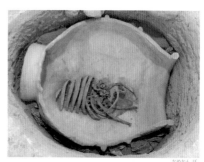
▲甕棺墓

写真：毎日新聞社／アフロ

▲方形周溝墓

▲銅鐸

🔍 この講のまとめ

水稲耕作の開始による人々の生活への影響は何だろう。

☑ 水稲耕作により，農具などが発達し，集落が大型化した。

☑ 地域を率いる支配者が登場し，集団における身分差が出てきた。

3 | 小国の分立と邪馬台国

🔍 この講の着眼点

弥生時代，各地に成立した倭の諸国は中国の王朝に遣使していた。この遣使にはどのような意味があったのだろう。

1 小国の分立

水稲耕作によって農耕社会が成立すると，土地・水・余剰生産物などをめぐり戦いがおこるようになった。弥生時代になると集落の周囲を濠で囲んだ**環濠集落**や，丘陵上などにつくられた高地性集落が出現した。

中国の歴史書『**漢書**』**地理志**によると，当時の倭人（当時の中国人による日本人のよび方）の社会は百余国に分かれ，漢（前漢）が朝鮮半島に設置した**楽浪郡**に定期的に使者を送っていたという。ついで『**後漢書**』**東夷伝**によると，紀元57年に倭の奴国の王が洛陽まで遣使し，後漢の光武帝から印綬を受けたという。その印綬と考えられる「**漢委奴国王**」と刻印された**金印**が，江戸時代に福岡県志賀島で発見されている。さらに107年には倭国王**帥升**等が生口（奴隷）160人を後漢の安帝に献上したことが記されている。

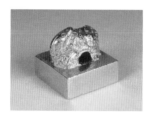

▲金印

⊕ PLUS α

原始時代の日本と中国の王朝

日本の時代区分と中国の王朝は，次のように対応している。

弥生時代＝秦→漢（前漢）→後漢→三国時代
古墳時代＝南北朝時代

日本の弥生時代にあたる時期，中国では戦国の争乱のなかから秦が中国統一を果たしたが短命に終わり，間もなく漢，続いて後漢が中国を支配した。後漢が滅んだあとは，魏・呉・蜀の三国時代となる。

これらの記録から，九州北部などに「クニ」とよばれる小国が分立して，定期的に中国と交渉をもち，朝貢していたことがうかがえる。小国の王たちは，中国や朝鮮半島の先進的な文物を入手し，中国皇帝の後ろ盾を得ることで自らの権威を高め，他の小国より有利な立場に立とうとしていたと考えられる。

2 邪馬台国連合

中国の歴史書『三国志』の「魏志」倭人伝によると，2世紀の終わり頃，倭の小国の間で大きな争乱がおこり，なかなかおさまらなかった。そこで，ある一人の女性を王に立てることで争乱がおさまったという。これが邪馬台国の女王，卑弥呼である。

卑弥呼は239年に，帯方郡を通じて魏の皇帝に使いを送り，「親魏倭王」の称号と金印，銅鏡などを与えられた。卑弥呼は巫女として呪術的権威を背景に，邪馬台国を中心とした複数の小国の連合体を支配したとされる。

邪馬台国には，大人と下戸などの身分差があった。また，租税や刑罰の制度などもある程度整えられ，国々に市も開かれていた。

卑弥呼の死後，男性の王が立ったが内乱によって国は再び乱れたため，卑弥呼と同族の女性である壱与（台与）が王となることで，ようやくおさまった。しかしこれ以後，中国の歴史書から倭国の記述は姿を消し，中国の南北朝時代まで書かれない状態が長期間続いた。

▲3世紀頃の東アジア

3 邪馬台国の所在地

　邪馬台国がどこにあったのかについては，**近畿説**と**九州説**の2つの説がある。どちらの説が正しいか，論争の決着はまだついていない。

　近畿説が正しければ，すでに3世紀前半には，近畿地方から九州北部に及ぶ広域な政治連合が成立していたことになり，邪馬台国連合こそが，ヤマト政権のもとになったということになる。

　九州説が正しければ，邪馬台国連合は九州北部を中心とした小範囲の連合となり，ヤマト政権はそれとは別に東方で形成され，九州の邪馬台国連合を統合したか，逆に邪馬台国の勢力が東に移動してヤマト政権を形成したということになる。

⊕ PLUS α

纏向遺跡
（まきむく）

奈良県桜井市にある遺跡。3世紀初頭の大集落であることが判明している。大型建造物の遺構などが発見されており，邪馬台国が存在した時代の大集落なので，邪馬台国や，ヤマト政権との関連性も議論されている。

POINT

中国の歴史書のまとめ

☑ **『漢書』地理志**（かんじょ　ちりし）　倭人が**漢の楽浪郡**（らくろうぐん）に遣使

☑ **『後漢書』東夷伝**（ごかんじょ　とういでん）　倭の奴国が**後漢**（なこく）に遣使

☑ **「魏志」倭人伝**　邪馬台国の卑弥呼が**魏**に遣使→親魏倭王の称号

🔍 **この講のまとめ**

　倭の諸国が中国の王朝に遣使することは，どのような意味があったのだろう。

☑ 強大な中国の王朝に地位を認められることで，周辺国に対する自国の立場を有利なものにしようとした。

4 | ヤマト政権の誕生

🔍 この講の着眼点

　古墳時代には数多くの古墳が造営された。古墳を造営することにはどのような意味があったのだろう。

1 ヤマト政権と古墳時代

　3世紀中頃以降になると，弥生時代の墳丘墓よりもさらに大規模な**古墳**が出現した。各地の出現期の古墳の多くは前方後円墳もしくは前方後方墳で，木棺を**竪穴式石室**におさめた埋葬施設や，鏡，玉，剣，石製品といった呪術的な**副葬品**など，共通する特徴をそなえていた。これは各地の豪族の間に共通の墓制があり，その背景に広域の政治的な連合体が形成されていたことをうかがわせる。

　出現期最大の古墳は大和(奈良県)の**箸墓古墳**であることから，政治的な連合体の中心は大和にあったと考えられ，これを**ヤマト政権**とよぶ。

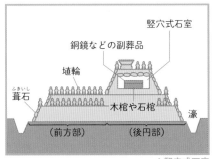

▲竪穴式石室

A 古墳時代前期の古墳（3世紀中頃〜4世紀後半）

大規模な古墳は，いずれも前方後円墳である。古墳の墳丘上には，**埴輪**が並べられ，墳丘のまわりには濠をめぐらせたものも少なくない。埋葬施設には，木棺や石棺を竪穴式石室におさめたものや，棺を粘土で覆った**粘土槨**などの竪穴形態のものが営まれた。**三角縁神獣鏡**などの銅鏡や腕輪形石製品などの副葬品は，祭祀のための宝器としての意味合いが強かった。この時期の古墳に葬られた各地

🔖 KEY WORD

埴輪

古墳の墳丘上などに立てられた素焼きの土製品の総称。円筒埴輪と形象埴輪に大別される。円筒埴輪には単純な筒形のものと，口縁部が広がった朝顔形のものがある。一方，形象埴輪は人物・動物・人工物などをかたどったものである。古墳の築造にともなって製作されたと考えられ，古墳の年代を考えるうえでも重要である。

の豪族たちは，政治的な指導者であっただけでなく，宗教的な司祭者でもあった
ことをうかがわせる。

出典：ColBase 出典：ColBase

▲円筒埴輪 ▲形象埴輪 ▲三角縁神獣鏡

B 古墳時代中期の古墳（4世紀後半〜5世紀末） 中期には最大規模の古墳が出現している。それは，最大の規模をもつ大阪府の大仙陵古墳(仁徳天皇陵古墳)と，第2位の規模である大阪府の誉田御廟山古墳(応神天皇陵古墳)である。これらは5世紀のヤマト政権の盟主，大王の墓と考えられる。副葬品は馬具や金属製の武器などが多くなり，古墳に葬られた人物の軍事的指導者としての性格が強まったと考えられる。

　中期の巨大な前方後円墳は近畿中央部だけではなく，群馬県・京都府北部・岡山県・宮崎県などにもつくられている。このことは，これらの地域にヤマト政権のなかでもとりわけ有力な豪族が存在していたことを示している。

C 古墳時代後期・終末期の古墳（6〜7世紀） 6世紀には，朝鮮の墓制の影響を受けて，横穴式石室が広く採用されるようになった。そして，副葬品としては多くの土器がおさめられ，古墳の周囲には人や動物を模してつくられた形象埴輪が置かれるようになった。

　九州や東日本の各地で，横穴式石室の壁面に幾何学的な文様や線を描いた装飾古墳がみられるようになった。これは古墳の地域的な特色のあらわれとしてとらえられる。

また，この頃近畿地方以外で大型古墳がみられなくなり，それとともに全国各地に一辺が10m前後の円墳や方墳が密集する群集墳が営まれるようになった。これは，ヤマト政権が大王を中心として中央集権的な国家をめざすようになっていたことと，農業生産力の発達によって台頭してきた各地の

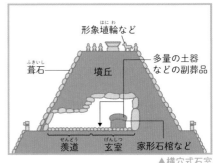

▲横穴式石室

有力農民層をヤマト政権の身分制度に組み込もうとした（古墳の造営を許可した）ことによるものだと考えられる。

　6世紀末から7世紀初めになると前方後円墳の造営が終わる。これは中央集権国家をめざすヤマト政権が，かつての豪族連合体制と一線を画すために規制したものだと思われる。7世紀中頃には大王の墓が八角墳となり，その地位の高さが改めて示されるようになった。一方有力豪族は大型の円墳・方墳を営むなど，古墳の造営を続けていたが，7世紀終わり頃には古墳を営まなくなっていく。こうして大型古墳は大王やその一族にのみ造営されるものとなり，ヤマト政権の統一国家的な色合いが強くなった。

▲主要な古墳

 **POINT**

POINT 古墳の変遷
☑ 前期　呪術的・宗教的色彩が強い副葬品→豪族の **司祭者的な性格**
☑ 中期　副葬品に馬具・武器が目立つ→豪族の **軍事指導者的な性格**
☑ 後期　地方では有力農民層が小型の古墳をつくった（**群集墳**）

2 古墳時代の人々の生活

　豪族が支配者として民衆の村落から離れた場所に居館を営み，周囲に濠や柵列をめぐらせる一方で，民衆は弥生時代と同じように，複数の竪穴住居などからなる集落で生活していた。このように，古墳時代は，支配者である豪族と被支配者である民衆の生活のあり方が，はっきりと異なるようになった時期であった。

　土器は，古墳時代前期から中期の初めまでは，弥生土器に似た性質で赤褐色の **土師器** が使用された。5世紀には，朝鮮半島から伝わった技術による **須恵器** も用いられるようになった。

　古墳時代の人々にとって，農耕に関する祭祀は重要であった。特に重要な祭祀としては，春に豊作を祈願して行われる **祈年の祭り** や，秋に収穫を神に感謝する **新嘗の祭り** があった。その他の呪術的風習として，焼いた鹿の骨の割れ方で吉凶を占う **太占の法** や，裁判において熱湯に入れた手がただれるかどうかで真偽を見定める **盟神探湯** なども行われた。

　また人々は，巨木や巨岩，孤島などを，神や神のやどる所と考え，社をつくった。この時代の祭祀の場所として，孤島の沖ノ島を神とする宗像大社の沖津宮などがある。

🔍 この講のまとめ

古墳を造営することにはどのような意味があったのだろう。
☑ 古墳の造営は造営者の力の大きさを示し，共通した形の古墳（前方後円墳）が各地に造営されたことはヤマト政権の拡大を示した。

5 | ヤマト政権と大陸文化の受容

🔍 この講の着眼点

倭の五王は中国の南朝に朝貢を行うなど大陸との交渉を行ったが，それはどのような意味があったのだろう。

1 東アジア諸国との交渉

中国では三国時代のあと，晋が国内を統一したが，北方の諸民族の侵入を受けて南に移り，南北に王朝が並立する南北朝時代を迎えた。これにより，周辺諸民族に対する中国の支配力は弱体化し，東アジアの各地域では次々と国家が形成された。

中国東北部に国家を形成した高句麗は，313年に楽浪郡を滅ぼして，朝鮮半島北部に領土を広げた。朝鮮半島南部では，多くの小国からなる馬韓・弁韓・辰韓という3つの地域に分かれていた。4世紀の中頃には，馬韓から百済が，辰韓から新羅がおこった。

▲ 4〜5世紀の朝鮮半島

ヤマト政権は，鉄や優れた技術を得るため朝鮮半島に進出し，小国の集まる加耶(加羅)諸国とはやくから密接な関係を結んでいた。4世紀後半，高句麗が南下をすすめて百済・新羅を圧迫すると，ヤマト政権は朝鮮半島に派兵して高句麗と戦った。414年に建てられた高句麗の広開土王(好太王)碑の碑文には，このときの状況が記されている。

朝鮮半島での騎馬軍団との戦いなどから，ヤマト政権の人々は騎馬技術を学び，古墳時代中期の副葬品には馬具がみられるようになった。

2 ヤマト政権の外交

5〜6世紀の中国は，南北の王朝がいくつも興亡する**南北朝時代**にあった。中国の歴史書『**宋書**』**倭国伝**によると，5世紀初めから約1世紀の間，**倭の五王**があいついで南朝に朝貢した。倭の五王とは，年代が古い順に**讃・珍・済・興・武**である。南朝に対する朝貢は，ヤマト政権の朝鮮半島南部における外交・軍事上の立場を有利にするためであり，倭の五王は南朝から倭王として認められた。

また，『**宋書**』**倭国伝**には，5世紀後半から6世紀にかけて，**大王**を中心としたヤマト政権が勢力を拡大して地方豪族たちへの支配を強めたという記述もみられる。なお，倭の五王の武は**雄略天皇**のことで，埼玉県の**稲荷山古墳**出土の鉄剣，熊本県の**江田船山古墳**出土の鉄刀には，雄略天皇を示す「獲加多支鹵大王」という文字が刻まれている。

KEY PERSON

雄略天皇
生没年不詳

南朝に朝貢した倭の五王の武にあたる。『宋書』倭国伝には，倭王武の上表文が遺されている。それによると，「父祖の代よりみずから武具を身に着け，落ち着いている間もなく征服活動を続け，東は55か国，西は66か国，朝鮮半島に渡って95か国を征服した」とある。

3 ヤマト政権と政治制度

5世紀後半から6世紀にかけて，大王を中心としたヤマト政権は，東北地方南部から九州地方に及ぶ，地方豪族を含み込んだ支配体制を形成していった。

ヤマト政権は，5世紀から6世紀にかけて，**氏姓制度**とよばれる政治制度をつくり上げていった。豪族たちを血縁やその他の関係をもとに**氏**とよばれる組織に編成し，氏単位でヤマト政権の職務を分担させる一方で，彼らにその地位を示す**姓（カバネ）**を与えた。

中央の政治は，**臣・連**の姓をもつ豪族から大臣・大連を選んで中枢を担わせた。その下には**伴造**を置き，職務を行う**伴**やそれを支える**部**とよばれる集団を統率させて，軍事・財政・祭祀・外交・文書行政などの職を分担させた。

一方，地方の統治としては地方豪族を**国造**に任じ，地方の支配権を保障するかわりにヤマト政権への奉仕を求めた。6世紀前半に筑紫でおこった**磐**

KEY WORD

磐井の乱

6世紀前半に，筑紫国造の磐井が九州北部でおこした反乱。新羅と結んだ磐井は，ヤマト政権が加耶に出兵するのをはばむために反乱をおこした。ヤマト政権はこの反乱を制圧し，政権の強化を実現した。

井の乱など地方豪族の抵抗もあったが，ヤマト政権はこれらを排し，直轄領としての屯倉や直轄民としての名代・子代の部を設けていった。

　地方の有力な豪族は，私有地である田荘や，私有民である部曲を領有して経済基盤としていた。また，有力豪族の家々には奴隷であるヤツコ(奴婢)がいた。

POINT

領地と民衆
- ☑ ヤマト政権　直轄領：屯倉　直轄民：名代・子代
- ☑ 豪族　私有地：田荘　私有民：部曲

4 大陸文化の受容

　朝鮮半島や中国との交流で，多くの人々が大陸から日本に渡ってきた。これを渡来人とよぶ。渡来人たちは鉄器や須恵器・金属工芸・機織り・土木などの技術を各地にもたらし，ヤマト政権は彼らを部とよばれる技術者集団に組織し(韓鍛冶部・陶作部・錦織部・鞍作部など)，伴造や伴に編成した。

　そのほか，漢字の使用も始まった。6世紀には百済から五経博士が渡来し，儒教・医学・易学・暦学なども伝えた。また，百済の聖明王から欽明天皇に仏像・経論が献じられ，仏教が伝わった。

　8世紀初めに完成した歴史書『古事記』『日本書紀』のもととなる，伝承などを残した「帝紀」「旧辞」も，この頃にまとめられ始めたとされる。

\ これを聞きたい！ /

Q
仏教はどのようにして日本に受容されたの？

A
仏教はインドで発祥し，西域(中国の西方の地域)・中国・朝鮮半島を経て日本に公式に伝えられました。
ただ，有力な豪族の間では，先進文化とともに仏教の受容に積極的であった蘇我氏と，伝統や在来の信仰を重んじて仏教受容に反対する物部氏・中臣氏の対立がみられました。そして，蘇我氏が物部氏を滅ぼしてその権勢を確立したので，日本の仏教の受容がすすみました。

この講のまとめ

ヤマト政権の大陸との交渉はどのような意味があったのだろう。
- ☑ 朝鮮半島における倭の外交や軍事上の立場を有利にする意味があった。
- ☑ 乗馬技術，漢字，仏教などの技術や文化が輸入された。

6 | 飛鳥時代の政治

🔍 **この講の着眼点**

　中国や朝鮮半島でおこった政治変動は，倭へどのような影響を与えたのだろう。

1 ヤマト政権内の主導権争い

　朝鮮半島では6世紀頃，高句麗の南下政策によって圧迫された百済や新羅が，朝鮮半島の南部へと勢力を広げた。ヤマト政権と結び付きのあった加耶諸国は次々と百済・新羅の支配下におさめられた。

　磐井の乱ののち，加耶の衰退で，ヤマト政権の朝鮮半島における影響力は大きく後退した。朝鮮半島政策の失敗が原因で大伴金村は失脚し，それまで政治を主導してきた大伴氏は勢力を失うこととなった。

　大伴氏が失脚したあとに権力を握ったのは，政権の軍事力を担った物部氏と，渡来人と結び財政を担った新興勢力の蘇我

▲6世紀頃の朝鮮半島

532年頃の国界
512・513年百済が支配

高句麗

百済

新羅

加耶

氏という2つの豪族だった。また，物部氏は伝統や在来信仰を重視し，蘇我氏は仏教を積極的に受容する姿勢をとり，両者は対立した。この争いに決着をつけたのが大臣の蘇我馬子で，587年に大連の物部守屋を滅ぼし，さらに592年崇峻天皇を暗殺して政治の主導権を握った。

2 推古天皇の時代

　崇峻天皇に続いて推古天皇が即位すると，甥の厩戸王（聖徳太子）が補佐し，蘇我馬子と協力して国家づくりがすすめられた。

KEY PERSON

603 年に定められた冠位十二階は，位の高い順に徳・仁・礼・信・義・智をさらに大小に分けて12 階とし，個人の才能や功績に応じて冠位を与える制度である。これにより氏族内での世襲を否定するとともに，優秀な人材を登用して王権組織を再編成しようとした。

　そして 604 年に定められた憲法十七条は，仏教をはじめとする中国の思想を政治理念としてとり入れ，豪族たちに国家官僚としての自覚を求めたものであった。

　外交面では，中国を統一した隋に対して 600 年に遣隋使を派遣した。そして 607 年の小野妹子を正使とする派遣では，中国皇帝に臣従しない形式をとった。遣隋使には留学生の高向玄理や，学問僧の南淵請安・旻らが同行し，中国の制度・思想・文化に関する新しい知識を学んだ。

　618 年に隋が滅んで唐が建国されると，次の舒明天皇の時代となる 630 年に遣唐使として犬上御田鍬が派遣された。

厩戸王（聖徳太子）
574 - 622

用明天皇の皇子。593 年から政治に関与し，冠位十二階，憲法十七条の制定，遣隋使の派遣などにかかわった。文化面では，法隆寺（斑鳩寺）・四天王寺などの建立を行った。

＼ これを聞きたい！／

Q　中国に臣従しない外交とは何？

A　倭の五王時代には朝貢を行い，南朝に臣従する形式でした。これに対して，607 年に派遣された遣隋使は，「日出づる処の天子，書を日没する処の天子に致す。恙無きや，……」という国書を持参し，中国の皇帝に臣従しない態度をとりました。隋の皇帝煬帝は，これを無礼としましたが，朝鮮半島情勢もあり，外交関係は断絶しませんでした。

🔍 この講のまとめ

　中国や朝鮮半島でおこった政治変動は，倭へどのような影響を与えたのだろう。

☑ 冠位十二階や憲法十七条の制定など，国内の改革を推進させた。

7 | 飛鳥文化

この講の着眼点

仏教を中心とした飛鳥文化はどのような人々が中心となったのだろう。

1 飛鳥文化

　6世紀末から，奈良盆地南部の飛鳥の地には，大王の王宮(大王宮)が次々と営まれ，しだいに都としての姿を示し，本格的な宮都となった。そして，7世紀前半にかけて飛鳥の地，とくに斑鳩は文化の中心として発展していった。この頃の文化を，飛鳥文化という。

　飛鳥文化の中心は，蘇我氏や王族により広められた仏教である。また，渡来人や遣隋使を通じた大陸との交流で，百済・高句麗・中国の南北朝時代の文化の影響も強く受け，当時の西アジアやインド・ギリシアともつながる特徴もあった。

　飛鳥文化では，古墳に代わって寺院が権力の大きさを示すものとなった。寺院は礎石や瓦を用いた大陸風の新技術によって建てられ，塔や金堂などの配置の様式は伽藍配置とよばれた。こうした新技法による大陸風建物として，蘇我馬子創建の飛鳥寺(法興寺)，舒明天皇創建と伝わる百済大寺，厩戸王(聖徳太子)の創建とされる四天王寺・法隆寺(斑鳩寺)などがある。

　仏像彫刻としては，中国南北朝の北魏様式を受容した飛鳥寺釈迦如来像・法隆寺金堂釈迦三尊像(ともに鞍作鳥作とされる)・法隆寺夢殿救世観音像があり，南朝様式では中宮寺半跏思惟像・広隆寺半跏思惟像・法隆寺百済観音像がある。工芸品では法隆寺玉虫厨子や中宮寺天寿国繍帳などが有名である。

　そのほか，602年に百済の僧である観勒が暦法を，610年に高句麗の僧である曇徴が紙・墨・絵の具の製法を伝えた。

KEY PERSON

鞍作鳥
生没年不詳

飛鳥時代の代表的な仏師。渡来人の司馬達等の孫といわれ，その作風は中国の北魏様式の影響がみられる。主な作品に飛鳥寺釈迦如来像，法隆寺金堂釈迦三尊像などがある。

▲法隆寺金堂釈迦三尊像

▲法隆寺玉虫厨子

▲法隆寺の西院

🔍 **この講のまとめ**

仏教を中心とした飛鳥文化はどのような人々が中心となったのだろう。

☑ 仏教を広めた蘇我氏や，厩戸王などの王族が中心となり，飛鳥文化は展開した。

8 | 律令国家の形成

唐の動きにより東アジアは緊張した。倭はどのような影響を受けたのだろう。

1 大化改新

中国では618年に唐がおこり，628年には中国を統一した。国家体制を整えた唐が，7世紀半ばに高句麗への攻撃を始めたことで国際的な緊張が高まり，倭でも天皇を中心とする中央集権的な国家をつくろうとする動きが高まった。

その頃朝廷では，蘇我蝦夷・入鹿父子が権勢を誇っていた。蘇我入鹿は厩戸王（聖徳太子）の子である山背大兄王を滅ぼして，権力のさらなる集中をはかった。これに対し，中大兄皇子（のちの天智天皇）は蘇我倉山田石川麻呂や中臣鎌足らの協力を得て，645年に蘇我父子を滅ぼした。これを乙巳の変という。

権力は蘇我氏から中大兄皇子に移り，彼を後押ししていた軽皇子が孝徳天皇として即位した。中大兄皇子は皇太子に，阿倍内麻呂は左大臣，蘇我倉山田石川麻呂は右大臣，中臣鎌足は内臣になった。また，隋・唐に留学した経験をもつ旻と高向玄理は国博士（政治顧問）に就任した。この年，大化という年号を制定し，都を難波に移した（難波長柄豊碕宮）。

新政権は，646年には改新の詔を出して新政の基本方針を示した。めざされた改革の主な内容は，①豪族の私有地である田荘・私領民である部曲を廃止し，

▲天皇家・蘇我氏の略系図
数字は皇位継承の順番

皇族や豪族のもつ土地・人民を公のものとする公地公民制への移行，②中央と地方の行政区画を整え，国・郡の制を定める（大宝令以前は郡ではなく評が置かれた），③戸籍・計帳をつくり，班田収授を行う，④新しい統一的な税制を定める，などであった。孝徳天皇時代の一連の改革を，大化改新という。

2 律令国家への道

　朝鮮半島では，新羅が唐と結んで660年に百済を滅ぼした。百済の復興支援のために大軍が派遣されたが，663年に白村江の戦いで唐・新羅の連合軍に敗北した。その敗北を受けて，中大兄皇子は唐や新羅の来襲にそなえ，防衛政策をすすめた。664年には対馬・壱岐・筑紫に防人と烽が置かれ，さらに大宰府を守るために水城（堤と堀からなる防衛施設），対馬から大和にかけては大野城などの古代山城（朝鮮式山城）が築かれた。

　そして中大兄皇子は，667年に都を近江大津宮に移し，斉明天皇のあとを継いで天智天皇となった。天智天皇は，初めて全国を対象とした戸籍である庚午年籍をつくるなど，内政の充実に力を注いだ。

3 壬申の乱

　天智天皇の死後，672年に天智天皇の弟の大海人皇子と，天智天皇の子の大友皇子との間で，皇位継承をめぐって対立がおこった（壬申の乱）。大友皇子を中心とする近江朝廷に勝利した大海人皇子は，天武天皇として飛鳥浄御原宮で即位した。この結果，近江朝廷側についた有力豪族が勢力を失い，強大な権力を手にした天武天皇を中心とする中央集権的国家体制の形成がすすんだ。

　天武天皇は部曲の廃止や官僚制の整備をすすめ，律令・国史の編纂や貨幣の鋳造（富本銭）などを行った。684年には八色の姓を制定して，天皇を中心とした新しい身分秩序に豪族たちを再編成した。これは皇族氏族に与えられる真人の姓を最高位とし，朝臣，宿禰，忌寸，道師，臣，連，稲置の8つの姓を定めた身分秩序である。

4 律令制度の形成

　天武天皇の死後，皇后があとをついで**持統天皇**となり，諸政策を引き継いだ。689年に**飛鳥浄御原令**を施行し，690年に戸籍(**庚寅年籍**)をつくり民衆の把握につとめた。これ以降6年ごとに戸籍をつくる制度が確立された。そして，694年には碁盤目状に道路を整然と区画する条坊制を採用した**藤原京**を完成させ，遷都した。こうして律令制の土台が築かれ，のちの時代に**大宝律令**や**養老律令**が制定されて，律令制の機構が成立することになった。

　また，「**日本**」という国号は7世紀後半頃の成立とされ，従来の大王にかわる「**天皇**」という称号が正式に定められたのも7世紀とされている。

POINT

天智天皇・天武天皇・持統天皇のまとめ
- ☑ 天智天皇　**近江大津宮**への遷都，**庚午年籍**の作成
- ☑ 天武天皇　**飛鳥浄御原宮**への遷都，**八色の姓**の制定，**富本銭**の鋳造
- ☑ 持統天皇　**藤原京**への遷都，**飛鳥浄御原令**の施行

この講のまとめ

唐の動きにより，倭はどのような影響を受けたのだろう。
- ☑ 中央集権がめざされ，政変により天皇を中心とする政権が成立した。
- ☑ 唐・新羅との対外戦争に敗北し，防衛対策や国内の政治の改革がすすんだ。

9 | 大宝律令と民衆の負担

🔍 この講の着眼点

律令制度において，国家の運営や，民衆の管理はどのようになされたの
だろう。

1 大宝律令の「律」と「令」

701 年に**文武天皇**の命で**刑部親王**や**藤原不比等**らによって**大宝律令**がつくられた。

律とは今日の刑法に相当し，刑罰として笞・杖・徒・流・死の五刑が定められている。国家・社会の秩序を守るため，天皇・国家・尊属を害そうとする行為や，儒教の倫理に背く行為などは**八虐**として特に重罪とされた。一方，**令**とは今日の行政法・民法に相当するもので，行政組織・官吏の勤務規定や人民の租税などを規定した。律は手本となった唐のものと大差ないが，令は氏族制度の要素を残すなど日本の実情に合わせて大きく改変されている。

さらに，藤原不比等は大宝律令に修正を加えた**養老律令**を編纂し，**藤原仲麻呂**が 757 年に施行した。

⊕ PLUS α

五刑の内容
・笞…むち打ち
・杖…杖による殴打
・徒…懲役刑
・流…流刑
・死…死刑

POINT

大宝律令・養老律令
- ☑ **大宝律令**　**刑部親王**，**藤原不比等**らが制定
- ☑ **養老律令**　藤原不比等が制定→**藤原仲麻呂**が施行

2 大宝律令の行政組織

　律令で定められた統治機構は，まず中央に，神々の祭祀をつかさどる**神祇官**と，行政を管轄する**太政官**の**二官**があった。太政官が**八省**を統轄し，八省は政務を分担していた。国政の運営は，太政大臣・左大臣・右大臣・大納言などの太政官の**公卿**による合議制によってすすめられた。公卿には有力な氏族から任命された。

　一方，地方の行政区分は，都とその周辺の**畿内**(大和・山背・摂津・河内・和泉の5か国で**五畿**ともいう)と**七道**(東海・東山・北陸・山陰・山陽・南海・西海)に区分される。畿内や七道には，**国・郡・里**が設置され，1里は50戸で構成された。そして，それぞれ国司・郡司・里長が置かれて統治された。

　国司には中央政府から貴族が派遣され，政府の監督のもとで国府(国衙)を拠点に統治した。郡司にはかつての国造などの地方有力豪族が任じられ，郡家(郡衙)を拠点として統治した。里長にはその土地の有力者があてられた。

　ほか，要地には特別な役職が置かれた。京には左・右京職が置かれ，その下に坊令と市司が置かれた。また難波には**摂津職**が，外交・軍事上重要な九州北部には「遠の朝廷」とよばれた**大宰府**が置かれた。

　諸官庁につとめる多数の役人たちは，**官位相当制**に従い**位階**に応じた官職に任じられ，それに応じて封戸・田地・禄などの給与が与えられたり，一部の租税負担が免除されたりした。特に五位以上の官人の子は優遇され，**蔭位の制**によって21歳になれば，父または祖父の位階に応じて所定の位階が与えられたので，これにより五位以上である貴族階級が維持された。

> **KEY WORD**
>
> ### 蔭位の制
>
> 父祖の地位によってその子孫に位階が与えられる制度。官人(役人)になるには，大学・国学で学び，式部省が行う試験に合格して位階を得ることが必要だった。しかし，五位以上の子(蔭子)，三位以上の孫(蔭孫)は，21歳になると父祖の位階に応じて一定の位階が与えられ，官職につくことができた。

3 民衆の負担

　律令制では，民衆は**戸籍**・**計帳**に登録された。身分制度もあり，民衆は**良民**と**賤民**に分けられ，賤民はさらに陵戸(天皇家の陵墓を守る賤民)などの5種の賤民(**五色の賤**)に区分された。戸籍は6年ごとに作成され，それにもとづいて，6歳以上の男女に**口分田**が与えられた(男性には2段，女性にはその3

分の2が支給された）。口分田は売買が許されず，本人が死ぬと6年ごとの班年に回収された。これを班田収授法という。

民衆は，租・調・庸・雑徭などの重い税を負担しなければならなかった。

租は口分田などの収穫から約3％の稲（田1段につき2束2把）をおさめる税だった。ほかに国家が春と夏，民衆に稲を貸し付け，収穫後に利息を付けて返還させる出挙（公出挙）もあった。

調は絹・布や各地の特産品を，庸は歳役（京での10日間の労働）のかわりに布などをおさめたもので，主に成人男性である正丁に課された人頭税であった。これらを都まで運ぶ運脚も正丁の義務として課されていた。

雑徭は国司の命令で課される，水利工事などの年間60日以内の労役であった。

ほかにも，正丁には兵役が課せられた。正丁3～4人に1人の割合で兵士として徴発され，諸国の軍団に配属された。一部は宮城の警備にあたる衛士や，北九州の沿岸を防衛する防人となった。兵士は，庸や雑徭は免除されたものの武器や食料は自分で用意しなければならず，また家族内の有力な労働力を取られてしまうことから，民衆側の負担は大きかった。

⊕ PLUS α

口分田の班給の差
良民男性には2段（＝720歩）が班給された。それに対し，良民女性はその3分の2が与えられた。私有された奴婢には良民男女それぞれにおける3分の1が班給された。

⊕ PLUS α

中男(少丁)・正丁・次丁(老丁)
律令制における年齢区分。中男は17～20歳の男性，正丁は21～60歳の男性，次丁は61～65歳の男性のこと。

POINT

主な民衆の負担
☑ **租** 田1段につき，2束2把の稲（収穫の約3％）
☑ **調** 絹・布や地方の**特産物**
☑ **庸** 布など（**京での歳役のかわり**）
☑ **雑徭** 国司の命による**労役**（年間60日以内）
☑ **兵役** 諸国の**軍団**に配属（一部は**衛士**や**防人**に配属）

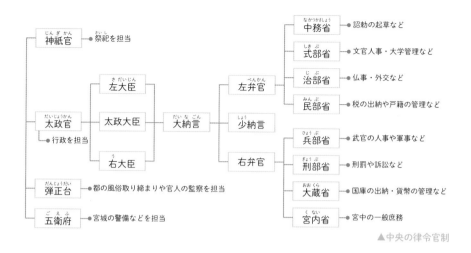

▲中央の律令官制

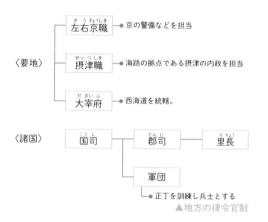

▲地方の律令官制

🔍 この講のまとめ

律令制度において，国家制度や，民衆の管理はどのようになされたのだろう。

☑ 有力な氏族を重要な役職に任命し，その子孫も高い地位につけるように
　するなど，貴族階級が維持されるように官僚制度を整えた。

☑ 民衆を戸籍・計帳に登録し，登録された人をもとに納税や労働などを負
　担させた。

10 | 奈良時代の始まり

🔍 この講の着眼点

奈良時代の国外や国内への政府の政策は，どのようなものだったのだろう。

1 奈良時代の始まり

710年，元明天皇は藤原京から**平城京**（現在の奈良市）に遷都した。ここから，長岡京・平安京に遷都するまでの時代を**奈良時代**という。

その頃大陸では，**唐**がアジアに大帝国を築いていた。西アジアとも交易を結んだ唐の都・長安は，世界的な大都市へと発展した。日本は奈良時代にも**遣唐使**を送り，朝貢した。これによって唐から高級織物などを与えられたほか，吉備真備や玄昉といった留学生や学問僧が多くの書物や知識を伝え，日本の律令国家としての発展に貢献した。

朝鮮半島をほぼ統一した**新羅**との間には，日本が新羅を従属国として扱おうとしたために緊張が生じた。それにより遣唐使の航路にも影響があり，朝鮮半島沿いの北路をすすまず，東シナ海を横断する南路をとることになった。

また，7世紀末に中国東北部に建国された**渤海**は，唐・新羅と

対抗関係にあったことから日本に国交を求め，日本に従属する形で友好的な関係を築いた。

⊕ PLUS α

冊封

中国の皇帝が周辺国の君主を，国王などに任命して臣下とすること。これにより中国の王朝を中心とした国際秩序が形成された。日本は遣唐使を送り朝貢をして実質的に唐に従属したが，冊封は受けなかった。

▲ 8世紀頃の東アジア

2 平城京の建設

　701年の大宝律令の制定によって，中央の政治体制が整ってくると，それにみあった大規模な都の造営が必要となった。710年，元明天皇は，藤原京から奈良の**平城京**に都を移した。唐の**長安**にならってつくられた平城京は，東西約4.3km，南北約4.8kmの長方形をしており，都の北東部には外京とよばれる街区をもっていた。中央を南北に走る朱雀大路を中心に，碁盤の目のように東西・南北に走る道路で整然と区画された(**条坊制**)。都の北部中央には平城宮が配置され，その中に天皇の住居である内裏，政務・儀礼の中心である大極殿や朝堂院，二官八省の官庁などが置かれた。

　京内には，貴族・官人・庶民たちの居住地区が広がり，立派な伽藍をもつ寺院(薬師寺・興福寺・東大寺など)も建てられた。また，官営の**東市・西市**が設けられ，**市司**の管理のもとに，地方から運ばれた産物や，官人たちに給料として支給された布や糸などが交換された。708年，武蔵国から銅が献上されると，政府はこれを祝して年号を和銅と改め，唐の開元通宝にならって**和同開珎**を鋳造した。和同開珎は，711年の**蓄銭叙位令**(蓄銭量に応じて位階を授けるという法令)によって，その流通の促進がはかられた。

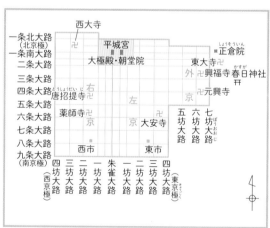

▲平城京

⊕PLUS α

本朝(皇朝)十二銭

古代に政府により鋳造された貨幣。その最初が和同開珎で，その最後が958年(村上天皇の時代)に鋳造された乾元大宝。なお，本朝十二銭より前に富本銭も鋳造されているので，古代には13種類の銅銭の銭貨が鋳造されていたことになる。

3 奈良時代の地方整備

　政府は，中央と地方を結ぶため，平城京を中心とする七道にのびる官道（駅路）を整備し，駅家が約16kmごとに設けられ，公用で往来する官人が利用した。また，地方では郡家（郡の役所）同士を結ぶ伝路がひかれた。

　地方統治は，国を中央から派遣された国司が，郡を地方豪族から任命された郡司が行った。特に郡司には任期がなくその地位は世襲されたため，郡司の伝統的な支配力は，律令制下の民衆支配に大きな役割を果たしていた。

　律令体制を整えた政府は国内の支配地拡大にも取り組んだ。東北地方の人々（蝦夷）や南九州の人々（隼人）を異民族（夷狄）とみなし，服従をせまった。蝦夷対策の拠点として，日本海側には7世紀半ばに渟足柵・磐舟柵を築き，阿倍比羅夫を派遣して蝦夷に対応させた。こうして日本海側は政府の支配領域となったが，太平洋側にも進出し，8世紀前半に陸奥国府となる多賀城を築いた。日本海側には出羽国を置き，ついで秋田城を築いた。

　一方，隼人に対しては8世紀初めに薩摩国と大隅国を置いた。いずれも抵抗する勢力は武力で制圧された。

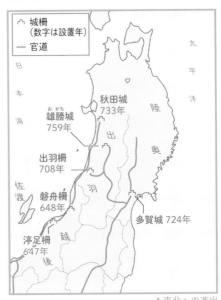

▲東北への進出

🔍 **この講のまとめ**

　奈良時代の国外や国内への政府の政策は，どのようなものだったのだろう。

☑ 唐や渤海と友好的な関係を築き，大陸との交流により文化などを摂取した。

☑ 東北や九州南部に進出し，支配地域を拡大していった。

11 奈良時代の政争

この講の着眼点

奈良時代の政治はどのように展開したのだろう。

1 奈良時代の政争と藤原氏

律令の制定に貢献した**藤原不比等**は，娘の宮子を文武天皇に嫁がせ，さらに文武天皇の皇子(のちの**聖武天皇**)にも娘の**光明子**を嫁がせて，天皇家と密接な関係を築いた。こうして藤原氏が勢力をのばし始めた。

720年に不比等が死去すると，天武天皇の孫の**長屋王**が右大臣に就任し実権を握った。長屋王は聖武天皇が即位すると左大臣となり，親王の待遇を受けた。そこで，不比等の子の**武智麻呂・房前・宇合・麻呂**の4兄弟(藤原四子)は729年，策謀によって長屋王を自殺させ(**長屋王の変**)，光明子を皇后にして藤原氏の実権を奪い返した。

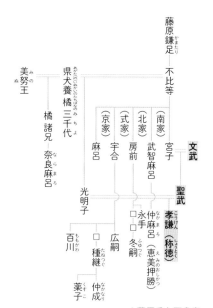

▲藤原氏と天皇家

ところが，藤原4兄弟は737年に**天然痘**のため全員死亡してしまい，皇族出身の**橘諸兄**が政権を担った。また，唐で学んで帰国した**吉備真備**や**玄昉**が聖武天皇に重用され，藤原氏の勢力はますます減退した。これに対して，**藤原広嗣**が，吉備真備・玄昉らの排除を求めて九州で反乱をおこしたが，まもなくしずめられた(**藤原広嗣の乱**)。この乱の影響で，都は**恭仁京**，**難波宮**，**紫香楽宮**へと移され，最終的に平城京にまた戻された。

2 仏教と政治

　飢饉や疫病，戦乱などの社会的な不安が続くなか，聖武天皇は仏教のもつ鎮護国家の思想によって国を守ろうと考えた。741年に**国分寺建立の詔**を出して，国ごとに国分寺と国分尼寺をつくらせ，さらに743年には紫香楽宮で**大仏造立の詔**を出した。そして752年，聖武天皇の娘である孝謙天皇の時代に，東大寺の本尊としてつくられた大仏の**開眼供養の儀式**が盛大に行われた。

　聖武天皇が位を孝謙天皇にゆずって以降は，光明皇太后の信任を得た**藤原仲麻呂**が勢力をのばしていた。これに対し，橘諸兄の子である橘奈良麻呂が反乱をおこそうとしたが，発覚して鎮圧された（**橘奈良麻呂の変**）。この事件によって藤原仲麻呂は独裁的な権力をもち，淳仁天皇を即位させると**恵美押勝**の名を賜り大師（太政大臣）となった。淳仁天皇の即位で，譲位した孝謙天皇は孝謙太上天皇となった。なお，太上天皇とは生きているうちに天皇の位を譲った元天皇のことで，その略称は上皇となる。

＼ これを聞きたい！ ／

Q

 鎮護国家の思想とは何ですか？

A

 仏教の教義に基づいて国家を護るという考え方のことです。仏に祈ることで災害や疫病の流行を阻止したり，外敵の退散を願うもので，仏教の思想が民衆統治の手段として利用されたということもできます。具体的には大仏や国分寺・国分尼寺の造立・建立などになります。

🧑‍🏫 **POINT**

聖武天皇の仏教政策
- ☑ **国分寺建立の詔**　諸国で**国分寺・国分尼寺**が建立
- ☑ **大仏造立の詔**　東大寺で**開眼供養の儀式**の開催

3 仏教政治の混乱

　光明皇太后の死去後，**孝謙太上天皇**の信任を得た
僧の道鏡の権勢が強まると，それを除こうとして
恵美押勝が挙兵したが，逆に滅ぼされた（**恵美押勝
の乱**）。乱後に淳仁天皇は廃され，孝謙太上天皇が
重祚（皇位を退いた天皇が再び皇位につくこと）して
称徳天皇となった。道鏡は，**太政大臣禅師**，さ
らに**法王**となって権力を握り仏教政治をすすめたが，
後ろ盾の称徳天皇が亡くなると力が弱まり失脚した。
　770年，藤原百川や藤原永手が長く続いた天武天
皇系にかわり，天智天皇系の光仁天皇を擁立した。光仁天皇の時代には，道
鏡の仏教政治で混乱した律令政治と国家財政の再建がめざされた。また，ようや
く実権を取り戻すことができた藤原氏は，これ以降平安時代を通じ，歴史の表舞
台で活躍することになる。

⊕ PLUS α

宇佐八幡神託事件

称徳天皇が寵愛する道鏡を
皇位につけようとし，それが
阻止された事件。称徳天皇は
宇佐八幡宮の神託によって，
道鏡に皇位を譲ろうとした
が，使いとなった和気清麻呂
が逆の神意を報告したため，
道鏡の即位は失敗に終わっ
た。

👨‍🏫 POINT

政権担当者の変遷
☑ 藤原不比等→長屋王→藤原四子→橘諸兄→藤原仲麻呂→
　道鏡→藤原百川・永手（藤原氏と皇族などが交互に政権をとる）

🔍 この講のまとめ

奈良時代の政治はどのように展開したのだろう。

☑ 奈良時代は天皇との結びつきが重要で，藤原氏が天皇家と結びつきを深
　めて何度も政権を担当した。

12 | 奈良時代の民衆と土地政策

🔍 この講の着眼点

奈良時代の土地政策はどのようなものだったのだろう。

1 奈良時代の農民の暮らし

　奈良時代の農民の間では，鉄製の農具がいっそう普及し，耕作技術もすすんだ。住居は竪穴住居にかわって，平地式の**掘立柱住居**がしだいに普及した。結婚は，まず男性が女性の家に通う**妻問婚**から始まり，その後夫婦としてどちらかの父母と共に生活してから，自分たちの家をもった。

　農民には律令制度によって口分田が与えられたほかに，口分田以外の公の田（乗田）や寺社・貴族の土地を借りて耕作した。その場合，収穫の5分の1を地子（借賃）として政府や寺社・貴族におさめなければならなかった。乗田や寺社・貴族の土地を，賃料をとって期限付きで貸すことを賃租という。さらに，租・調・庸のほか兵役・雑徭・運脚などの負担もあった。税の負担が重いうえ，天候や虫害に影響された飢饉がおこりやすく，農民たちの生活は不安定だった。

2 奈良時代の土地政策

　政府は人口増加による口分田の不足を補い，さらなる税収増加をめざした。

　723年に**三世一身法**を制定し，新たに灌漑施設を設けて未開地を開墾した場合は3世代にわたり，もとからある灌漑施設を利用して開墾した場合は本人1世代限定で墾田の私有を認めた。民間による耕地の開拓をねらった政策であったが，効果は薄かった。

　そのため，政府は次の政策として，743年に**墾田永年私財法**を制定し，身分により広さに上限はあったが，開墾した土地を永年にわたって開墾者のものとした。この法は政府

> ⊕ PLUS α
> **百万町歩の開墾計画**
> 722年に政府より出された開墾計画。国司・郡司の監督の下に，1人10日間を限度に人夫として徴発し，開墾のための用具は政府のものを貸し出した。良田100万町歩の開墾を計画したが成果は上がらず，そのため翌723年には三世一身法が施行された。

が掌握する田地を増加させることにより土地支配の強化をはかる積極的な政策であった。

3 奈良時代の土地政策の影響

墾田永年私財法によって，中央の寺社や貴族は，地方豪族と結んで大規模な開墾をすすめた。特に東大寺などの大寺院は，大規模な山野を囲い込み，一般の農民に開墾させたり，農民の墾田を買い集めたりして，私有地を広げていった。これを初期荘園という。

一方，農民の間では貧富の差が拡大した。貧しい農民の中には，口分田を捨てる者も多く，戸籍に登録された地を離れる浮浪や，都の造営工事現場などから行方不明になる逃亡などが増えた。政府は当初浮浪人をもといた場所に戻そうとしていたが，のちには浮浪先で浮浪人帳をつくって把握しようとした。

また，非常時のために各郡に蓄えられる稲穀が国司によって管理・運用されるようになり，郡司の権力が弱まった。その結果8世紀末には，かつて郡司の実力により徴収されていた調・庸の滞納なども多くなった。

POINT

奈良時代の土地政策
☑ 三世一身法　一定条件下での開墾地の**3世代の私有許可**→成果上がらず
☑ 墾田永年私財法　新たな開墾地の**永年私有の許可**→初期荘園の形成

この講のまとめ

奈良時代の土地政策はどのようなものだったのだろう。
☑ 税収増加をはかり，政府は新たに開墾した土地の私有を認める政策を打ち出した。
☑ 開墾地の私有を認めたことで，貴族・豪族・大寺院などにより開墾地が拡大した。

13 | 白鳳文化

白鳳文化はどのような文化の影響を受けて発展したのだろうか。

1 白鳳文化の特徴

7世紀後半から8世紀初めにかけての，律令国家形成期の文化を白鳳文化という。天武天皇・持統天皇の時代を中心とする，仏教文化を基調とした活気にあふれた文化で，遣唐使などによって伝えられた唐初期の文化に強い影響を受けている。

また外来文化の影響で，漢詩文が貴族らによってつくられた。漢字文化や儒教思想も地方の豪族にまで受け入れられていった。

⊕ PLUS α

和歌の発達

日本古来の歌謡から発達した和歌は，この時期につくられるようになった漢詩文の影響を受けて形式が完成した。柿本人麻呂や額田王が格調高い作品を残したのもこの時代で，その作品はのちの『万葉集』にも収録されている。

2 建築・仏教彫刻・絵画

この時代の建築物としては，天武天皇が皇后の病の回復を願って創建した薬師寺，舒明天皇が創建したとされる百済大寺を天武天皇が移転し，改称したとされる大官大寺などがある。大官大寺は，のちの平城遷都の際に平城京に移転されて，大安寺と改称した。この時期に仏教の興隆が国家的に推しすすめられたため，仏教文化は急速な発展をみせた。

彫刻で主なものは，おおらかな表情を伝える興福寺仏頭である。もとは大和の山田寺にあった薬師如来像で，蘇我倉山田石川麻呂の霊をとむらうため685年につくられたが，火災により現在は頭部のみが残っている。ほかにも薬師寺東院堂聖観音像，薬師寺金堂薬師三尊像などがある。

絵画では，1949年に焼損した法隆寺金堂壁画があり，インドや西域の影響がみられる。また，1972年に発見された高松塚古墳壁画は中国や朝鮮半島の文化の影響を受けており，高句麗の古墳壁画との類似が指摘されている。

▲興福寺仏頭

▲高松塚古墳壁画

薬師寺蔵

▲薬師寺金堂薬師三尊像

🔍 この講のまとめ

白鳳文化はどのような文化の影響を受けて発展したのだろうか。

☑ 遣唐使などによる国際交流によって伝えられた中国，朝鮮半島，インド
　などの大陸の文化の影響を受けて発展した。

14 | 天平文化

天平文化はどのような文化だったのだろう。

1 天平文化の特徴

聖武天皇の治世の頃に発達した，平城京を中心とした貴族文化を**天平文化**という。国家仏教の影響を受けるとともに，遣唐使によってもたらされた盛唐の文化を反映した国際色豊かな文化である。

2 国史・地誌の編纂

　天武天皇の頃に国史の編纂が始められた。これは，貴族たちの国家意識が高まったことから，国の成り立ちや，天皇による支配の正統性を歴史的に説明することも目的としてあったと考えられている。

　『古事記』(712年)は，天武天皇が稗田阿礼によみならわせた「帝紀」「旧辞」を，太安万侶(安麻呂)が筆録し，漢字の音・訓を用いて日本語を表記した，神話・伝承や推古天皇までの歴史を記した書物である。続いて，720年に完成した『日本書紀』は最初の正史で，舎人親王が中心となって編纂した歴史書となる。これは中国の歴史書にならい漢文の編年体で表記されている。

　地誌の編纂も行われ，713年に政府は日本の各地の伝説・地理・産物などを記録することを命じ，『風土記』が国ごとに編纂された。

⊕ PLUS α

六国史

古代日本において，漢文で書かれた政府による6つの歴史書の総称。『日本書紀』→『続日本紀』→『日本後紀』→『続日本後紀』→『日本文徳天皇実録』→『日本三代実録』の順番で編纂された。

⊕ PLUS α

『風土記』の現存

『風土記』は諸国で編纂されたが，現在まで残っているのは常陸・出雲・播磨・豊後・肥前の5つである。ほぼ完全に残っているのは『出雲国風土記』のみとなる。

3 文芸・学問

　当時，宮廷では貴族の教養として漢詩文が重視されており，751年には7世紀後半以降の漢詩を集めた現存最古の漢詩集『懐風藻』が編纂された。奈良時代には優れた歌人が多くあらわれ，最古の和歌集『万葉集』がつくられた。『万葉集』には宮廷の歌人だけではなく，民衆のよんだ歌(防人歌や東歌など)も収録されている。農民の苦しい生活をよんだ，山上憶良の貧窮問答歌は有名で，ほかにも率直な心情を表現した作品が『万葉集』には多い。

　またこの頃には，官吏養成のための教育機関として，中央に大学，地方に国学が置かれた。大学には貴族の子弟などが，国学には郡司の子弟が主に入学した。石上宅嗣は，書物を集めて芸亭と名付けた図書館のような施設をつくった。

4 国家仏教と天平の美術

　奈良時代の仏教は，鎮護国家の思想のもと，国家の保護を受けてますます発展した。

　大安寺や薬師寺などの奈良の大寺院では，仏教教理の研究が盛んに行われ，三論・成実・法相・倶舎・華厳・律の南都六宗という学派が形成された。唐から日本に渡来した僧である鑑真は，東大寺に初めて戒壇を設け，聖武天皇らに授戒するとともに，律宗の中心となる唐招提寺を創建した。政府は僧が寺院外で布教することを禁じていたが，寺を出て，社会事業を行うかたわら民衆への布教を行った行基のような僧もあらわれた。

　仏教はこの時代に国家仏教や学問として発展した一方，社会に根付く過程で現世利益を求める手段ともなっていった。また，仏と日本固有の神はもともと同一のものであるとする神仏習合の思想が生まれた。

奈良時代には，仏教の興隆に支えられて，優れた仏像が多くつくられた。木の芯のうえに粘土を塗り固めた**塑像**や，原型のうえに麻布をはり，漆で塗り固めたあとから原型を抜き取る**乾漆像**などの彫刻技法が発達した。主な塑像の作品に，**東大寺法華堂の日光・月光菩薩像や執金剛神像**などがある。主な乾漆像の作品に，東大寺法華堂の**不空羂索観音像**や**興福寺阿修羅像**（八部衆像の１つ）などがある。

　絵画では，鳥毛立女屛風の樹下美人図や，薬師寺の吉祥天像などが代表的である。これらは唐の影響を受けた華麗な表現が特徴的である。

　建築物としては，**唐招提寺金堂**や，校倉造がみられる東大寺の**正倉院宝庫**などがあり，均整のとれた堂々とした佇まいが特徴である。正倉院宝庫には螺鈿紫檀五弦琵琶などの国際性がうかがえる宝物が保存された。

👤 **KEY PERSON**

行基
668 - 749

奈良時代の僧。民衆教化・社会事業に従事して集団を組織した。行基は国家の許可を得ていない私度僧であったため，政府から度々弾圧された。しかし大仏造立には弟子や民衆を率いて協力したため，大僧正（僧侶の最高位）に任命された。

東大寺蔵　　　　　　東大寺蔵

東大寺蔵

▲東大寺法華堂日光・月光菩薩像
（左：日光菩薩像，右：月光菩薩像）

▲東大寺法華堂執金剛神像

58

東大寺蔵

興福寺

▲東大寺法華堂不空羂索観音像

薬師寺蔵

▲薬師寺吉祥天像

▲興福寺阿修羅像

🔍 この講のまとめ

天平文化はどのような文化だったのだろう。

☑ 国家により，歴史書・地誌・漢詩文集・和歌集などが編纂された貴族文化だった。

☑ 遣唐使の影響などで国際性が豊かで，仏教が重視された文化だった。

15 | 平安時代の始まり

🔍 **この講の着眼点**

桓武天皇や嵯峨天皇の政治は何をめざしたのだろう。

1 平安京への遷都

桓武天皇は光仁天皇の行政の簡素化や民衆の負担軽減などの政治再建政策を受け継ぎ、仏教政治の弊害を断つために、大和の平城京から山背の長岡京に遷都した。しかし長岡京造営を主導していた藤原種継が暗殺される事件がおき、794年に平安京へ再遷都した。以後、鎌倉幕府が開かれるまでの約400年間を平安時代という。

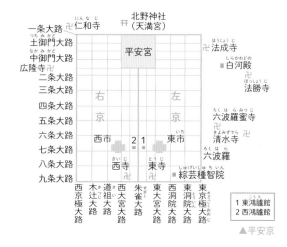

▲平安京

2 桓武天皇の政策

桓武天皇が取り組んだ主な課題は、蝦夷対策、律令制度の再建、政治改革の3つがあった。

A 蝦夷対策 奈良時代終盤の780年、蝦夷の豪族である伊治呰麻呂が蜂起して多賀城を落とす大規模な反乱に発展した。こののち、蝦夷を軍事的に制圧するために、三十数年にわたって戦争が繰り返された。

桓武天皇は，胆沢地方の蝦夷制圧を
めざしたが，789年に政府軍は蝦夷の
族長**阿弖流為**に大敗した。そこで
桓武天皇は，**坂上田村麻呂を征
夷大将軍**として蝦夷征討にあたら
せた。坂上田村麻呂は，802年に**胆
沢城**を築き，阿弖流為を屈服させて，
鎮守府を多賀城から胆沢城に移した。

しかし，平安京の造営事業と蝦夷の
征討という二大事業は，国家財政や民
衆への過大な負担を伴い，**徳政相論**(造
都と蝦夷征討を継続するべきか否かの
議論)がおこった。桓武天皇は藤原緒
嗣の意見を採用し，805年に二大事業
の停止を決定した。

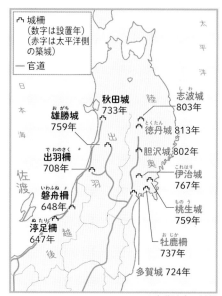

凡例
城柵
（数字は設置年）
（赤字は太平洋側
の築城）
官道

秋田城
733年

雄勝城
759年

志波城
803年

徳丹城 813年

出羽柵
708年

胆沢城 802年

伊治城
767年

磐舟柵
648年

桃生城
759年

淳足柵
647年

牡鹿柵
737年

多賀城 724年

▲東北地方の城柵

B　律令制度の再建　8世紀の後半から，国家
による負担から逃れようとして，浮浪・逃亡する農
民が増加した。9世紀になると，税の負担を減らす
ため戸籍登録の際に年齢や，性別を負担の軽い女性
と偽って申告する**偽籍**が増えた。そのため，政府
は正確に農民を把握することができず，班田収授の
実施は困難になっていた。

桓武天皇は農民の負担を軽減させ，班田収授を励
行させるため，班田の期間を6年から12年にした
(**一紀一班**)。さらに，稲の貸しつけ制度である公出
挙の利息を5割から3割に，雑徭の期間を年間60
日から30日に減らして，農民の生活安定と維持を
はかった。しかし効果はみられず，長期間班田が行
われない地域も出てきた。

⊕ PLUS α

財源の確保

一紀一班などの施策によっ
て安定した税収を回復でき
なかった政府は，823年に大
宰府管内に公営田を，879年
に畿内に官田（元慶官田）を
設け，有力農民に耕作させる
などして財源確保につとめ
た。しかし，天皇は公費で開
墾する勅旨田，皇族は天皇か
ら与えられた賜田，各官庁は
諸司田と，それぞれが独自の
財源をもつようになるなど，
国家財政の立て直しは困難
な状況であった。

ⓒ 政治改革 桓武天皇は，地方政治のゆるみを引き締めるため勘解由使を設けて，国司が交替する際に不正が行われないよう，その引継ぎを監督させた。勘解由使などの令に定められていない官職を令外官といい，蔵人や征夷大将軍もこれにあたる。

軍事面では，一部地域を除いて兵士や軍団を廃止した。かわりに郡司の子弟や有力農民から少数精鋭の健児を採用して，国内の治安維持などにあたらせた。

3 薬子の変と嵯峨天皇の政治改革

桓武天皇が亡くなると，子である平城天皇が即位した。平城天皇は病弱を理由に，弟の嵯峨天皇に皇位をゆずって太上天皇となり，平城京への再遷都を試みた。しかし嵯峨天皇はこれに反対し，「二所朝廷」とよばれる政治的混乱が生じた。

両者の争いは嵯峨天皇側が勝利したが（薬子の変，あるいは平城太上天皇の変），これを契機に天皇の意志を太政官組織に迅速に伝えるために，天皇の秘書のような役割を果たす蔵人頭(初代：藤原冬嗣ら)が設けられた。ほかに嵯峨天皇は，平安京の警察にあたる検非違使を設けた。

法整備もすすめられ，律令の制定後に出された法令を，律令を補足・修正する格と施行細則である式に分類・編集して，弘仁格式が編纂された。弘仁格式は，清和天皇の時代につくられた『貞観格式』，醍醐天皇の時代につくられた『延喜格式』とあわせて三代格式という。

📖 KEY WORD

薬子の変

平城太上天皇と嵯峨天皇の間で，政治的対立が生じた。嵯峨天皇は平城太上天皇側につく藤原仲成（藤原薬子の兄）を捕らえ，また迅速に兵を展開して勝利した。平城太上天皇は出家，その寵愛を受けていた薬子は自殺，仲成は射殺され，藤原式家が衰退した。

⊕ PLUS α

嵯峨天皇の蝦夷対策

徳政相論の結果，軍事行動は中断されたが，嵯峨天皇は文室綿麻呂を派遣し蝦夷を攻撃し，最後の城柵として徳丹城を築いた。

🔍 この講のまとめ

桓武天皇や嵯峨天皇の政治は何をめざしたのだろう。

☑ 遷都や，令の規定にない新しい役職を設置するなどして，中央や地方政治を引き締めた。

☑ 東北地方への進出を強化し，蝦夷の服属を大いに進展させた。

16 | 弘仁・貞観文化

🔍 **この講の着眼点**

弘仁・貞観文化はどのような影響をもたらしたのだろう。

1 弘仁・貞観文化の特徴

　平安京遷都から9世紀末頃までの文化を，その中心となった時期の年号から**弘仁・貞観文化**という。天平文化と比べて，**漢文学**など唐風で貴族的な傾向が増す一方，芸術においては大陸から新たに伝えられた**密教**の影響で神秘的な傾向をもつのが特徴である。

2 新しい仏教

　仏教による政治介入を嫌った桓武天皇は，奈良の大寺院が平安京に移転することを認めず，かわりに，唐への留学から帰国した**最澄**や**空海**がもたらした新しい仏教を支持した。

　最澄は**天台宗**を開き，東大寺などに設置されていた戒壇とは別に，独自の大乗戒壇を設ける必要があると主張した。この主張は南都諸宗から激しい反発を受けたが，最澄は『顕戒論』で反論し，その死後には戒壇の設置が認められた。最澄が比叡山に開いた草庵は**延暦寺**となり，延暦寺は平安京鎮護の寺院とされ，仏教教学の中心地として発展した。

　一方，インドを源流とする真言密教を学んだ空海は紀伊の高野山に建てられた**金剛峯寺**や，嵯峨天皇から賜った平安京の**教王護国寺（東寺）**などを拠点に**真言宗**を広めた。

　のちに**円仁・円珍**によって密教は天台宗にも取り入れられ，天台宗の密教を**台密**，真言宗の密教を**東密**とよぶようになった。天台宗と真言宗は，**加持祈**

KEY PERSON

空海
774 - 835

弘法大師とも称される。真言宗の開祖。上京して大学で学んだが，まもなく仏教に帰依した。唐で密教を学び，帰国して高野山金剛峯寺を創建。嵯峨天皇から教王護国寺を賜った。綜芸種智院を開設したほか，書道にも優れた。儒教・道教・仏教における仏教の優位性を示す『三教指帰』なども著している。

画像出典：ColBase

禱によって災いを避け，現世利益を追求する面から皇族や貴族の支持を集めた。ともに奈良時代の仏教とは違って山岳地に寺をもち，山中を修行の場としたため，在来の山岳信仰と結びつき修験道(山岳修行で呪力を体得する信仰)の源流となった。

POINT

最澄と空海
☑ 最澄　比叡山に延暦寺を建て，天台宗をおこす。
☑ 空海　高野山に金剛峯寺を建て，真言宗をおこす。

③ 文芸と学問の奨励

　この時代は，文芸によって国家の隆盛をめざす**文章経国**の思想が普及し，貴族の教養として漢文学が発達した。9世紀前半には『凌雲集』・『文華秀麗集』・『経国集』という3つの勅撰漢詩集が編纂された。また，空海の詩文集『性霊集』(『遍照発揮性霊集』)，菅原道真の詩文集『菅家文草』なども著された。

　大学では，儒教を学ぶ明経道や，中国の歴史・文学を学ぶ紀伝道(文章道)が重んじられた。有力な貴族は，大学で学ぶ子弟のために氏族ごとに寄宿舎にあたる**大学別曹**を設けた。空海が創設した**綜芸種智院**には，庶民も入学を許された。

⊕ PLUS α

主要な大学別曹
・和気氏…弘文院
・藤原氏…勧学院
・橘 氏…学館院
・在原氏・皇族…奨学院

④ 密教芸術

　密教の隆盛は，寺院建築や彫刻などの美術にも影響を与え，神秘的な**密教芸術**が盛んになった。

　建築では，天台・真言の寺院が深い山中に建てられたので，地形に応じた自由な伽藍配置がみられた。**室生寺**はその代表例である。

　彫刻では，一木造とよばれる1本の木材から仏像の全身を丸彫りする技法が主流となった。**観心寺如意輪観音像**や薬師寺僧形八幡神像などがその代表例である。

　絵画では，園城寺の不動明王像(黄不動)など，密教の神秘的な仏画が描かれたほか，密教の世界を構図化した曼荼羅が発達した。

　書道では，唐風の書が盛んになり，空海・嵯峨天皇・橘逸勢は三筆と称された。

観心寺

▲観心寺如意輪観音像

東寺

▲教王護国寺両界曼荼羅(胎蔵界)

🔍 この講のまとめ

弘仁・貞観文化はどのような影響をもたらしたのだろう。

☑ 漢文学が教養となり，貴族は漢文を使いこなすようになった。

☑ 2つの新しい宗教が誕生し，南都六宗と日本の仏教界の主流を形成した。

17 | 藤原氏の栄華と摂関政治

この講の着眼点

藤原氏北家はどのようにして勢力をのばしたのだろう。

1 藤原氏北家の発展

平安時代中期，政治的中心となったのは，**藤原氏北家**だった。藤原氏北家の隆盛は，嵯峨天皇の信任を得た**藤原冬嗣**が蔵人頭に任命され，天皇家と姻戚関係を結んだことに始まる。冬嗣の子**藤原良房**は，858年に幼少の清和天皇が即位すると，**摂政**の地位についた。これは幼少の天皇にかわって政務を行う地位で，従来は皇族が任命された。良房は，**伴健岑**や**橘 逸勢**を退けた**承和の変**(842年)や，大納言**伴善男**が追放された**応天門の変**(866年)などを利用して巧妙に他氏の排斥を進めた。

藤原基経は，884年に即位した光孝天皇により，初めて**関白**に任命された。これは天皇の成人後も補佐役となる地位である。その後，宇多天皇の時代には，**阿衡の紛議**によりその地位を確立した。

基経の死後，藤原氏を**外戚**(母方の親戚)としない宇多天皇は摂政・関白を置かず，宮中の警備にあたる**滝口の武者**を組織し，政治では文人貴族の菅原道真を重く用いて親政を行った。

KEY WORD

阿衡の紛議

宇多天皇も藤原基経を関白に任じようとした。その際，橘広相が起草した勅書には基経を「阿衡」に任ずるとあった。基経は「阿衡」を権限をもたない役職だと指摘し，出仕を拒否した。この結果，橘広相は責任を問われ，天皇が勅書の非を認めた。改めて基経は関白に任じられ，政治的立場を強めた。

2 延喜・天暦の治

宇多天皇に続いた**醍醐天皇**の時代には，902年に**延喜の荘園整理令**が出され，『**延喜格**』編纂が行われるなど律令体制の再建が志向された。文化面では六国史の最後となる『**日本三代実録**』や勅撰和歌集『**古今和歌集**』の編纂が行われた。

醍醐天皇の子**村上天皇**は**乾元大宝**(本朝十二銭の最後)を鋳造した。村上天皇の死後には醍醐天皇の時代に編纂された『**延喜式**』が施行された。

摂政・関白が置かれず天皇の親政が行われた醍醐天皇と村上天皇の時代は，の

ちに「延喜・天暦の治」と称えられた。

この間も藤原氏北家は権勢を保ち、基経の子の**藤原時平**は醍醐天皇の治世において左大臣となり、策謀により右大臣**菅原道真**を大宰府に追放した。時平の弟の**藤原忠平**は醍醐天皇と村上天皇の間の朱雀天皇の時代に摂政・関白をつとめ、平将門の乱などの武士の反乱に対処した。

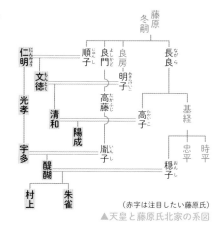

（赤字は注目したい藤原氏）
▲天皇と藤原氏北家の系図

3 藤原氏北家の全盛

村上天皇が没した後、969年に左大臣の**源高明**が大宰府に追放された（**安和の変**）。これ以降11世紀後半まで、摂政または関白がほぼ常に置かれ、その地位は藤原忠平の子孫が代々独占して政治的主導権を握った。これを**摂関政治**といい、摂政・関白を出す家柄のことを**摂関家**という。

その後は、藤原氏の内部で摂政・関白の地位をめぐる争いが続いたが、10世紀末の**藤原道長**の登場とその絶対的権勢によって争いは終わりを告げる。後一条天皇・後朱雀天皇・後冷泉天皇は道長の外孫であり、道長は30年にわたって権力を握り続けた。道長の子の**藤原頼通**も、3人の天皇の摂政・関白を50年にわたってつとめ、摂関家は安定した権力を保っていた。

当時の貴族社会では母方の縁が非常に重視された。藤原氏北家は、家の女性たちを次々と天皇家に嫁がせて天皇の外戚となり、権力を強めていった。そして藤原氏のなかでも最高の地位にある者が氏長者となり、摂政や関白として絶大な権力をもった。

KEY WORD

摂関政治

平安時代に藤原氏が摂政・関白に任命され、その下で行われた政治をいう。天皇の外戚であることを権力の根拠とし、天皇の権力を補い、あるいは代行する形で、国家権力を握るものだった。

KEY PERSON

藤原道長
966 - 1027

平安時代の貴族。甥の伊周との政争に勝ち、氏長者として実権を掌握した。娘を次々と天皇家に嫁がせ、天皇の外戚として権勢をふるった。「この世をば我が世とぞ思ふ…」とうたったことでも知られ、日記『御堂関白記』を残した。

4 東アジア情勢の変化

　9世紀後半，唐の民間商人がしばしば来航するようになり，朝廷は彼らと交易を行っていた。また，唐が衰退していた背景もあり，894年に遣唐大使に任命された菅原道真は派遣に危険を伴う遣唐使についてその意義の低下から，その中止を提案した。その後，遣唐使の派遣はされなかった。

　907年に唐は滅亡して，中国は五代十国時代に突入し，やがて宋（北宋）が中国を統一した。

　中国東北部では10世紀前半に契丹（遼）によって渤海が滅ぼされ，朝鮮半島では10世紀初めにおこった高麗が新羅を滅ぼし，東アジアの情勢は変動した。

　日本はいずれの新しい国とも国交を結ばなかったが，宋・高麗との間では商人や僧が往来し，大陸の品をもたらした。

▲ 10 〜 11 世紀頃の東アジア

🔍 **この講のまとめ**

藤原氏北家はどのようにして勢力をのばしたのだろう。

☑ 天皇の外戚になることで摂政・関白に就任し，その権威により勢力をのばした。

☑ 巧妙に他氏を排斥するなどして，その勢力をのばした。

18 | 国風文化

🔍 この講の着眼点

国風文化はどのような影響を及ぼしたのだろう。

1 国風文化の特色

894 年に菅原道真の提言により遣唐使が停止されたことなどをきっかけに，大陸文化を日本風に熟成させてつくりかえようという動きがおこった。その結果生まれた 10 〜 11 世紀頃の，大陸文化と日本文化が融合した優雅で繊細な貴族文化を国風文化という。

2 国文学の発達

国風文化を象徴するのは，かな文字の発達だった。奈良時代には，漢字の音訓を用いて和歌を書き記す万葉がながみられた。そして 9 世紀には万葉がなを簡略化した平がなや，漢字の一部分をとった片かながすでに表音文字として使用されていた。平がなや片かなの字形は 11 世紀初めにはほぼ固まり，この結果，日本人の感覚をより生き生きと表現することが可能になり，和歌をはじめとする文学作品が多数生まれた。

905 年には，最初の勅撰和歌集である『古今和歌集』が成立した。その編者の一人である紀貫之は，任地の土佐から帰京するまでの紀行をかな文字で綴った最初のかな日記である『土佐日記』を著した。

摂関政治が全盛期を迎えた 10 世紀後半以降になると，宮廷に仕える女性たちによってかな文学はいっそう洗練されたものとなった。そのなかでも清少納言の随筆『枕草子』や，紫式部の長編小説『源氏物語』が代表的な作品である。

👤 KEY PERSON

紫式部
生没年不詳

本名は不詳。『源氏物語』の女主人公・紫の上にちなんでこうよばれる。『源氏物語』が評判となって，藤原道長の娘・彰子(一条天皇の中宮)に仕えた。その宮仕えの苦労は，『紫式部日記』に記されている。

3 浄土教の登場

　平安中期の仏教では，天台宗と真言宗が，加持祈禱を通じて現世利益を求める朝廷や貴族と結びつき，圧倒的な勢力をもった。一方で神仏習合もすすみ，日本古来の神々を仏の化身と考える**本地垂迹説**（仏が主，神が従）も生まれた。さらに怨霊や疫神をまつって災厄から逃れようとする御霊信仰が広まり，**御霊会**が盛んに行われた。

　この時期，来世での極楽浄土への往生を求めて現世の苦しみから逃れることを説く**浄土教**が流行した。「**市聖**」とよばれた**空也**は京の市で念仏による往生の教えを熱心に説き，**源信**（恵心僧都）が浄土に至るための方法を示した『**往生要集**』を著して，浄土教は貴族や庶民の信仰を集めた。

　さらに11世紀には，**末法思想**が流行して，極楽浄土への往生の願望はますます強くなっていった。この流行の中で，**慶滋保胤**は『**日本往生極楽記**』のような往生伝（往生したとされている人の伝記集）を著し，来世における救いの願望を高めた。

　法華経などの経典を書き写し，容器におさめて地中に埋納するための**経塚**も各地につくられた。

🔖 KEY WORD

末法思想
釈迦の死後，仏教は，正法の時代を経て，次に像法の時代，最後に末法の時代へと仏法は衰え，世は混乱するという思想。1052年に末法の時代となるという説が広く信じられていた。

六波羅蜜寺蔵

▲空也像（鎌倉時代の作品）

4 国風文化の美術

　美術の分野でも，日本風に洗練された美術が成立した。建築においては，貴族の住宅が中央に寝殿がある開放的な様式（**寝殿造**）で建築された。絵画においては中国風の唐絵とともに，日本の四季などを題材とした**大和絵**が描かれた。書道では，9世紀の三筆が唐風の代表であったのに対して，より穏やかで優美な書風の**和様**がもてはやされ，**小野道風・藤原佐理・藤原行成**が**三跡（蹟）**と称された。

　浄土教の流行は，美術の面にも影響を与えた。阿弥陀如来をまつり，現世に極楽浄土の姿を表現した，阿弥陀堂を配置する寺院建築が発達した。藤原道長が建立した法成寺，その子である頼通の平等院鳳凰堂が著名である。仏像も多くの需要があり，効率的に多くの仏像を制作可能な寄木造の手法で制作された。この寄木造の手法を完成したのが定朝で，定朝は平等院鳳凰堂阿弥陀如来像を制作した。また，往生しようとする人々を迎えに仏が現世に来臨する姿を描いた来迎図もよく描かれた。

国立歴史民俗博物館所蔵

▲寝殿造

© 平等院

▲平等院鳳凰堂阿弥陀如来像

© 平等院

▲平等院鳳凰堂

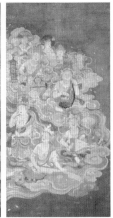

▲高野山聖衆来迎図

5 貴族の生活

　当時の貴族の正装は唐風の服装を日本人向きにつくりかえたもので，男性は束帯やそれを簡略化した衣冠，女性は女房装束（十二単）だった。10〜15歳くらいで男性は元服，女性は裳着の式をあげて成人として認められた。

　9世紀半ば以降，日本古来の風習や中国起源の行事が年中行事としてまとめられ，それらは宮廷生活のなかで洗練されていった。年中行事に参加した貴族たちは，先例を子孫に伝えるための日記（藤原道長『御堂関白記』，藤原実資『小右記』など）や，行事ごとの次第や作法を記した儀式書（源高明『西宮記』，藤原公任『北山抄』など）を残した。

　貴族は吉凶を占う陰陽道の影響を強く受けた。天体現象や暦法次第で，凶の方角を避け（方違），つつしんで引きこもる（物忌）など，制約のなかで生活した。

🔍 この講のまとめ

国風文化はどのような影響を及ぼしたのだろう。

☑ かな文字の発達で日本語の表現を伝えやすくなり，文学作品が多く生まれた。

☑ 救われたいという願いから浄土教が普及し，その影響にある作品が多く生まれた。

19 | 荘園の発達

律令制度の衰退によって徴税にどのような変化があったのだろう。

1 国司の権限拡大

10世紀初め，戸籍・計帳作成時の虚偽申告（偽籍）の頻発などで班田収授や税のとり立てが満足に行えず，国家財政はひっ迫していた。902年に醍醐天皇は違法に設置された荘園を停止する延喜の荘園整理令を出したり，班田を命じたりしたが，効果は薄かった。当時の財政の窮状と地方が混乱する様子は，三善清行が醍醐天皇に提出した政策提言「意見封事十二箇条」に記されている。

そこで政府は，中央から派遣する国司の権限を高め，一国の統治をゆだねた。また郡司に任せていた税の徴収も国司に任せ，これによって地方における国司の役割は大きくなった。

2 律令的支配の破たん

国司の最上席者は，新たに赴任する際に前任者からその国の財産などを引き継ぐことから受領とよばれるようになった。受領の中には手にした徴税権を用いて，莫大な利益を得ようとする者もおり，「尾張国郡司百姓等解」によって訴えられた藤原元命のように，郡司や有力農民から暴政を訴えられる者もいた。また，任国へ赴任せずに国司としての収入のみを得る遙任を行う者も多かった。

この頃，私財を出して朝廷の儀式や寺社の造営を請け負う見返りに，新たに官職をもらう成功や，収入の多い官職に再任してもらう重任が盛んに行われた。受領の地位はある種の利権としてみなされ，成功や重任で任じられることが多くなった。こうして律令制度は，内実を失っていった。

11世紀後半になると，受領も平時には任国に赴かなくなった。かわりに目代

🖋 KEY WORD

尾張国郡司百姓等解

988年，尾張国の郡司・百姓が，国司藤原元命の暴政を31カ条にわたって列挙し，訴えた文書のこと。元命が任地で強引に増税し，私的な蓄財に走り，さらにその子弟・従者が乱暴を働くさまが書かれている。

が派遣され，地元の有力者が任じられる在庁官人を指揮し，政治を行った。

3 荘園の発達

　受領は，田地を名という徴税単位に分け，田堵とよばれる有力農民に耕作を請け負わせた。それぞれの名には請負人（負名）の名がつけられ，土地を基礎にして受領が負名から徴税する体制が整った。徴収する税としては租・調・庸・公出挙に相当する官物と，雑徭に相当する臨時雑役があった。

▲国司（受領）と田堵（負名）

　10世紀後半になると，国衙から臨時雑役などを免除されて一定の領域を開発し，所領とする者が増えていった。こうした者たちは，11世紀になると開発領主とよばれるようになり，自らの開発地に対する支配を強めていった。
　開発領主のなかには，所領を中央の貴族などの有力者に寄進して官省符荘（政府から官物や臨時雑役の免除となる不輸が承認された荘園）とし，自身は預所や下司などの荘官となる者が増えた。寄進を受けた領主は領家とよばれ，この荘園をさらに上級の貴族や天皇家などに重ねて寄進した場合，上級の領主は本家とよばれた。その権威を背景に，開発領主は所領を実質的に支配した。こうしてできた荘園を寄進地系荘園という。
　やがて特権の範囲や対象をめぐって国衙と荘園の対立がおこると，領家や本家の権威を盾に，検田使（徴税や耕地調査のために国衙から派遣される使者）の立ち入りを認めない不入の特権を政府から承認された荘園が増えた。
　その結果11世紀後半には受領から中央に送られる税収が減少した。収入の減った天皇家・摂関家・大寺社は積極的に寄進を受け入れ，寄進地系荘園は各地に広がった。

⊕PLUS α
国免荘
国司（受領）が独自に徴税の免除を認めた荘園のこと。当初は免除を認めた国司の在任中のみの一時的な措置であったが，のちに数代にわたる国司の認可を得て，不輸が事実上公認される場合もあった。

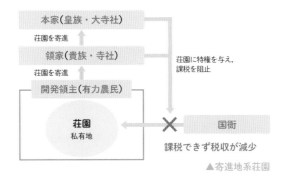

▲寄進地系荘園

POINT

国衙の干渉を逃れるための特権
- ☑ **不輸** 税（官物や臨時雑役）を免除してもらう特権
- ☑ **不入** 検田使などを荘園へ立ち入り禁止にする特権

🔍 **この講のまとめ**

律令制度の衰退によって徴税にどのような変化があったのだろう。

- ☑ 政府は戸籍に登録された人ではなく，土地を単位に税を徴収するようになった。
- ☑ 国司から土地の耕作を委任された有力農民はしだいに力をつけ，自身の所領を貴族などに寄進して，土地を実質的に支配した。
- ☑ 多くの荘園は，徴税などを拒否する特権を得て，政府の収入は減少していった。

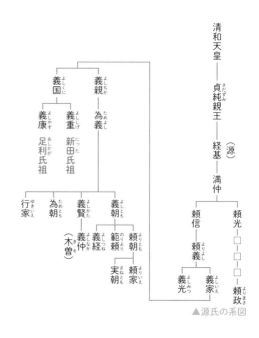

20 | 地方の反乱と武士の台頭

天慶の乱は武士にどのような影響を与えたのだろう。

1 武士の成長

9〜10世紀になると，地方の豪族や有力農民たちは弓矢などで武装し，各地で紛争が発生した。この鎮圧のために押領使・追捕使に任じられた貴族のなかには，そのまま現地に残って武士（兵）となる者があらわれた。

武士の家は主人を中心として，一族の家子や従者の郎等などで形成された。武士はたがいに抗争し，ときには国司に反抗することもあった。地方の武士は各地に一族の結びつきを中心にした武士の連合体を形成するようになった。この集団を武士団という。そのなかでも東国（関東地方）は良馬を産出したので，特に機動的な武士団が成長した。

2 武士の反乱

東国に根をおろした桓武平氏の平将門が国司と対立し，これをきっかけに平将門の乱（939年）が発生した。将門は常陸・下野・上野の国府を攻め落とし，東国の大半を占領して自らを新皇と称して朝廷からの独立をはかったが，平貞盛や藤原秀郷らによって討伐された。

ほぼ同じ頃，伊予の国司だった藤原純友が，瀬戸内海の海賊たちを率いておこした反乱が藤原純友の乱（939年）である。

▲源氏の系図

純友は伊予の日振島を拠点に伊予の国府や九州の大宰府を襲ったが，清和源氏の祖である源経基らに討たれた。

平将門の乱と藤原純友の乱の総称を天慶の乱といい，これをきっかけに軍事貴族の家筋である兵の家が形成された。また，武士の実力を知った朝廷や貴族は，武士を身辺や都の警護をさせる侍として仕えさせた。

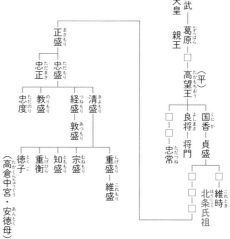

▲平氏の系図

3 武士団の発展と清和源氏の進出

11世紀になると武士は土着した貴族の郎等や在庁官人になって勢力をのばし，地方の武士団として成長していった。彼らは，中央貴族の血筋を引く清和源氏や桓武平氏を棟梁と仰ぎ，源氏と平氏は大きな勢力を築いていった。

そのなかで，清和源氏の源満仲とその子の源頼光・頼信兄弟は摂関家の保護を得てその地位を確立した。頼信は1028年に上総・下総でおきた平忠常の乱を平定し，源氏が関東地方に進出するきっかけをつくった。

⊕PLUS α

刀伊の来襲

1019年，沿海州地方に住む女真人（刀伊）が九州北部を襲撃したが，大宰権帥の藤原隆家に率いられた九州の武士たちが撃退した。

🔍 この講のまとめ

天慶の乱は武士にどのような影響を与えたのだろう。

☑ 戦乱を鎮圧した平氏や源氏らの武士の力が認められ，中央の貴族は彼らの力を頼るようになった。

1 古代の土地政策について，あとの問いに答えなさい。

(1) ヤマト政権の治世下における，政権の直轄領を何というか。

(2) 改新の詔で示された，土地や人民を公のものとする制度は何か。

(3) 律令制下で，戸籍にもとづき6歳以上の男女に与えられた田は何か。

(4) 743年に制定された，開墾した土地を永年にわたって開墾者のものとすることを定めた法律は何か。

(5) 902年に，違法に設置された荘園を停止する延喜の荘園整理令を出した天皇は誰か。

2 藤原氏北家の繁栄について次の文章を読み，あとの問いに答えなさい。

藤原房前を祖とする藤原氏北家は，藤原冬嗣が 〔　　　　〕 に任命されたことで，繁栄の道を歩み始めた。冬嗣の子孫たちは，次々に他の有力氏族を排斥し，皇室と姻戚関係を結んで天皇の外戚となることで，その権威を強めていった。その後，藤原道長と子の頼通は絶大な権力を握り，藤原氏の全盛期を築いた。

(1) 〔　　　　〕 に当てはまる，天皇の秘書官長にあたる役職は何か。

(2) 下線部に関連して，866年におこった，放火事件をきっかけに大納言伴善男が追放された事件は次のうちどれか。

　(a)承和の変　　　(b)応天門の変　　　(c)阿衡の紛議　　　(d)安和の変

(3) 10世紀後半頃からは藤原氏が天皇を補佐，または代行する役職につき，政治の実権を握っていたが，この政治体制を何というか。

3 浄土教について次の文章を読み，あとの問いに答えなさい。

平安時代には来世での極楽往生を求める浄土教が流行した。浄土教は美術にも影響を与え，極楽浄土を現世にあらわそうとする阿弥陀堂を配した寺院建築が発達した。有名な建築物に藤原頼通の 〔　　　　〕 がある。

(1) 下線部に関連して，この背景にあった，釈迦の死後長い年月を経て世が乱れる時代がくるという思想を何というか。

(2) 京の市で人々に浄土信仰の教えを説き，「市聖」とよばれた僧侶は誰か。

(3) 〔　　　　〕 に当てはまる建築物は何か。

(4) この時代に定朝が完成させた，体の部位をパーツごとに掘って組み合わせる，仏像の制作手法を何というか。

ヒント

2 (3) 2つの役職名が名の由来となっている。

第 章　中世

源氏が台頭して幕府を開き，鎌倉・室町と武士政権が続きます。武士は自らの領地を支配し,勢力を競い合いました。室町幕府の衰退を背景に,力のある武士は戦国大名となり,争いは全国に広がっていきます。一方で，農業や商工業が発展し，庶民による豊かな文化が生まれ，東アジアの国々との貿易も盛んに行われました。

21 荘園公領制と院政の始まり

院政はどのように始まったのだろう。

1 後三条天皇と延久の荘園整理令

1068 年に即位した後三条天皇は，宇多天皇以来約 170 年ぶりに藤原氏を外戚としない天皇であった。長年にわたり関白藤原頼通と対立していた後三条天皇は，摂関政治から脱するべく国政の改革をすすめた。

後三条天皇は，荘園の増加が公領を圧迫していると考え，1069 年に延久の荘園整理令を出した。中央に記録荘園券契所を設け，すべての荘園領主から証拠書類（券契）を提出させて審査を行い，基準に合わない荘園を整理した。摂関家の荘園も例外とせず，徹底的に行われたため効果は大きかった。

KEY PERSON

後三条天皇
1034 – 73

関白藤原頼通に皇位継承を抑えられていたが，兄の後冷泉天皇が継嗣のないまま死去したため，即位した。天皇即位後は，荘園整理政策や宣旨枡（大きさを一定とした，国家公定の枡）の制定などの業績を残した。大江匡房など学識に優れた人材の登用を行い，摂関家にはばからず国政改革に取り組んだ。

2 荘園整理とその影響

延久の荘園整理令が出された結果，貴族・寺社が支配する荘園と，国司が支配する公領（国衙領）が明確となり，一国の中に荘園と公領が並立する体制（荘園公領制）が生まれた。

国司は公領を郡・郷・保などの単位に再編成し，豪族や開発領主を郡司・郷司・保司に任命して徴税を請け負わせた。また，田所・税所などの行政機構を整え，在庁官人に実務を行わせた。在庁官人や郡司たちは，武士として公領を自らの領地のように管理した。

整備された荘園や公領では，耕地の大部分は名に編成され，名を割り当てられた田堵などの有力農民は名主とよばれた。彼らは，下人などの隷属農民や作人などの農民に名の耕作をさせ，領主に年貢（米・絹布）・公事（手工業製品や

特産物などの年貢以外の貢納物)・夫役(労役などの奉仕)などをおさめた。

3 院政の開始

 11世紀半ば、源頼義・義家父子は陸奥の豪族安倍氏の反乱を、出羽の豪族清原氏の協力を得て鎮圧した(前九年合戦)。さらに頼義の死後、義家は清原氏の内部紛争に介入し、藤原(清原)清衡を助けてこれを鎮めた(後三年合戦)。

 後三条天皇の子である白河天皇は、戦乱で活躍する武士の力に目をつけて登用し、父の遺志を受け継いで国政改革をすすめた。白河天皇は1086年に幼少の堀河天皇に位を譲って上皇(院)となった。そして院庁を開いて、天皇を後見しながら政治の実権を握る院政を始めた。

 白河上皇は、荘園整理を歓迎する国司を支持勢力にとり込み、院の御所に北面の武士を組織したり、源平の武士を側近としたりするなど、院の権力を強化した。また、院政下において院庁から出される院庁下文や、上皇の命を伝える院宣は国政に影響を与えるようになった。この院政は、鳥羽上皇・後白河上皇へと引き継がれていった。

> **KEY WORD**
>
> **院政**
> 上皇(譲位した天皇)や法皇(出家した上皇)が国政をリードする政治形態のこと。1086年に白河上皇が本格的に院政を始め、以後、鳥羽・後白河と3代の院政が続き、その後もこの政治形態が定着した。のちには形式的な制度となったが、19世紀まで院政は存在した。

4 院政期の社会

 院政期には、上級貴族に一国の支配権を与える知行国の制度や、上皇が国の収益を掌握する院分国の制度も広まった。また、上皇のまわりでは院近臣という側近たちが権勢をふるい、上皇から荘園や国を与えられた。これにより公領は、院や知行国主・国司の私領のようになった。

 鳥羽上皇の時代には、院・有力貴族・大寺院への荘園の寄進が増加し、不輸・不入の権も一般化して荘園の独立性が高まった。私領化した公領や寄進地系荘園は院政の財政的基盤となった。

 一方、大寺院は下級の僧侶を僧兵として組織して国司と争った。また、興福寺(南都)の僧兵は春日神社の神木を、延暦寺(北嶺)の僧兵は日吉神社の神輿を先頭に立てて朝廷に強訴を行い、力ずくで要求を通そうとした。これに対して朝廷は武士を用いて警護や鎮圧にあたらせたので、武士は中央政界へ

と進出していった。

　中央で院政が展開されるなか，地方では武士が館を築き，一族や地域の結びつきを強めるようになって各地で勢力をのばした。特に後三年合戦後の奥羽地方（現在の東北地方）では，平泉を根拠地として奥州藤原氏が清衡・基衡・秀衡の3代100年にわたり繁栄した。

　院政期には私的な土地所有が全国で展開し，院・大寺院・武士がそれぞれ独自の権力を形成した。権力の分散は実力で社会を動かそうとする風潮を強めることになった。

⊕PLUS α

八条院領・長講堂領

天皇自身は荘園領主となれないため，上皇は天皇家に寄進された荘園を，近親の女性に与えたり，天皇家が建立した寺院に寄進したりした。鳥羽上皇が皇女八条院に伝えた荘園群（八条院領）と後白河上皇が長講堂に寄進した荘園群（長講堂領）は規模が大きく，それらは鎌倉時代末期にそれぞれ大覚寺統・持明院統へ受けつがれてその経済基盤となった。

⊕PLUS α

六勝寺

院政期には，天皇家が盛んに寺院の建設をすすめた。白河上皇は厚く仏教を信仰し，出家して法皇となり法勝寺を造営した。院政期に天皇家が造営した，「勝」の字がつく寺院6つを「六勝寺」という。これは，院の権威を象徴するものとなった。

POINT

南都・北嶺の強訴
- ☑ 南都　興福寺の僧兵→春日神社の神木により強訴
- ☑ 北嶺　延暦寺の僧兵→日吉神社の神輿により強訴

🔍 **この講のまとめ**

院政はどのように始まったのだろう。
- ☑ 摂関家が天皇家の外戚ではなくなったことをきっかけに，天皇が意図的に譲位して実権を握り続けることで始まった。

22 | 平氏の台頭

この講の着眼点

平氏が台頭した理由は何だろう。

1 保元の乱・平治の乱

後三条天皇の親政，そして白河上皇の院政の時期に台頭してきたのが，武士である。

東国で勢力をのばしていた源氏が一族の内紛で一時的に衰えると，この時期に院と結んで勢力をのばしたのが，伊勢・伊賀を地盤とする伊勢平氏であった。なかでも平正盛は出雲で反乱をおこした源義家の子の源義親を討ち，正盛の子の平忠盛は瀬戸内海の海賊を平定し鳥羽上皇からの信頼を得た。

1156年に鳥羽法皇が亡くなると，院政を行おうとしていた崇徳上皇と，弟の後白河天皇が対立し，戦乱に発展した。戦いは機先を制した天皇側の勝利に終わり，敗れた崇徳上皇は讃岐に流された。これを保元の乱という。このとき武士の動員を進言した近臣藤原通憲（信西）や，平清盛が天皇の信任を深めた。

後白河天皇が上皇となり院政を始めると，近臣の間で対立が激しくなった。1159年に通憲や清盛ばかりが重用されることに反感を抱いた藤原信頼が源義朝と挙兵して，通憲を自殺させた。しかし清盛は，信頼・義朝を滅ぼし，また義朝の子・頼朝を捕らえて伊豆に流した。これを平治の乱という。

保元の乱・平治の乱を通じて，貴族社会での争いごとも武士の力で解決されることが明らかとなった。

KEY PERSON

平清盛
1118 - 81

平治の乱でライバルの源義朝を破って地位を確立した。武士として初めて太政大臣となり，1179年には後白河法皇を幽閉して院政を停止し，翌年安徳天皇を即位させて実権を握った。各地で源氏などが反平氏を掲げて挙兵する中で病死した。

⊕ PLUS α

保元の乱・平治の乱の関係者

●保元の乱
勝者側：後白河天皇，藤原忠通，平清盛，源義朝
敗者側：崇徳上皇，藤原頼長，平忠正，源為義
●平治の乱
勝者側：藤原通憲，平清盛，平重盛，平頼盛
敗者側：藤原信頼，源義朝，源頼朝

こうして，武家の棟梁としての清盛の地位・権力は急速に高まった。

2 平氏政権

　平治の乱後，清盛は後白河上皇の信任を引き続き得て昇進し，1167年に武士として初めて**太政大臣**となった。平氏一族もみな高位高官にのぼり，その権勢は並ぶものがないほど絶大になった。また，清盛は各地で成長していた武士団の一部を，荘園や公領の現地支配者である地頭に任命して彼らを家人（従者）にすることに成功し，ますますその権威を高めた。

　清盛は，娘の**徳子**（建礼門院）を**高倉天皇**に嫁がせ，その子の**安徳天皇**の外戚となった。全盛期には，畿内から西日本を中心に日本全国の約半分の知行国や500余りの荘園をもつようになった平氏政権は，武士政権でありながら摂関政治に似た貴族的な性格の強い政権となった。

　清盛は，父の忠盛が基礎を固めた**日宋貿易**にも力を注いだ（当時，宋は女真人の建てた金に圧迫され南宋となっていた）。南宋との正式な国交はなかったが，民間の商人の往来は活発だった。清盛は摂津の**大輪田泊**を修築し，航路の安全を確保するなどして貿易を推進した。

KEY WORD

日宋貿易

平氏は，清盛の父・忠盛の時代から，宋（南宋）との貿易に力を入れていた。清盛は中国との貿易をすすめ，それにより中国から多くの珍宝・宋銭・書籍などがもたらされた。この貿易の利益は，平氏政権にとって重要な経済的基盤であった。

この講のまとめ

平氏が台頭した理由は何だろう。

☑ 兵乱を勝ち抜き院の信頼を得て，天皇の外戚となって摂関政治と同様に天皇の権威を背景にすることができたため。

23 | 院政期の文化

🔍 この講の着眼点

院政期の文化にはどのような特色があったのだろう。

1 貴族文化の発展（文学など）

　平安時代の貴族文化は，院政期に入ると，新たに台頭してきた武士や庶民の文化を取り入れてさらなる発展をとげた。

　説話集『今昔物語集』はインド・中国・日本の仏教説話を集大成したもので，平 将門の乱を記した『将門記』や，前九年合戦の経緯を記した『陸奥話記』など初期の軍記物語も登場した。歴史をふり返る動きもみられ，和文体で記述された『大鏡』や『今鏡』といった歴史物語が生まれた。

　ほかに，民間の流行歌謡であった今様が貴族社会にも広がった。今様を学んだ後白河法皇は，流行していたものを集めて自ら『梁塵秘抄』を編纂した。また，田楽・猿楽といった芸能が庶民だけでなく，貴族の間でも流行した。

2 絵画

　絵画では，物語や説話を題材に大和絵の手法を用いて絵と詞書を織り交ぜた絵巻物がつくられた。人気の文学作品を題材とした『源氏物語絵巻』，応天門の変を描いた『伴大納言絵巻』，風景・人物を巧みに描いた『信貴山縁起絵巻』，動物を擬人化して世相を風刺した『鳥獣戯画』などの作品がある。こうした絵巻物や『扇面古写経』の下絵には庶民の生活が見事に描き出されており，当時の社会情勢や日常生活を知る手掛かりとなっている。また，平氏が信仰した安芸の厳島神社におさめられた『平家納経』からは，平氏一門の繁栄を知ることができる。

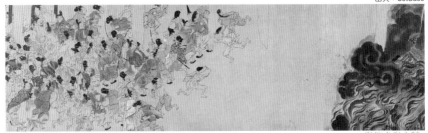

出典：ColBase

▲『伴大納言絵巻』

3 建築

　寺院に所属しない民間の布教者である**聖**や**上人**の活動によって，この時代に浄土教思想は地方にも拡大した。**奥州藤原氏**が**平泉**に建てた**中尊寺金色堂**，陸奥の白水阿弥陀堂，豊後の**富貴寺大堂**（九州最古の阿弥陀堂建築）など，この頃に地方豪族の建立した寺院が各地に残されている。

＼ これを聞きたい！／

Q 奥州藤原氏の歴史を教えて下さい。

A 後三年合戦の後に，藤原清衡が平泉を本拠地に勢力を広げて，以後，基衡・秀衡と3代が約100年間奥羽に君臨しました。産出される金で北方と交易し，京都文化を移入して独自に発展しました。秀衡は源平の争乱には中立でしたが，4代目の泰衡は源義経をかくまったとして，源頼朝に滅ぼされました。

中尊寺蔵

▲中尊寺金色堂

富貴寺大堂▶

🔍 この講のまとめ

院政期の文化にはどのような特色があったのだろう。

☑ 従来の貴族文化に，武士や庶民の文化が融合した。

☑ 浄土教が地方に普及し，各地に浄土教関連の御堂や美術品がつくられた。

24 | 鎌倉幕府の成立

この講の着眼点

武士が源頼朝に従った理由は何だろう。

1 源平の争乱と平氏の滅亡

1177年，後白河法皇の近臣である**藤原成親**や僧の**俊寛**らが，平氏の権力独占に反発し，京都郊外の鹿ケ谷で平氏打倒をはかるも失敗する事件がおきた。この事件を**鹿ケ谷の陰謀**という。これによって法皇の勢力が衰え，1179年に平清盛は後白河法皇を鳥羽殿に幽閉し，関白以下多数の貴族から官職を奪い処罰した。さらに清盛は，娘の徳子(建礼門院)と高倉天皇の間に生まれた子を安徳天皇として即位させ，外戚の地位を手にした。清盛の権力は大いに高まったが，平氏の独裁体制に不満をもつ勢力も増えた。

1180年，後白河法皇の皇子である**以仁王**と源頼政は，平氏打倒の兵を挙げた。清盛は直ちにこれを鎮圧したが，平氏打倒をよびかける**以仁王の令旨**は諸国に伝えられた。これに応えた僧兵や武士たちが次々と立ち上がり，平治の乱の敗北で伊豆に流されていた**源頼朝**も，北条時政とともに挙兵した。内乱は全国各地に広がり，5年にわたり続いていくことになった(**治承・寿永の乱**)。

平氏は当初大輪田泊近くの拠点であった**福原**に都を移したが，貴族や寺院の反対を受けて半年で都を京都に戻し，態勢の立て直しをはかった。しかし，清盛の突然の死や飢饉の発生によって平氏の基盤は弱まり，北陸から**源義仲**が京都へ攻め上ってくると，平氏は安徳天皇を連れて西へ落ちのびた。

京都へ入った義仲だったが，政治的な配慮に乏しく後白河法皇の反感をかった。そのため後白河法皇は頼朝に上京を促し，頼朝は弟の**範頼・義経**を大将とし

KEY PERSON

源頼朝
1147 - 99

鎌倉幕府の初代将軍。1180年に以仁王の令旨に応じて反平氏の兵を挙げた。実力で関東に勢力を広げ，鎌倉を本拠地として武家政権を確立した。なお，この肖像画は源頼朝を描いたものとして有名だが，別人説もある。
画像出典：ColBase

て軍勢を派遣して義仲を滅ぼした。

　後白河法皇は平氏追討の院宣を頼朝に与え，源氏の軍勢は直ちに平氏の拠点を攻撃した。源氏方は一の谷の戦い・屋島の戦いを経て，1185年の壇の浦の戦いで平氏を滅ぼした。

2 鎌倉幕府の成立

　源平合戦の際，活躍した地方の武士団は国司や荘園領主に対抗して所領の支配権を強化・拡大するため，新たな政治体制を求めていた。頼朝は関東にあって新しい政権の樹立につとめた。鎌倉を根拠地とし，実力で関東の荘園・公領を支配し，頼朝と主従関係を結んだ武士(御家人)の所領支配を保障した。

　頼朝は1180年に富士川の戦いでの勝利後，侍所を設けて御家人を統制した。1183年には後白河法皇と交渉して，寿永二年十月宣旨により東海道・東山道の東国の支配権を手に入れ，その翌年公文所(一般政務や財政事務を担当，のちに政所と改称された)と問注所(裁判事務を担当)を設けた。1185年，後白河法皇が義経に頼朝の追討を命じた。しかし，義経は挙兵に失敗し，頼朝は京に兵を送って自分への追討を撤回させるとともに，義経追討を名目に諸国に守護，荘園・公領に地頭を任命する権利を獲得した。守護は国内の武士を統率する役職で大犯三カ条を職務として治安の維持を行い，地頭は年貢の徴収などを行う役職であった。

このようにして，東国を中心に頼朝の支配権は広く全国に及ぶようになり，武家政権としての鎌倉幕府が確立した。

　1189年に義経をかくまっていた奥州藤原氏を滅ぼした頼朝は，1190年に右近衛大将，ついで後白河法皇死後の1192年には征夷大将軍に任じられた。鎌倉幕府が成立してから滅亡するまでの時代を鎌倉時代とよぶ。

⊕ PLUS α

御家人の名称

武士社会では家臣のことを家人といった。鎌倉幕府では，将軍への敬意からその家臣を御家人とよんだ。

⊕ PLUS α

侍所・公文所・問注所の初代長官

・侍所別当…和田義盛
・公文所別当…大江広元
・問注所執事…三善康信

🔖 KEY WORD

大犯三カ条

源頼朝が各国に設置した守護は大犯三カ条を任務とした。それは，大番催促(京都大番役の催促)・謀叛人の逮捕・殺害人の逮捕であった。

 POINT

守護と地頭
☑ **守護** 諸国に設置 (大犯三カ条などが職務)
☑ **地頭** 荘園・公領ごとに設置 (年貢の徴収などが職務)

3 幕府と御家人

　将軍源頼朝は御家人に対し，主に地頭に任命することで，先祖から伝わる所領を保障したり(**本領安堵**)，新たな所領を与えたり(**新恩給与**)した。こうした**御恩**に対して御家人は，戦時には軍役，平時には幕府を警護する**鎌倉番役**や京都に滞在して朝廷の警護にあたる**京都大番役**をつとめるなどの**奉公**を行った。

　このように，土地を仲立ちとして主人(将軍)と従者(御家人)が結びつく政治・社会制度を**封建制度**とよんだ。

　地方の守護・地頭以外に，京都には朝廷との交渉や西国の御家人の統括を行う京都守護，九州には大宰府の実権を握り，九州の御家人を統率する鎮西奉行などが置かれた。

⊕ PLUS α

公武二元支配

源頼朝は反平氏の兵を挙げて以来，鎌倉を本拠地として武家政権の形成・確立につとめてきたが，一方では京都の朝廷や，荘園領主でもある貴族・大寺社の勢力もまだ強く残っていた。そのため，政治・経済の面で，鎌倉の幕府と京都の朝廷という二元的な支配が行われていた。幕府と朝廷の関係は新制という朝廷の法令や宣旨で定められていた。

4 鎌倉幕府の経済的基盤

　将軍の頼朝は，**関東知行国(関東御分国)**と**関東御領**を所有していた。関東知行国は頼朝の知行国のことで，頼朝は知行国主として国司を推挙し，国衙から収入を得ていた。一方，関東御領は頼朝が本家・領家として支配した荘園・国衙領であり，平氏の旧領(平家没官領)約500か所と源氏の本領から成っていた。関東知行国と関東御領をあわせた将軍の所領は巨大であり，この膨大な所領が幕府の経済的基盤をなしていた。

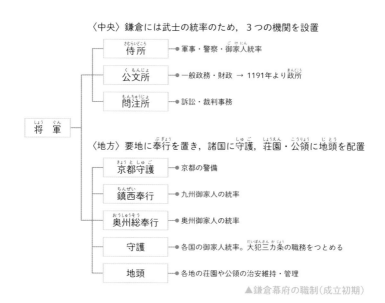

〈中央〉鎌倉には武士の統率のため，３つの機関を設置

侍所（さむらいどころ）	● 軍事・警察・御家人統率
公文所（くもんじょ）	● 一般政務・財政 → 1191年より政所（まんどころ）
問注所（もんちゅうじょ）	● 訴訟・裁判事務

将軍（しょうぐん）

〈地方〉要地に奉行（ぶぎょう）を置き，諸国に守護（しゅご），荘園（しょうえん）・公領（こうりょう）に地頭（じとう）を配置

京都守護（きょうとしゅご）	● 京都の警備
鎮西奉行（ちんぜい）	● 九州御家人の統率
奥州総奉行（おうしゅうそう）	● 奥州御家人の統率
守護	● 各国の御家人統率。大犯三カ条（だいぼんさんかじょう）の職務をつとめる
地頭	● 各地の荘園や公領の治安維持・管理

▲鎌倉幕府の職制（成立初期）

🔍 この講のまとめ

武士が源頼朝に従った理由は何だろう。

☑ 武士は所領の支配の強化・拡大を求めており，武家の棟梁である源頼朝は家臣（御家人）の所領を保障したり，新たな所領を与えたりして，その要望に応えたため。

25 | 北条氏の台頭と執権政治

🔍 この講の着眼点

北条氏主導のもと，鎌倉幕府は，どのように拡大し，運営されたのだろう。

1 北条氏の台頭

　将軍 源 頼朝は独裁的に政治をとり行っていたが，1199 年に死去した。2 代将軍として，子の**源頼家**があとを継いだが，御家人たちは頼家が頼朝と同様に独裁的な権限をもつことを歓迎せず，幕府の有力者 13 名の合議によって政治を運営することになった。

　この 13 名の合議制は**北条時政**，北条義時，和田義盛，梶原景時，比企能員，大江広元，三善康信らで構成されていたが，そこから北条氏が台頭することになった。北条時政は，将軍頼家の後見者である比企能員を滅ぼし，頼家を将軍から退けた。そして頼家の弟である**源実朝**を 3 代目の将軍につけるとともに，自らは**政所別当**(長官)につき，将軍の補佐として実権を握った。この地位は**執権**とよばれ，時政の引退後は子の**北条義時**に受け継がれた。1213 年に，義時は**侍所別当**の**和田義盛**を滅ぼし(**和田合戦**)，自ら侍所の別当にも就任して，その地位を確実なものにした。これ以降，執権の地位は代々北条氏が受け継いでいくこととなった。

　1219 年に 3 代将軍実朝が頼家の子の**公暁**に暗殺されると，源氏の正統は 3 代で断絶した。のちに摂関家の**藤原頼経**が 4 代将軍として鎌倉に迎えられ，次の 5 代将軍には頼経の子の**藤原頼嗣**が就任した。これを**摂家将軍**や**藤原将軍**という。しかし，政治の実権は北条氏が握っていた。

👤 KEY PERSON

北条時政
1138 - 1215

鎌倉幕府の初代執権。平治の乱で伊豆に配流された源頼朝と娘の政子が夫婦となったことで，その挙兵を助け，有力御家人となった。台頭して執権になったが，実朝の次の将軍擁立を画策し，失敗して引退した。

🔑 KEY WORD

執権

将軍を補佐する鎌倉幕府の職。元々は政所の別当の別称であったが，北条義時が侍所の別当となったあとは，政所・侍所双方の別当を兼務する役職のよび名となった。

2 承久の乱

　京都の朝廷では，後白河法皇の死後に**後鳥羽上皇**がその後継者として院政を行っていた。後鳥羽上皇は各地の皇室領の荘園をおさえて院の経済的な基盤を強化するとともに，北面の武士とは別に**西面の武士**を設置して軍事力も増強した。

　1221年に後鳥羽上皇は2代執権北条義時追討の宣旨を発して，朝廷と幕府が争う**承久の乱**がおこった。この戦いに幕府は勝利し，**後鳥羽上皇は隠岐，土御門上皇は土佐（のちに阿波），順徳上皇は佐渡**にそれぞれ流された。この乱の結果，これまで朝廷優位であった幕府と朝廷の関係に変化がおき，幕府は後鳥羽上皇の孫である**仲恭天皇**を廃し，**後堀河天皇**を即位させるなど，朝廷の皇位継承や政治にも介入するようになった。

　また幕府は，京都に**六波羅探題**を設置し，朝廷の監視や京都警備，さらに西国の御家人統轄や行政・司法に当たらせるようになった。六波羅探題には，この戦いで京都に攻め上った**北条泰時**と**北条時房**がそのまま就任し，以降この役職には北条氏の有力者がついた。

　上皇に味方した貴族・武士の所領は没収され，幕府は功績のあった御家人を没収した所領の地頭に新たに任じた。この新しく任じられた地頭を**新補地頭**という。こうして幕府の支配権は畿内・西国の荘園・公領にも及ぶようになった。

🔑 KEY WORD

承久の乱

1221年に，後鳥羽上皇が鎌倉幕府を倒すために挙兵した戦い。1219年に3代将軍源実朝が暗殺され，朝廷と幕府の関係が不安定となったことを背景におこった。上皇の挙兵に御家人は動揺したが，頼朝の妻である北条政子の説得を受けて幕府の下に結集し，北条泰時（北条義時の子）や北条時房（義時の弟）らによる幕府軍は約1か月で京都を制圧した。

⊕ PLUS α

新補率法

新補地頭に保障された下記の給与基準。
・11町につき1町の田地
・田地1段につき5升の加徴米
・山や川からの収益の半分

POINT

承久の乱の戦後処理
☑ 上皇の配流　**後鳥羽上皇→隠岐，土御門上皇→土佐**（のち阿波），**順徳上皇→佐渡**
☑ 天皇の扱い　**仲恭天皇を廃位，後堀河天皇が即位**
☑ 朝廷の監視　**六波羅探題を設置し，北条泰時らが就任**（北条氏の世襲）
☑ 所領の没収　朝廷側の武士らの所領を，御家人に分配（**新補地頭**）

3 執権政治の確立

　執権が実権を握って行う政治を**執権政治**という。北条義時の死後，3代執権となった**北条泰時**は合議を重視した政治を行った。泰時は執権の補佐役である**連署**(初代：北条時房)，幕府の政務処理や裁判を行うために選抜された御家人の**評定衆**を設置し，執権・連署・評定衆による評定(会議)での合議政治を行った。また，泰時は武家の法典として**御成敗式目(貞永式目)**を1232年に定めた。これは51か条からなり，源頼朝以来の**先例**や，武家社会の慣習・道徳(**道理**)にもとづき，守護・地頭の任務や権限，所領相続などについて定め，御家人同士や御家人と荘園領主の間の紛争を公平に裁く基準を明らかにしたものだった。

　執権政治は，5代執権**北条時頼**の頃にさらに発展し，時頼は有力御家人であった**三浦泰村**を1247年に滅ぼした(**宝治合戦**)。また時頼は，御家人らの所領に関する訴訟を専門に扱う引付を評定の下に設置し，任命した**引付衆**に審理させた。一方，朝廷においては後嵯峨上皇の院政下で**院評定衆**が設置され，幕府は朝廷内部に影響力をのばしていった。そして時頼は，5代将軍藤原頼嗣を廃し，新たな将軍に皇族である**宗尊親王**を迎えた(**皇族将軍**)。以後，鎌倉幕府の将軍にはその滅亡まで皇族が任命されたが，名目だけの将軍であり，北条氏の独裁体制が強まった。

▲北条氏の系図

⊕PLUS α

公家法・本所法

御成敗式目は幕府の支配領域内の適用で，朝廷支配領域では公家法が，荘園支配領域では本所法が使用された。

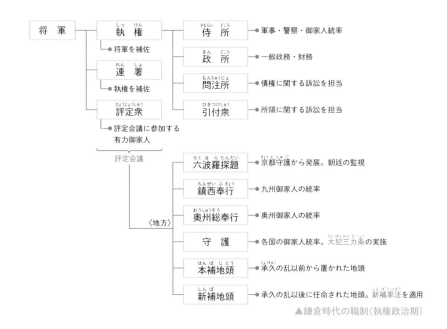

将軍	執権	侍所	軍事・警察・御家人統率
	└→ 将軍を補佐	政所	一般政務・財務
	連署	問注所	債権に関する訴訟を担当
	└→ 執権を補佐	引付衆	所領に関する訴訟を担当
	評定衆		
	└→ 評定会議に参加する 有力御家人		

〈地方〉

六波羅探題	京都守護から発展。朝廷の監視
鎮西奉行	九州御家人の統率
奥州総奉行	奥州御家人の統率
守護	各国の御家人統率。大犯三力条の実施
本補地頭	承久の乱以前から置かれた地頭
新補地頭	承久の乱以後に任命された地頭。新補率法を適用

▲鎌倉時代の職制（執権政治期）

 POINT

5代執権までのまとめ
☑ **北条義時**　2代執権→**承久の乱**に勝利
☑ **北条泰時**　3代執権→**連署・評定衆**の設置，**御成敗式目**の制定
☑ **北条時頼**　5代執権→訴訟を扱う**引付衆**の設置

🔍 **この講のまとめ**

北条氏主導のもと，鎌倉幕府は，どのように拡大し，運営されたのだろう。

☑ 承久の乱の勝利により，幕府は朝廷に干渉し，西国にも強い影響力をもつようになった。

☑ 執権政治では執権・連署・評定衆による合議を重視した政治がなされ，御成敗式目を規範とする公平な裁判がなされた。

26 | 鎌倉時代の武士の生活

🔍 この講の着眼点

鎌倉時代の武士の一族はどのように結束したのだろう。

1 武士の生活

　鎌倉時代の武士は先祖伝来の地で，防衛用の堀や塀などに囲まれた館（やかた）を小高い場所に築いて暮らした。館の周辺は年貢などのかからない直営地として，農民に耕作させた。開発領主の流れをくみ，**地頭**に任命されて，荘園や公領を管理した武士は，それらを農民に耕作させ，年貢を納入させるとともに，自身の収入として加徴米も徴収した。

　鎌倉時代の武士は一族ごとに血縁関係で結束し，一族は一門もしくは一家とよばれた。一家の宗家（本家）の首長は**惣領**（家督），惣領以外の子は庶子とよばれた。一族の土地は庶子に分け与えられる**分割相続**で，女性が財産の分配を受け，地頭となることもあった。こうした体制を**惣領制**という。

　武士は弓術や乗馬などを重視し，**騎射三物**とよばれる**犬追物**（犬を放って騎馬で追いかけ射る武芸）・**流鏑馬**（間隔をおいて立てられた３つの的を，走る馬上から射る武芸）・**笠懸**（走る馬上から的にした笠を射る，流鏑馬より略式の武芸）を訓練した。また，**巻狩**（狩場を囲って弓矢で獣を追う，大勢での大規模な狩猟）にも参加した。彼らの生活のなかで生まれた「弓馬の道」などと称される道徳は，後世の武士道へとつながっていった。

🔖 KEY WORD

惣領制

一族のなかで，能力のある者が長である惣領（家督），その他の者が庶子となり，惣領を中心に武士の一族が結束する体制のこと。惣領は戦時に一家の指揮官として戦い，平時には先祖の祭りや一家の氏神の祭祀を仕切った。鎌倉幕府の政治体制や軍役も，惣領制を基礎としていた。

🔖 KEY WORD
⊕ PLUS α

男衾三郎絵巻

武蔵国在住の武士の生活を題材とした絵巻物。鎌倉時代の武士の生活を具体的に知ることができる史料である。京都風の優雅な生活を送る兄と，武道一辺倒の弟とを対比している。

2 地頭の土地支配の拡大

　地頭は荘園・公領の領主に納めるべき年貢を横領するなど，土地における支配権を拡大していった。荘園や公領の領主たちは幕府への訴訟を行い，地頭の支配権拡大に対抗しようとしたが，地頭に対抗することは困難であった。承久の乱以降は，特に西国などに新しい地頭が任命されたので紛争が増加した。地頭の動きに困った荘園や公領の領主たちは，**地頭請所**や**下地中分**の契約を結ぶなどして，紛争解決のために現実的な対処をした。地頭請所は地頭に荘園の管理をすべて任せるかわりに一定の年貢納入をさせることで，下地中分は一定の土地を地頭に分け与えて相互の支配権を認め合う取決めである。

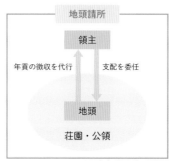

▲下地中分と地頭請所

POINT

地頭の拡大に対する領主の対応
☑ **地頭請所**　地頭に土地の管理を一任して年貢を徴収させるよう取決め
☑ **下地中分**　地頭と土地を分け合う取決め

🔍 **この講のまとめ**

鎌倉時代の武士の一族はどのように結束したのだろう。
☑ **血縁関係を重視し，首長である惣領を中心に結束した。**

27 | モンゴル襲来

この講の着眼点

モンゴル襲来後に幕府の政治はどのように変化したのだろう。

1 モンゴル帝国の出現

中国の北方のモンゴル高原で，遊牧狩猟民族のテムジンはモンゴルを統一し，1206年に**チンギス゠ハン（成吉思汗）** を名乗り，中央アジアから南ロシアまでを征服した。さらにその後継者は中国の華北を支配していた金を滅ぼすなど，ユーラシア大陸に大帝国を築いた（**モンゴル帝国**）。

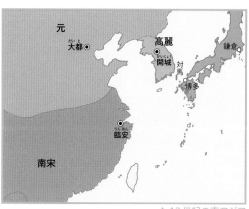

▲ 13世紀の東アジア

チンギス゠ハンの孫にあたる**フビライ゠ハン（忽必烈汗）** は，中国を支配するため都を**大都**（現在の北京）に移し，国号を中国風の**元**とした。元は**南宋**へ侵攻をすすめながら，朝鮮半島の**高麗**を服属させ，日本には朝貢を要求した。しかし，8代執権**北条時宗**はこれを拒否したため，元は2回にわたり日本を攻撃することになった。この戦いを**モンゴル襲来（蒙古襲来，元寇）** という。

KEY PERSON

北条時宗
1251 - 84

鎌倉幕府の8代執権。北条時頼の子。モンゴル襲来に対処した。日本の対外防備体制を強化し，それにともない幕府の全国支配を強化した。また，中国から無学祖元を招き，鎌倉に円覚寺を建立した。

2 モンゴル襲来

1274年，元に服属した高麗軍を含む元軍は対馬と壱岐，ついで博多湾へと侵入して上陸した。対して，幕府は九州の御家人を動員しこれを迎え撃った。御家人たちは元の集団戦法や火薬の武器（「**てつはう**」とよばれる）に苦戦したが，損害を出した元・高麗軍は日本から撤退した。この戦いを**文永の役**という。文永の役後，幕府は次の襲来にそなえ対策を行った。博多湾岸などの九州北部を御家人に交代で警備させる**異国警固番役**を強化し，博多湾沿いに石の防塁である**石築地**を築いた。

▲『蒙古襲来絵詞』（文永の役の描写）

▲石築地跡

元は**南宋**を滅ぼし，1281年に朝鮮半島から進発した**東路軍**と，中国大陸から進発した**江南軍**からなる遠征軍を北九州に送った。準備をしていた日本の武士は，幕府の統制のもと奮戦して元軍の上陸を防いだ。また，暴風雨が遠征軍の船団を襲ったことで，遠征軍は大きな損害を受け，日本から撤退した。この戦いを**弘安の役**という。

3 モンゴル襲来後の政治

3度目の侵攻が予想されたことから，幕府は引き続き異国警固番役による沿岸の警備を行わせたほか，朝廷の許しを得て本所一円地（貴族や寺社が所有する荘園や公領）の武士を動員する体制も整えた。また，九州の御家人の統轄などを行う**鎮西探題**を博多に置いて，北条氏一門をこれに任命した。

こうして，西国一帯における幕府の支配力は増大した。それとともに代々執権を受け継ぐ北条氏の惣領，すなわち**得宗**の権力も強大化し，得宗の家臣である**御内人**と御家人との対立は激しさを増した。1285年には有力御家人の**安達泰盛**が，御内人の代表である**内管領**の**平頼綱**によって滅ぼされた（**霜月騒**

KEY WORD

動）。この事件以後，得宗の権力集中がさらにすすみ，9代執権**北条貞時**（時宗の子）は御内人や北条一門が幕政を主導する**得宗専制政治**を確立した。得宗専制政治では得宗の私邸の寄合で政治を決めていったので，評定衆らによる合議は形骸化していった。また，この得宗専制政治下において，全国の守護や地頭職の多くを，北条氏一門が独占するようになった。

📙 KEY WORD

霜月騒動

執権北条時宗の時期には，有力御家人の安達泰盛と内管領の平頼綱が勢力争いを続けていた。その調停にあたっていた北条時宗の死後，頼綱は泰盛を滅ぼした。これは，御家人と御内人の勢力争いであった。後年，北条貞時はこの頼綱を滅ぼして幕府の権力を一手に掌握した。

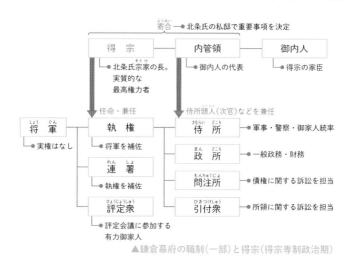

▲鎌倉幕府の職制（一部）と得宗（得宗専制政治期）

 **POINT**

得宗と御内人
- ☑ **得宗** 北条氏の惣領で執権に就任し，私邸で政治を実施
- ☑ **御内人** 御家人ではなく，得宗の家臣（その代表は**内管領**）

🔍 **この講のまとめ**

モンゴル襲来後に幕府の政治はどのように変化したのだろう。
- ☑ 得宗とその家臣の身内人の勢力が拡大し，御家人との争いが発生した。
- ☑ 得宗専制政治が確立され，従来の合議政治は形骸化した。

28 | 鎌倉時代の社会の変化と幕府の滅亡

この講の着眼点

貨幣経済の普及は社会に何をもたらしたのだろう。

1 農業の発展

　鎌倉時代には，農業が発展した。米のほかに裏作として麦を育てる**二毛作**が畿内や西国で普及した。肥料には草を土に埋めこむ**刈敷**や，草木を焼いて灰にした**草木灰**が使われるようになり，牛馬や鉄製の鋤や鍬などの農具を使用した農耕も広がりみせていた。米以外の生産物として，灯油の原料である**荏胡麻**，紙の原料である**楮**，染料となる**藍**なども栽培された。

2 産業・経済の発展

　鎌倉時代には手工業も発達し，絹布・麻布などがつくられた。こうした手工業品の交換や売買をする**定期市**での商業活動も活発となった。定期市は荘園や公領，交通の要地，寺社の門前などで開催され，1か月に3回開催されること（**三斎市**）も一般的になり，地方の市では都市部から商品を運んでくる**行商人**もあらわれた。

　京都・奈良・鎌倉などでは**見世棚**（常設の小売店）があらわれた。商工業者のなかには**座**（同業者団体）を結成して，朝廷や寺社などから保護を受けて，商業上の特権を得る者もいた。

▲借上からお金を借りる女性

　また，日宋間の貿易で日本国内に大量の**宋銭**がもたらされ，貨幣経済は都市だけでなく，農村にもしだいに広がった。貨幣経済が広がると，金融業者である**借上**があらわれた。遠隔地間での取引においては，金銭の輸送をせず，手形で代用する**為替**が利便性を高めた。水運の発達で，湊（港）では運送業者の**問**（問丸）が商品の委託販売や運送などを行った。

3 鎌倉幕府の衰退

　生産や流通経済が発達し社会が大きく変動する一方，御家人は生活に窮乏するようになった。

　御家人は惣領制のもと，分割相続を重ねていたため，時代が経過するにつれて所領がどんどん細分化され，収入が減少していった。所領の細分化によって困窮化していった中小の御家人は所領の質入れや売却で貨幣を手に入れることによって浸透する貨幣経済に対応しようとした。こうして惣領制は崩れていった。

　また，モンゴル襲来は防衛戦であったため，幕府は新たに領土を得たわけではなく，御家人が満足する恩賞を与えることができなかった。モンゴル襲来で多大な負担を強いられながら満足な恩賞をもらえなかった御家人たちは，経済的な困窮にさいなまれながら幕府への不信を強めていった。

　こうした状況に対処するため，幕府は1297年に御家人が売却などで手放した土地を一定条件において無償で返却させることなどを内容とする永仁の徳政令を発した。しかしこれは効果が一時的で根本解決にはならず，翌年には一部を除いて撤回され，困窮した御家人の不満を解決することはできなかった。

　一方，こういった状況において畿内を中心に，幕府や荘園の支配に反抗する行動をとる悪党といわれる集団が出現した。悪党は武士などで構成され，武力を背景に，年貢の納入を拒否し，荘園の倉庫の略奪などを行った。

　これらの動揺をしずめるため得宗専制政治はさらに強化されたが，それは御家人の不満をよりつのらせることとなり，幕府の支配はゆらいでいった。

KEY WORD

永仁の徳政令

御家人が売買などで手放した土地について，その買い主が御家人だった場合は20年を経過していなければ無償で取り戻せ，御家人以外だった場合は期間に関係なく無償で取り戻せるものとした。さらに，御家人の今後の所領売却・質入れを禁止し，御家人関連の金銭訴訟も受けつけないこととした。

4 後醍醐天皇の即位と鎌倉幕府の滅亡

　承久の乱後，朝廷では後嵯峨上皇らによる院政が行われていた。その死後には天皇の皇統が**持明院統**と**大覚寺統**に分裂し，それぞれの皇統が皇位を争い，そのなかで大覚寺統の**後醍醐天皇**が即位した。

　院政を嫌った後醍醐天皇は親政を行い，天皇の権限強化をめざした。そして幕府が御家人の反感を買い，また悪党の活動に困惑している状況をみて，2度にわたり討幕計画を立てた（**正中の変・元弘の変**）。これらはいずれも失敗し，後醍醐天皇は幕府により隠岐に流された。しかし，畿内などで反幕府の気運は高まり，悪党の**楠木正成**などが蜂起した。天皇が隠岐を脱出するとこれに呼応して討幕に立ち上がる者が御家人からも増え，幕府軍として京都に向かった有力御家人の**足利高氏（のちの尊氏）**は天皇側に寝返って六波羅探題を攻め落とした。同じく御家人の**新田義貞**は関東で挙兵して鎌倉に攻め入り，得宗北条高時やその内管領長崎高資は自害に追い込まれた。これにより 1333 年，鎌倉幕府は滅亡した。

POINT

皇統の分裂
- ☑ **持明院統**　後深草上皇の流れの皇統
- ☑ **大覚寺統**　亀山上皇の流れの皇統→**後醍醐天皇**が即位

この講のまとめ

貨幣経済の普及は社会に何をもたらしたのだろう。
- ☑ 産業が発達し，定期市や行商人，金融業者も出現した。
- ☑ 武士（御家人）が貨幣経済にうまく対応できず，鎌倉幕府滅亡の遠因となった。

29 | 鎌倉文化

鎌倉文化はどのような文化だったのだろう。

1 鎌倉仏教

　旧仏教(南都六宗，天台宗，真言宗)による祈禱などの活動では源平の争乱などが防げなかったこともあり，従来の祈禱や学問を重視する仏教からの脱却を志向する，新しい宗派が鎌倉時代に登場した。

　法然は信心をもち「南無阿弥陀仏」と念仏を唱えれば，誰でも極楽往生できるとし，専修念仏が救いの道だと説いた(浄土宗)。法然の弟子親鸞は，「悪人」こそが阿弥陀仏によって救済されるという悪人正機説を唱えた(浄土真宗)。
🖉 KEY WORD

　さらに一遍は，人々の心のあり方(信心や善や悪)とは無関係に，ただ念仏を唱えることで救済対象になるとした。鉦や太鼓の音にあわせて念仏を唱えて踊る踊念仏を催して人気を博し，これに多くの民衆が参加した。一遍は全国を遍歴して遊行上人とよばれた。そしてその教えを時宗という。

　浄土宗，浄土真宗，時宗が念仏を唱えることで救われるとしたのに対し，禅宗は坐禅をすることで悟りを自ら得ようとする教えで，栄西の臨済宗と，道元の曹洞宗がある。臨済宗は坐禅と師匠からの問題を考えること(公案問答)によって，曹洞宗はただひたすら坐禅することのみ(只管打坐)によって悟りを開こうとするところに違いがある。禅宗は関東を中心に武士からの支持を集めた。特に臨済宗は幕府に保護され，北条時頼は蘭溪道隆を招いて建長寺を，北条時宗は無学祖元を招いて円覚寺を開いた。

🖉 KEY WORD

悪人正機説

浄土真宗の開祖親鸞の思想。「悪人」とは，煩悩をもつすべての大衆を指す。自身が「悪人」という自覚がなく自力の修行で往生しようとする「善人」でさえ往生することができるのだから，まして「悪人」だと自覚した者が往生できないわけはない，という説。弟子の唯円が書いた『歎異抄』に，親鸞のこの考え方が記されている。

⊕ PLUS α

鎌倉仏教の中心寺院
・浄土宗…知恩院
・浄土真宗…本願寺
・時宗…清浄光寺
・臨済宗…建仁寺
・曹洞宗…永平寺
・日蓮宗…久遠寺

▲踊念仏（一遍が弟子と踊っている場面）

⊕PLUS α

旧仏教・神道

鎌倉時代には旧仏教側でも改革をめざす動きが出た。法相宗では貞慶が，華厳宗では明恵が戒律の復興をはかった。律宗では叡尊とその弟子の忍性が社会事業を行い，忍性は奈良に病人を助ける北山十八間戸を建てた。神道では渡会家行が神本仏迹説（本地垂迹説とは逆に神が主，仏が従）を内容とする伊勢神道（渡会神道）を大成した。

日蓮は，「南無妙法蓮華経」という題目を唱えれば救われるとし，日蓮宗（法華宗）を開いた。日蓮宗は他宗を批判し，日蓮宗を信仰しなければ国難が到来すると予言などして，幕府に迫害されたが，関東の武士や商工業者に広まった。

POINT

鎌倉仏教
- ☑ **浄土宗**　開祖：**法然**　念仏を唱えて救われる**専修念仏**
- ☑ **浄土真宗**　開祖：**親鸞**　「悪人」こそ救済対象とする**悪人正機説**
- ☑ **時宗**　開祖：**一遍**　念仏のみにより誰もが救済，**踊念仏**で布教
- ☑ **臨済宗**　開祖：**栄西**　**公案問答**により悟り
- ☑ **曹洞宗**　開祖：**道元**　**只管打坐**により悟り
- ☑ **日蓮宗**　開祖：**日蓮**　**題目**を唱えて救済

2 文学

　中世の文学には，浄土への往生を願う当時の仏教思想の影響を受けたものがある。なかでも**鴨長明**は『**方丈記**』において人生の**無常**を説き，天台宗の座主（代表者）であった**慈円**は，「**道理**」の観念によって貴族の衰退と武家政権の出現を必然とする歴史書『**愚管抄**』を著した。

和歌では, 後鳥羽上皇が編纂させた『新古今和歌集』が誕生した。これは, 後鳥羽上皇が, 藤原定家らに命じて選ばせたものである。この頃貴族のみならず武士のなかにも和歌の文化が広がり, 将軍源実朝は『金槐和歌集』を, 武家出身の歌人西行は『山家集』を残した。

随筆では, 兼好法師の『徒然草』, 軍記物語では平家一門の栄枯盛衰を描いた『平家物語』などがあげられる。『平家物語』は琵琶法師の平曲(琵琶の演奏をしながら物語を語ること)という形で, 識字能力のない人々にも広まった。

▲琵琶法師

学問においては, 公家の間で朝廷の儀式典礼について研究する有職故実が盛んになった。一方で鎌倉の武士たちも文化や学問への関心を強め, 編年体で記された史書『吾妻鏡』が幕府によって編纂されたほか, 北条氏一族の金沢実時は, 広く書物を集めて金沢文庫を開いた。

鎌倉時代末期には宋の朱熹により大成された儒学の一派, 宋学(朱子学)が伝えられた。その教えの一つである大義名分論は, 後醍醐天皇を中心とする討幕運動に大きな影響を与えた。

3 建築・彫刻・絵画

平安時代末期の源平の争乱のなかで焼かれた奈良の諸寺が, 鎌倉時代に再建された。重源は陳和卿を起用し, 東大寺を再建した。このときに用いられた建築様式が大仏様である。そして, 東大寺再建に際し, 運慶・快慶は東大寺南大門の金剛力士像をつくった。

また, 禅宗の影響で禅宗様(唐様)が伝えられ, 円覚寺舎利殿などでこの様式が用いられた。一方で, 大陸から伝来した建築様式を, 平安時代以来の日本的建築様式(和様)に取り入れた折衷様も盛んになった。

絵画の分野では『蒙古襲来絵詞』や『一遍上人絵伝』などの絵巻物が制作されたほか, 個人の肖像画を写実的

▲東大寺南大門(大仏様で建築)

に描く似絵が発達し，藤原隆信・信実父子の名手が出た。禅宗の僧侶が師僧の肖像画(頂相)を崇拝する風習も，鎌倉時代に中国から伝わったものである。

その他の美術分野でも，書道では宋の書風を取り入れた青蓮院流が創始され，工芸では尾張の瀬戸焼をはじめ各地で陶器生産が発展するなど，新たな傾向がおこった。

東大寺蔵　　　　　　　　　　　東大寺蔵

▲東大寺南大門金剛力士像(左：阿形・右：吽形)

🔍 この講のまとめ

鎌倉文化はどのような文化だったのだろう。

☑ 鎌倉仏教が誕生し，民衆にも仏教が普及した。

☑ 仏教やその思想の影響を受けた美術品や文学作品が制作された。

30 建武の新政と南北朝の動乱

🔍 この講の着眼点

南北朝の動乱が長期化した理由は何だろう。

1 建武の新政

鎌倉幕府の滅亡後，延喜・天暦の治（醍醐天皇・村上天皇の親政）を模範とした後醍醐天皇は，新しい政治体制の構築をはかり，1334年に年号を建武とし，京都で親政を開始した（建武の新政）。

後醍醐天皇は，天皇の権限の強化をすすめ，天皇が発給する命令書である綸旨を土地の所有権の根拠にすると取り決めた。中央機関には国政の重要事項を決定する記録所，所領関係の問題を処理する雑訴決断所，倒幕に功績のあった武士の恩賞を扱う恩賞方，京都の治安維持などを行う武者所が置かれた。地方機関には各国に国司と守護が置かれ，関東地方に鎌倉将軍府，東北地方に陸奥将軍府が置かれた。

しかし，建武の新政はわずか数年で崩壊した。天皇の発給する綸旨の一貫性のなさ，武家社会の慣習の無視，大内裏の造営のためなどに課した重税，人間関係の対立などが引き金となり，政治や社会は混乱して政権への不満が高まった。

▲後醍醐天皇

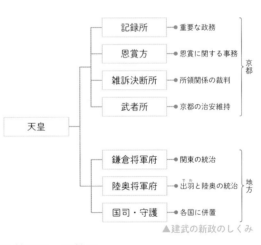

天皇	記録所	● 重要な政務	京都
	恩賞方	● 恩賞に関する事務	
	雑訴決断所	● 所領関係の裁判	
	武者所	● 京都の治安維持	
	鎌倉将軍府	● 関東の統治	地方
	陸奥将軍府	● 出羽と陸奥の統治	
	国司・守護	● 各国に併置	

▲建武の新政のしくみ

⊕ PLUS α

二条河原落書

建武の新政を鋭く批判・風刺した落書。後醍醐天皇の政庁に近い京都の二条河原に掲げられた。

2 南北朝の動乱

　建武の新政の混乱に乗じて，1335年に最後の得宗北条高時の子である北条時行が中先代の乱をおこした。時行は鎌倉を占領し，鎌倉幕府の再興をめざした。これに対して足利尊氏は京都を進発して時行の軍勢を破り，鎌倉を奪回した。しかし尊氏もこれを機に建武の新政から離反した。尊氏は1336年に湊川の戦いで楠木正成を敗死させるなどし，京都を制圧した。

　京都を制圧した足利尊氏は，光明天皇(持明院統)を立てた。そして，政権の政治方針を明らかにした建武式目を発表し，1338年に征夷大将軍となって京都に幕府(室町幕府)を開いた。一方，後醍醐天皇(大覚寺統)は京都を脱出して吉野にこもり，自らが正統な天皇であることを主張した。これにより足利尊氏が天皇を擁立した京都の朝廷(北朝)と，後醍醐天皇による吉野の朝廷(南朝)が並立する形となった。以後の約60年間にわたる北朝・南朝の抗争を，南北朝の動乱という。

　南朝側は新田義貞が戦死するなど，総じて形勢不利であったが，北畠親房の指揮により抵抗を続けた。

　一方，幕府は人事などの権力の中心を担う足利尊氏と，行政・裁判などをまかされた弟の足利直義が政務を分担し，政権を運営していた。しかし，足利尊氏の執事である高師直を中心に従来の法秩序を軽視して武力による所領拡大をめざした派閥が，法秩序を重んじる足利直義の派閥と対立するようになり，それが全国的な争乱に発展した(観応の擾乱)。1351年に高師直，1352年に足利直義は死去したが，尊氏派(幕府)・旧直義派・南朝の3勢力が，場合によって味方と敵を変えながら争いを繰り返した。このように北朝側が深刻な内部対立によって動揺していたことも，南北朝の動乱が長期化した要因だった。

　南北朝の動乱が長期にわたった別の背景には，当時の武士社会では嫡子がすべてを相続する単独相続の形がとられるようになったことがあげられる。これにより，嫡子と庶子は対立しあい，一方が北朝側につけば，他方は南朝側につくなどして争った。本家と分家のつながりを前提とする惣領制は崩壊し，武士は血縁ではなく地縁を重んじて結合するようになった。

 **POINT**

南朝と北朝
- ☑ **南朝（大覚寺統）** **後醍醐天皇**が正統性を主張。吉野の朝廷。
- ☑ **北朝（持明院統）** **足利尊氏**が光明天皇を擁立。京都の朝廷。

3 守護大名と国人一揆

　南北朝の動乱が長期化すると，幕府は各地を統治する守護の権限を拡大し，地方武士の統率をはかった。守護は，鎌倉時代以来の大犯三カ条に定められた職権以外に，田地の所有権を示すために稲を一方的に刈りとる行為（**刈田狼藉**）を取り締まる権限と，裁判の結果を強制的に執行する**使節遵行**の権限を与えられた。さらに，**半済令**が発布されて，守護は一国内の荘園・公領の年貢の半分を徴発する権限を認められた。そのため守護は，この半済令を根拠に荘園・公領を侵略し，年貢や土地を武士に分け与えるなど，新たな権限を利用して，国内の武士を配下に組み入れていった。また，このように守護の力が強まったので，荘園領主は打開策として年貢の徴収・納入を守護に一任して請け負わせる**守護請**を盛んに行った。このように，一国の地域的支配権を確立するようになったこの時代の守護を，鎌倉時代の守護と区別して**守護大名**という。

　その一方，地頭となった地方領主の中には，守護大名の配下にならなかった自立的な武士もいた。これを**国人**という。国人らが互いに契約を交わして一揆を結成し（**国人一揆**）（→P.116），地域権力を形成して守護に対抗することもあった。

KEY WORD

半済令

守護が荘園・公領の年貢の半分を軍費として徴収可能にした法令。1352年に出されたときは近江，美濃，尾張の3ヵ国のみが対象で期限も1年間だったが，のちに対象が全国になり，期限も永続化し，年貢だけでなく土地も折半するようになった。

🔍 この講のまとめ

南北朝の動乱が長期化した理由は何だろう。

☑ 室町幕府の内部で武士の派閥抗争がおき，惣領制の崩壊で武士が一族内でも争うようになったため。

31 | 室町幕府の確立

🔍 この講の着眼点

室町幕府はどのようにして権威を確立していったのだろう。

1 3代将軍足利義満

南北朝の動乱は，足利尊氏の孫の 足利義満（3 代将軍）の時代に終息した。1392 年に，南朝の後亀 山天皇（大覚寺統）が義満のよびかけに応じて京都に 帰り，北朝の後小松天皇（持明院統）に譲位する形式 で南北朝の合体が実現した。

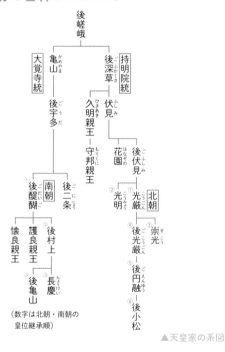

▲天皇家の系図

（数字は北朝・南朝の
皇位継承順）

⊕ PLUS α

動乱の九州情勢
当初懐良親王を中心に南朝 優勢だったが，のちに九州探 題今川了俊（貞世）が派遣さ れ，北朝優勢となった。

👤 KEY PERSON

足利義満
1358 – 1408

室町幕府 3 代将軍。室町幕府 のよび名は義満が京都室町 の花の御所（室町殿）で政治 を行ったことにちなむ。南北 朝の合体を達成し，室町幕府 の基礎を固め，外交面でも日 明貿易を始めた。文化面でも 金閣を造営するなど影響を 残した。

義満は 1394 年に征夷大将軍を子の足利義持（4 代将軍）に譲り，太政大臣 に就任して，武家だけではなく公家も従えた。

また義満は，南北朝の動乱で強大化した有力守護の統制にも乗り出した。1390年の土岐康行の乱では，美濃・尾張・伊勢の守護である土岐康行を討伐した。1391年の明徳の乱では，11か国の守護を兼ねたことで「六分の一衆」とよばれていた山名氏の統制をはかり，山名氏清らを滅ぼした。1399年の応永の乱では，堺や博多も掌握していた周防の大内義弘を堺にて討伐した。義満は太政大臣を辞して出家したのちも，幕府や朝廷に対して実権をふるった。

2 室町幕府の機構

室町幕府の機構は，義満の時代に整った。義満は朝廷の検非違使が行使していた京都の警察権など，京都の市政権を幕府に接収した。

中央では，将軍を補佐する役職の管領が設置された。管領は侍所・政所などの統括や守護への命令伝達も行う役職で，足利氏一門の細川氏・斯波氏・畠山氏が交替で任命された（三管領）。侍所は京都の警備や裁判などを担当し，その長官（所司）は赤松氏・一色氏・山名氏・京極氏から任じられた（四職）。政所は幕府の財政などを担当した。

軍事力の整備が進められ，奉公衆という直轄軍が編成された。奉公衆は将軍の護衛や将軍の直轄領である御料所の管理も任されており，守護をけん制する役割を果たした。地方では関東に鎌倉府（関東府），九州・奥州・羽州に探題が置かれた。各国に守護や地頭も設置されたが，守護は基本的に京都に住んで幕府に出仕し，現地の政務は守護代に行わせた。

KEY WORD

鎌倉府

室町幕府が鎌倉に設置した東国統治機関。当初は関東8か国と伊豆・甲斐を管轄し，のちに陸奥・出羽が加わった。最高責任者は鎌倉公方（関東公方）で，関東管領が補佐した。初代鎌倉公方は足利尊氏の子の基氏。のちに権限が拡大したことから，京都の室町幕府から半ば独立して東国支配を行うようになり，幕府との対立も発生した。

POINT

管領と侍所の家筋

- ☑ 管領の家筋　三管領（細川氏・斯波氏・畠山氏）
- ☑ 侍所の家筋　四職（赤松氏・一色氏・山名氏・京極氏）

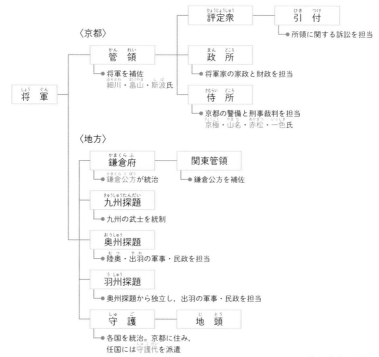

▲室町幕府の機構

3 室町幕府の財政

　幕府財政の財源となったのは，御料所からの収入，守護に課した分担金，土倉役・酒屋役（高利貸業の土倉・酒屋に対する課税）である。ほかには，関所で通行者などに課税する関銭，港や船着場で通行者などに課税する津料，日明貿易での利益などがあげられる。また，天皇の即位のような大きな国家的行事が行われる場合，段銭（田の段数に応じた課税）・棟別銭（家の棟数に応じた課税）の臨時徴収も行った。

🔍 この講のまとめ

室町幕府はどのようにして権威を確立していったのだろう。

☑ 幕府は統治機構を整備するとともに，南北朝の統一や有力守護の討伐によって権威を確立した。

32 | 東アジアとの外交・交易と琉球・蝦夷

この講の着眼点

室町時代に日本と大陸の国家が国交をもった主な理由は何だろう。

1 建長寺船・天龍寺船

　モンゴル襲来後においても，日本と元には国交がなかったが，民間の貿易は盛んだった。鎌倉幕府は，建長寺の再建を行う費用を調達するために，**建長寺船**を元に派遣した。これは幕府公認の貿易船で，その利益の一部が寺の再建に使用された。

　室町時代になり，**足利尊氏**は**夢窓疎石**からの献言で，**後醍醐天皇**の冥福を祈るために天龍寺を造営することにした。そこで尊氏は建長寺船を先例として，元に**天龍寺船**を派遣した。

2 倭寇の活動と日明貿易

　14世紀には，**倭寇**とよばれた海賊集団が朝鮮半島や中国大陸沿岸を荒らし，略奪行為を行うようになった。この時期の倭寇を**前期倭寇**といい，対馬や壱岐などの住民を中心として構成されていた。

　中国では，**朱元璋**(太祖洪武帝)が元を中国から追い払い，1368年に漢民族による王朝である**明**を建国した。明は中国を中心とする国際秩序の復活をはかり，近隣諸国に通交をよびかけた。

凡例
──日明交通路
▨ 倭寇の侵略地

▲ 15世紀頃の東アジア

　南北朝の合体を実現させた足利義満は，僧**祖阿**と商人**肥富**を使者として派遣し，明と国交を開いた。

明との貿易は朝貢貿易であり，遣明船(明に遣わされる船)は明から交付された勘合という証票を持参した。そのため，日明貿易のことを勘合貿易ともいう。1404年に始まり，途中4代将軍足利義持の時代にいったん中断されたが，6代将軍足利義教の時代に再開された。

貿易の実権は，応仁の乱で幕府が衰えると細川氏・大内氏に移った。**細川氏は堺商人と手を組み，大内氏は博多商人と手を組んでいた。**貿易をめぐって両氏は激しく争うことになり，1523年には寧波で両氏の衝突が発生した(寧波の乱)。この争いに勝利した大内氏は貿易を独占したが，1551年に大内氏が滅亡すると貿易も一緒に断絶した。

日明貿易が断絶すると，再び倭寇の活動が盛んになった。この時期の倭寇を後期倭寇という。後期倭寇は構成員の多くが中国人であり，中国大陸沿岸での海賊行為や密貿易を行っていた。後期倭寇は，1588年に豊臣秀吉が海賊取締令を発するまで，活動が続くことになった。

👨‍🏫 POINT

貿易の実権争い(寧波の乱)
- ☑ 勝者　**博多商人**と手を組んだ**大内**氏→のち大内氏滅亡で勘合貿易断絶
- ☑ 敗者　**堺商人**と手を組んだ**細川**氏

3 朝鮮と日朝貿易

14世紀後半の朝鮮半島では高麗が衰退しつつあったが，その原因の1つは，前期倭寇の活動にあった。1392年には，倭寇討伐で功績のあった李成桂が高麗を滅ぼし，朝鮮を建国した。朝鮮は日本に通交と倭寇の禁止を求めたので，足利義満は日本と朝鮮の国交を開き，日朝貿易が始まった。貿易は対馬を統治する宗氏の統制で行われた。

倭寇禁圧をすすめていた宗氏当主が死去し倭寇の活動が活発になると，1419年に朝鮮の軍兵が倭寇の本拠地と考えていた対馬を襲撃する事件がおきた（応永の外寇）。日朝貿易はこれで一時中断するが，その後また再開し，活発に行われた。

日朝貿易は，朝鮮の3つの貿易港（三浦）で行われた。三浦と朝鮮の首都漢城には倭館が置かれ，三浦に定住する日本人は増加した。三浦に住む日本人には特権が与えられていたが，1510年にその運用をめぐり日本人が暴動をおこして鎮圧される事件がおきた（三浦の乱）。日朝貿易はその後衰えていった。

🔖 KEY WORD

日朝貿易

日朝貿易における日本の主な輸出品は銅・硫黄，コショウ，蘇木などで，輸入品は木綿，大蔵経など。のちに豊臣秀吉の朝鮮出兵で一時中断したが，徳川家康により日本と朝鮮の国交が回復し，宗氏を通じた貿易が再開された。

4 琉球と蝦夷ヶ島

琉球では，山北・中山・山南の3つの勢力（三山）が争っていた。そのなかで，中山王の尚巴志が山北・山南を滅ぼして，1429年に琉球王国を建国した。琉球王国は首里を都とし，日本などとも国交を開き，外港となる那覇から東南アジア・日本・明との中継貿易を行い，繁栄した。

一方，蝦夷ヶ島（現在の北海道）では，南部地域への和人の進出がすすみ，各地の海岸に居住地がつくられた（道南十二館）。和人は，漁猟を生業としていた先住民のアイヌと交易していたが，その進出はしだいにアイヌを圧迫した。耐えかねたアイヌは大首長コシャマインを中心に蜂起し，和人の館の多くを攻略した。しかしコシャマインは蠣崎（武田）信広に討ち取られ，以後蠣崎氏は道南地域を支配し，江戸時代には松前氏を名乗る大名となった。

⊕ PLUS α

古代の蝦夷ヶ島

古代の蝦夷ヶ島では続縄文文化が発展した。この文化では稲作は行われず，人々は狩猟や採集で生活していた。そして樺太や北海道などで擦文文化が，オホーツク海沿岸でオホーツク文化が発展し，そののちにアイヌ文化が誕生した。

🔍 **この講のまとめ**

室町時代に日本と大陸の国家が国交をもった主な理由は何だろう。

☑ 倭寇の活動が活発となり，明・朝鮮はその鎮圧を日本に求めるのに伴って，国交を結んだ。

33 | 室町時代の農村

🔍 この講の着眼点

室町時代の農村とはどのようなものだったのだろう。

1 惣村の形成

鎌倉時代後期から南北朝の動乱期にかけて，荘園や公領の内部に，農民は自ら自立的で自治的な村をつくり出した（惣・惣村）。住居を集合させて地縁的な集落を形成した惣村の農民（惣百姓）は，一揆を結んだ。連帯の力で，不法を働く代官や荘官の免職を求めたり，水害などの被害による年貢の減免を荘園領主などに求めたりした。さらに要求を認めさせるため，荘園領主のもとに大挙して押しかけて要求を認めさせる行動（強訴）や，集団で耕作を放棄して村をいったん離れる（逃散）といった行動に出ることもあった。

惣村は村民の会議（寄合）の決定に従って，おとな（長・乙名）・沙汰人などとよばれる村の指導者によって運営された。村民は自分たちが守るべき惣掟（村法・村掟）を定め，それにもとづき村民自身が警察権を行使して秩序を維持する地下検断（自検断）を行うこともあった。山などの共同利用地（入会地）や，水源の管理も惣村が行い，運営のための費用を賄うために村民に独自の税（村役）を課すこともあった。

惣村の発達とともに，荘園領主におさめる年貢を惣村がまとめて請け負う地下請（村請・百姓請）が広がった。さらに，惣村の有力者である名主のなかからは守護などと主従関係を結んで侍身分を獲得するものがあらわれた（地侍）。

📖 KEY WORD

一揆

一致団結して連帯すること，あるいはその集団のこと。自立を志向した国人（地方在住の武士）や農民らが一揆を結び，個人でなしえないことを集団の力で達成しようとした。国人らによる国人一揆，百姓らによる土一揆，浄土真宗の信者らによる一向一揆などがある。

2 土一揆

15世紀には、近畿地方などで惣村の農民らにより土一揆が頻発した。土一揆の多くは、農民らが徳政を求めて蜂起したもので、徳政一揆という。ここでの徳政とは、売買や貸借などの債務契約の破棄や無効などを要求することである。

1428年には近江坂本の馬借（運送業者）による徳政要求を契機に正長の徳政一揆がおこった。農民らは京都の土倉・酒屋などがもつ質物や売買・貸借の契約書類を実力で奪った。この一揆は近畿地方やその周辺へと波及し、各地で実力による債務の破棄・売却地の取り戻し（私徳政）が行われた。

1441年には嘉吉の徳政一揆がおき、農民らが決起して京都を占領して徳政を要求したことで、幕府は徳政令を発布した。このあとも土一揆はたびたび徳政を求めて蜂起し、対して幕府はその条件として分一銭という手数料を納入させて徳政令を発するようになった。

なおこの当時、支配者（将軍など）の交代を契機に、徳政によって貸借関係などを改めたいという庶民の願望があった。このような徳政を代始めの徳政といい、これは6代将軍足利義教の代始めに正長の徳政一揆が、7代将軍足利義勝の代始めに嘉吉の徳政一揆がおきたことからも伺える。

PLUS α
播磨の土一揆

1429年に播磨でおこった土一揆。その要求内容は徳政ではなく、守護の赤松氏の家臣を国外に追放せよという政治的なものだった。これは1428年におきた正長の徳政一揆の影響が播磨にも及んだものであった。

POINT

徳政一揆
- ☑ 正長の徳政一揆　近江坂本の馬借の動きがきっかけで発生
- ☑ 嘉吉の徳政一揆　京都で発生→幕府は徳政令を発布

この講のまとめ

室町時代の農村とはどのようなものだったのだろう。
- ☑ 農民は自治的な村をつくり、領主に対抗するため団結して一揆を結ぶこともあった。

34 | 幕府の衰退と応仁の乱

🔍 **この講の着眼点**

なぜ室町幕府は衰退していったのだろう。

1 6代将軍足利義教

　5代将軍足利義量が早世したあと，幕府の実権を握っていた足利義持が後継者を定めないまま死去し，6代将軍に足利義教が選ばれた。義教はその政策として，日明貿易を再開した。

　また義教は，将軍権力の強化をはかろうと専制政治を強行し，将軍に服従しない者を力で抑えようとした。そのため，幕府からの自立意識が強い鎌倉府との関係が悪化し，1438年に義教は鎌倉公方の足利持氏を討ち滅ぼした（永享の乱）。

　さらに義教は，有力守護をあいついで謀殺したため，逆に有力守護の赤松満祐によって1441年に殺害された（嘉吉の変）。赤松氏は幕府軍に討伐されたが，将軍が守護により殺害されるという事件の衝撃は大きかった。

KEY PERSON

足利義教
1394 - 1441

室町幕府6代将軍。足利義満の子で義持の弟。僧侶になっていたが，くじ引きの結果により将軍となった。鎌倉府の足利持氏の討滅や一色氏や土岐氏といった有力守護の謀殺など，万人恐怖とされる政策を実施した。その結果，赤松満祐の邸宅で謀殺された。

2 応仁の乱

　嘉吉の変後，幕府では7代将軍に足利義勝が幼くして就任したが早世し，弟の足利義政が幼くしてあとを継いだ。こうして将軍権力は弱体化した。そして，子に恵まれなかった義政は弟の足利義視を後継者と定めたが，1465年に日野富子との間に義尚が生まれたことから，将軍家に家督相続争いが発生した。また，管領家の畠山氏・斯波氏でも家督争いがおこっており，これらの争いに細川勝元と山名持豊（宗全）といった幕府の実力者が介入し，1467年に応仁の乱が始まった。各守護大名はそれぞれ細川方（**東軍**）と山名方（**西軍**）に分か

れ，戦いは 1477 年の和議まで長期に及び，主戦場となった京都は**足軽**による略奪などもあり，大いに荒廃した。この争乱は都で和議がなったあとも，全国各地に広がり，**戦国時代**となった。

　この応仁の乱により，幕府の権威が大きく衰退したため，守護は自身の領国へとくだり，京都で幕府の政治に参加することはなくなった。そして，実力による土地の支配がすすんでいったため荘園制も解体されていき，それを経済基盤にしていた公家などは衰退した。

	東軍	関係	西軍
総大将	細川勝元 （三管領）		山名持豊 （四職）
将軍家	足利義政 ｜ 足利義尚	兄と弟 甥と叔父	足利義視
畠山氏	畠山持富 ① 畠山政長	弟と兄 従兄弟	畠山持国 ① 畠山義就
斯波氏	斯波義敏	従兄弟	斯波義廉

▲応仁の乱（1468 年頃の構図）

\ これを聞きたい！/

Q

応仁の乱の原因は将軍家や管領家での家督争いですが，なぜ家督争いがこんなに多かったの？

A

鎌倉時代には家督相続について家督をもつ者の発言権が強く，その相続者を自身の意思で決めることができました。しかし，室町時代になると，家督をもつ者の意向だけではなく，家臣などの意向も尊重されるようになりました。そのため，家督相続者を決めるのが難しくなったのです。

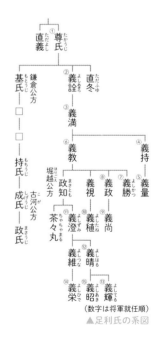

（数字は将軍就任順）
▲足利氏の系図

3 国一揆

　応仁の乱後は，上位の権威ある存在に下位の実力者がとってかわる**下剋上**の風潮が生まれた。各地でおこった争乱から地域を守るために，国人や地域の農民らは国一揆を結成する場合もあった。1485年におこった**山城の国一揆**はその代表例で，応仁の乱以降，南山城で争いを続けていた畠山氏（畠山義就と畠山政長）を追い出し，自治組織を結成して8年間の一揆による自治を行った。

　また，1488年には**加賀の一向一揆**がおこった。浄土真宗本願寺派の勢力が国人と協力して加賀の守護富樫政親を滅ぼし，1580年に織田信長の家臣柴田勝家に制圧されるまで，約1世紀にわたって実質的に加賀を支配した。

POINT

国一揆と一向一揆

☑ **山城の国一揆**　国人らが**畠山氏**を追い出し，南山城で約8年間の自治

☑ **加賀の一向一揆**　一向一揆が加賀の守護**富樫正親**を滅ぼし，約1世紀間の自治

🔍 **この講のまとめ**

なぜ室町幕府は衰退していったのだろう。

☑ 有力守護による将軍の殺害や応仁の乱などで幕府の権威が衰退し，下剋上の風潮もあって，幕府体制が維持できなくなっていったため。

35 | 室町時代の農業・商工業の発達

🔍 この講の着眼点

室町時代の農業や商工業はどう発達したのだろう。

1 産業の発達

室町時代の農業は土地の生産性が向上した。麦を裏作とする水田の二毛作が関東にも広まり，畿内では稲の裏作として麦・ソバを栽培する三毛作が行われる場所もあった。稲の品種改良もなされ，早稲・中稲・晩稲（早稲は比較的早く実り，中稲は早稲と晩稲の中間で，晩稲は比較的遅く実る品種）が栽培された。

肥料としては，人の糞尿を肥料とする下肥が，鎌倉時代から使用される刈敷や草木灰と併用された。

川やため池から水をくみ上げる揚水器としては，水車や中国から伝来した龍骨車（何枚もの板を動かして水をくみ上げる装置）も使用された。

年貢の銭納の普及で貨幣獲得が必要になったこともあり，手工業の原料である苧・桑・楮・藍・茶などの商品作物の栽培が盛んになり，商品として流通した。

2 商業の発達

室町時代には，多くの手工業者により結成された座の種類や数が増加した。大寺社などの権威ある存在（本所）に営業税を払い，販売の独占権などの特権を得る座もあった。代表的なものとして，石清水八幡宮を本所とした大山崎の油座は，油の販売権と，荏胡麻（油の原料）の購入独占権を得ていた。

定期市は市が開かれる回数も増加し，月に6回市を開く六斎市が地方でも開かれるようになり，都市では見世棚（商品を展示した棚）を構えた，常設の小売店がしだいに増加した。また連雀商人や振売，京都で大原女・桂女などの行商人が活躍した。

⊕ PLUS α

行商人の活躍

背負い箱に商品を入れて売り歩く連雀商人や，肩に乗せた棒に商品を下げて売り歩く振売とよばれた行商人が活動していた。特に京都では大原女・桂女という女性の行商人が活躍した。大原女は炭・薪を売り，桂女は鮎などを売ってまわった。

貨幣は従来の**宋銭**とともに，新たに流入した**明銭**（**永楽通宝**など）も使用された。貨幣需要の増大とともに，中国の銭を模造して日本国内で鋳造された私鋳銭も流通するようになった。そのなかには粗悪なものもあったので，取引で悪銭の受け取りを拒否し，良質な貨幣（精銭）だけを受け取る行為（**撰銭**）がなされた。流通を円滑にするため，幕府や戦国大名などは**撰銭令**を発布して，粗悪な貨幣の流通禁止や，悪銭と精銭の混入比率を定めるなどして，極端な撰銭を抑制した。貨幣経済の発達は，金融業者の活動を促し，**酒屋**や**土倉**は高利貸業として大きな富を得た。

地方の産業が盛んになると，陸路や水路の交通路が発達して，遠隔地取引も活発となった。遠隔地商人の間では為替手形の一種である**割符**を利用して取引が行われた。

大都市や交通の要地では**問屋**が商品の卸売（生産者と小売の橋渡しの業務）や運送などにあたった。また，多量の物資が運ばれる地方から京都への輸送路では馬に荷物を載せる**馬借**や，荷物を載せた車を牛や馬に引かせる**車借**とよばれる運送業者が活躍した。

商業の発達による交通路の発達や交通量の増加に着目した幕府や寺社などは，交通の要地に**関所**を数多く設け，そこから関銭や津料を徴収した。

＼ これを聞きたい！／

Q
関所は古代にもあるけど，中世の関所の特徴は何？

A
古代の関所は，都を敵から守るための軍事的な施設でした。中世の関所は，通行者から通行税を取り立てるための施設でした。なお，近世（江戸時代）の関所は，人や武器などの物資の移動を取り締まる治安維持の役割を果たしました。

🔍 **この講のまとめ**

室町時代の農業や商工業はどう発達したのだろう。

☑ 農業では土地を有効活用する二毛作が関東にも普及し，稲の品種改良もなされた。

☑ 商業では貨幣経済の発達や交通網の発達により，金融業者の活動や遠隔地取引が活発になった。

36 南北朝時代の文化

🔍 **この講の着眼点**

南北朝時代の文化はどのようなものだったのだろう。

1 文学・学問

南北朝の動乱の時代には歴史書が多く書かれた。源平の争乱から後醍醐天皇の建武政権の誕生までを公家の立場から記した『増鏡』，神話の時代から後醍醐天皇の子の後村上天皇即位までの歴史を記して南朝の正統性を主張した北畠親房の『神皇正統記』，武士の立場から足利氏の政権獲得の過程を描いてそれを正当化した『梅松論』などがある。

軍記物語では，南北朝の動乱の歴史を描いた『太平記』が著された。

> 👨‍🏫 **POINT**
>
> 歴史書の視点
> ☑ **公家**の立場からの歴史書　『増鏡』，『神皇正統記』
> ☑ **武家**の立場からの歴史書　『梅松論』

2 有職故実

建武の新政により，にも関心が高まり，その研究書も著された。**北畠親房の『職原抄』**は官職制度を研究したもので，**後醍醐天皇の『建武年中行事』**は朝廷の年中行事を記したものである。

📖 **KEY WORD**

有職故実
朝廷の儀式作法などを研究すること。武家社会になっていった鎌倉時代以降に，懐古的な公家らにより研究が盛んになった。

3 その他

鎌倉時代に臨済宗の開祖となる栄西が宋に渡って喫茶の文化をもち帰り，各地で茶寄合（茶を飲む会合）が行われた。茶を飲んで，その産地を当てる闘茶という茶会での勝負ごとも流行した。

二条良基が連歌(和歌の上の句と下の句を別の人が交互によんでつないでいく文芸様式)を大成させ，公家・武家を問わず流行した。

　　これらの文化の流行は新興武士たちによって先導され，彼らの華美で派手なものを好む気質はバサラとよばれた。バサラ大名の代表例として佐々木導誉(高氏)らがあげられる。

この講のまとめ

南北朝時代の文化はどのようなものだったのだろう。

☑ 動乱の緊張を背景に歴史書や軍記物語が書かれた。

☑ 建武の新政の影響による懐古的な雰囲気から，有職故実の研究がすすんだ。

☑ 新興武士たちの先導もあり，連歌や闘茶が流行した。

37 | 室町文化①

足利義満の頃の文化はどのようなものだったのだろう。

1 室町文化の特徴

　室町幕府は京都を拠点としていたため，公家文化と武家文化の融合がすすんだ。また，東アジアとの貿易が盛んに行われたことで，大陸文化と伝統文化の融合もすすんだ。こうした文化の融合は将軍の主導もあり，室町時代には多くの優れた文学作品や美術作品が生まれた。

　特に3代将軍足利義満の時代の文化を北山文化，8代将軍足利義政の時代の文化を東山文化とよぶこともある。このよび名はそれぞれの文化を象徴する建物，金閣と銀閣の所在地に由来している。
🔖 KEY WORD

　さらに，これらの中央文化に都市や惣村の民衆が形成した地方文化が合わさり，能・狂言・茶の湯・生花といった現在まで続く日本の伝統文化の基礎が確立されていった。

📙 KEY WORD

金閣

足利義満が京都北山に設けた山荘（のちの鹿苑寺）の建築物。1397年造営。下から第1層は寝殿造，第2層は和様，第3層は禅宗様である。外部および内部を金箔で覆っている。1950年に放火で焼失したが，再建された。

▲鹿苑寺金閣

2 仏教・文学

　臨済宗の夢窓疎石が将軍足利尊氏の帰依を受け，臨済宗が室町幕府の保護により栄えた。また尊氏は，夢窓疎石の献言により後醍醐天皇の菩提を弔うために京都に天龍寺を建立した。将軍足利義満も祖父の尊氏にならって臨済宗を厚く保護した。寺格の整備のため，南宋の官寺の制にならい五山・十刹の制を確

立した。これは南禅寺を別格として五山の上に位置づけ，京都五山（天龍寺，相国寺など）・鎌倉五山（建長寺，円覚寺など）を設け，さらにそれにつぐ十刹とよばれる官寺を置いたものである。五山の僧はその知識により，外交や政治において大いに活躍した。

また，五山の禅僧らにより漢詩文の創作が盛んとなって五山文学が繁栄し，絶海中津・義堂周信らが活躍した。五山版という禅の経典や漢詩文集の出版も行われ，五山僧は中国文化の普及に一役買った。

3 能

猿楽や田楽などの民間の神事芸能に源流がある能が室町時代に繁栄した。能は音楽を伴い仮面を使用して演じられる劇で，それを演じる能楽師は寺社の保護を受けて各地で座を結成した。興福寺を本所とした大和猿楽四座（金春・金剛・観世・宝生）がその代表であり，その一つである観世座から出た観阿弥・世阿弥は将軍義満の保護を受けた。特に世阿弥は『風姿花伝』（花伝書）などの理論書を著し，能の大成者となった。

この講のまとめ

足利義満の頃の文化はどのようなものだったのだろう。

☑ 武家文化・公家文化・大陸文化が融合して独自の様相を呈した。

☑ 義満の保護のもと，仏教文化や能などの芸能が発達した。

38 | 室町文化②

足利義政の頃の文化はどのようなものだったのだろう。

1 東山文化への発展

　足利義満の時代に開花した文化は足利義持・義教の時代にも広がりを見せていた。そして，8代将軍**足利義政**は応仁の乱後，京都の東山に**銀閣**を建てた。室町時代後期の禅の精神と伝統的な幽玄・侘を基調とした文化は，この銀閣に象徴されることから東山文化ともよばれる。

銀閣

将軍義政が京都・東山に設けた山荘（のちの慈照寺）の建築物。1489年造営。2層からなり，下層は書院造，上層は禅宗様。

2 建築・絵画

　書院造は寝殿造から発展した建築様式で，違い棚や付書院などの施設，室内を仕切る襖，敷き詰められた畳，明障子の使用といった特徴がある。慈照寺の東求堂同仁斎がその代表例で，近代の和風住宅にもその様式は継承されている。

　庭園でも特徴のあるものがつくられ，龍安寺や大徳寺大仙院などの寺院には，岩石と砂利を組み合わせて水を使わずに水の流れを表現した**枯山水**がつくられた。また，善阿弥により禅の精神にもとづく東山山荘の庭がつくられた。

　新しい住宅様式は，座敷を装飾する絵画の需要を生み，発展させた。墨の濃淡の表現で描かれる水墨画では，明で作画の技術を学んだ**雪舟**が日本的な

▲慈照寺銀閣

同朋衆

将軍に仕え，芸能（能，茶道，花道，作庭など）を提供した者。同朋衆は阿弥号を名乗った。作庭（風情ある庭園を造ること）においては賤民とされていた河原者（非課税地である河川敷などで生活した流民）が活躍した。

独自の水墨画の様式を創始し，墨の濃淡で景色を表現している秋冬山水図を描いた。大和絵では，土佐光信の土佐派や，水墨画に大和絵の技法を取り入れた狩野正信・元信父子の狩野派が登場した。狩野元信は花鳥にめだつ着色をすることで印象を残す大徳寺大仙院花鳥図を描いた。

▲龍安寺庭園の枯山水

▲秋冬山水図（冬景）

▲大徳寺大仙院庭園の枯山水

▲大徳寺大仙院花鳥図

3 茶道(茶の湯)

　茶道(様式にもとづいた喫茶)の基礎が形成され，村田珠光は華美な茶会を批判し，簡素な茶室における禅の精神を重視する侘茶を創出した。のちに珠光の侘茶を受け継いだ武野紹鷗が発展させ，その門弟の千利休によって桃山文化期に完成された。

4 その他

　公家階級は政治や経済面で力を失っていたが，伝統的文化の担い手となって学問や古典の研究を行っていた。

　一条兼良は有職故実書『公事根源』や，９代将軍足利義尚に提出した意見書『樵談治要』などを著した。

　神道においては，吉田兼倶が神本仏迹説の立場から，神道を中心に儒学・仏教を取り入れた唯一神道を大成した。

　ほかに，後藤祐乗が工芸(金工)の分野で活躍し，床の間を飾る立花が広まり，池坊専慶が花道(生花)の分野で功績を残した。

🔍 **この講のまとめ**

足利義政の頃の文化はどのようなものだったのだろう。

☑ 禅の精神や幽玄・侘を基調とする簡素な文化だった。

☑ 現代まで続く茶道や花道といった日本の伝統文化の基礎ができ上がった。

39 | 室町時代の庶民の文化

🔍 この講の着眼点

応仁の乱は文化面にどのような影響を及ぼしたのだろう。

1 庶民文芸

室町時代には，地位の向上した民衆が参加する文化が生まれ，広く発展した。庶民の間では娯楽的な能がよく演じられ，能の間に演じられる**狂言**（日常的な内容で風刺的な会話劇）も人気となった。男女の愛情などを題材とした歌謡の小歌ももてはやされ，小歌を集めた『**閑吟集**』が編集された。華やかに着飾って踊る風流も盛んで，これが念仏踊りと結びついて今日まで続く盆踊りとなった。

連歌は，大名から庶民まで広く普及した。南北朝時代に**二条良基**が連歌の歌集『**菟玖波集**』を撰し，規則書『**応安新式**』を制定した。のちに『菟玖波集』が準勅撰となったことで，連歌の地位は和歌と同等に見なされるようになった。さらに室町時代後期には，芸術性のある連歌である**正風連歌**を確立した**宗祇**が歌集『**新撰菟玖波集**』を撰し，弟子たちと『**水無瀬三吟百韻**』をよんだ。一方，**宗鑑**は自由さのある**俳諧連歌**を創始し，『**犬筑波集**』を編集した。

また，『物くさ太郎』『一寸法師』『浦島太郎』など，現在でも知られている**御伽草子**は，この時期に誕生して流行した物語である。

> 📖 **KEY WORD**
>
> **連歌**
>
> 和歌から派生した文芸。和歌の上の句（五・七・五）と下の句（七・七）をそれぞれ別の人がよみ，唱和した。

2 文化の地方普及

応仁の乱で京都が荒廃すると，公家などの文化人は京を離れ，地方の大名を頼った。特に日明貿易で繁栄した**大内氏**の城下町**山口**には，雪舟や宗祇などの文化人が多く集まった。また，薩摩で薩南学派を開いた**桂庵玄樹**，土佐で南学（海南学派）の祖とされる南村梅軒，中部・関東地方を巡って漢詩文を残した万里集九，地方を遍歴した連歌師らにより，中央文化は全国各地へ波及した。

関東では，関東管領の**上杉憲実**が**足利学校**を下野に再興した。ここでは全国から集まった禅僧・武士に高度な教育が施され，「**坂東の大学**」とも称された。社会の発展で読み書きの能力の必要性が高まり，国語辞典の『**節用集**』が，奈良の商人により刊行された。

▲足利学校

3 新仏教の発展

応仁の乱によって幕府の権威が衰退すると，幕府に保護されていた五山派や，荘園を基盤としていた旧仏教の勢力が衰えた。一方，五山派に属さない自由な宗教活動を行う禅宗の諸宗派(**林下**)や，浄土真宗・日蓮宗の活動が活発になった。

浄土真宗においては，本願寺の**蓮如**が越前吉崎に吉崎道場を建てて，北陸地方における布教の拠点とした。蓮如は，平易な仮名混じりの文章(**御文**)を用いながら布教を行い，惣村で信者の集団(**講**)を組織して，その勢力を拡大した。蓮如を中心とする布教活動により，本願寺の勢力は北陸・東海・近畿地方に広まった。そして，1488年の**加賀の一向一揆**に代表されるように，信者らは各地で一揆を結び大名権力に対抗した。

これまで東国を基盤としていた日蓮宗は，**日親**により京都や西国にも勢力をのばした。1532年に日蓮宗信者は**法華一揆**を結び，京都での勢力拡大をめざした一向一揆との戦いを制し，京都の町政において自治を行った。しかし，1536年に延暦寺と衝突して敗北し，日蓮宗信者は数年間京都を追われることになった(**天文法華の乱**)。
🕮 KEY WORD

📖 KEY WORD

天文法華の乱

1536年の延暦寺と法華一揆の戦い。延暦寺は六角氏の援軍もあり，京都から法華一揆を追放した。この戦いで京都の多くが焼け，京都の日蓮宗寺院もすべて焼打ちされた。

🔍 この講のまとめ

応仁の乱は文化面にどのような影響を及ぼしたのだろう。

☑ 戦乱の影響で京都の公家や文化人が地方に下り，文化が各地にもたらされた。

☑ 応仁の乱による幕府の衰退で，その保護下の旧仏教が勢力を弱め，浄土真宗や日蓮宗などが自由な布教を行い，民衆の支持を集めていった。

40 | 戦国大名の登場と都市の発達

この講の着眼点

戦国大名はどのようにして支配を確立していったのだろう。

1 戦国大名

応仁の乱後, 幕府では明応の政変で管領家の細川氏が実権を握ったが, 内部抗争のなかでその家臣であった三好長慶が台頭して実権を奪った。その後, 三好氏の家臣の松永久秀が台頭し, 13代将軍足利義輝を暗殺した。ほかの管領家である斯波氏や畠山氏も内部分裂をおこし, 斯波氏は守護代である越前の朝倉氏や尾張の織田氏に領国を奪われるなどして両氏とも没落したように, 激しい下剋上の世となった。

幕府の有名無実化により, 幕府を背景とした権威による支配はもはや通用しなかった。そのため各地方において, 家臣や民衆から支持され, 軍事指導者・領国支配者として実力で領国(分国)を築き上げ, 独自支配を行った戦国大名が台頭した。戦国大名が活躍した応仁の乱のあとの約1世紀を戦国時代という。

関東では分裂した鎌倉公方(古河公方・堀越公方)と関東管領(山内上杉氏・扇谷上杉氏)があい争った。そんななか, 15世紀末に北条早雲が堀越公方を滅ぼして伊豆を奪い, 相模にも進出して小田原を本拠とした。孫の北条氏康の代までに北条氏は, 古河公方と扇谷上杉氏をものみ込み, 関東の大半を支配した。

中部地方では, 越後守護上杉氏の守護代である長尾景虎が, 北条氏に追われて越後に逃れた関東管領の上杉憲政(山内上杉氏)から上杉氏の家督と関東管領の地位を譲られて上杉謙信を名乗った。謙信は関東に進出して北条氏の領国を脅かし, 甲斐や信濃を領する武田信玄とも戦った。
KEY PERSON

これを聞きたい！

Q
応仁の乱後の幕府はどうなったの？

A
9代将軍足利義尚の死後, 10代足利義植が管領の細川政元と対立して将軍の座を追われました(明応の政変)。そして, 足利義澄, 足利義晴, 足利義輝, 足利義栄と将軍位が受け継がれていきますが, 将軍に以前のような実権はなく, 実質的な支配範囲も山城一国ほどとなり, 幕府は有名無実となりました。

中国地方では，守護大名の大内義隆が大きな勢力を誇っていたが，家臣の陶晴賢に国を奪われた。しかし，安芸の国人から身をおこした毛利元就がその陶氏を滅ぼし，大きな勢力となっていった。

他地域では東北地方の伊達氏，四国地方の長宗我部氏，九州地方の島津氏や大友氏などがその勢力を増していった。

こうした戦国大名は，家臣の収入額を，銭に換算した貫高という基準で統一的に把握し，その地位・収入を保障するかわりに，家臣たちに貫高に応じた軍役を負担させた。これを貫高制という。寄親・寄子制によって，上級家臣（寄親）の下に地侍層が下級家臣（寄子）として組み込まれて組織化され，戦闘において鉄砲・長槍を使った組織的な集団戦による効果的な戦いが可能になった。

2 戦国大名の分国支配

戦国大名のなかには領国支配の基本として独自の分国法（家法）を制定する者もあった。その性質は幕府法・守護法・国人一揆の規約などの従来の法の集大成ともいえるものだったが，家臣同士の紛争を実力によって解決することを禁止した喧嘩両成敗法のような，戦国大名という新しい権力の性格を示す法も多くみられた。

戦国大名は，新たに征服した土地などで耕作地の面積などを確認する検地をしばしば行った。この検地は領主や農民の自己申告によるもので，指出検地という。検地で得られた情報は検地帳に登録され，そこから割り出された貫高は年貢額や軍役などの負担の基準になった。

商業政策としては，領国内の交通制度の整備・関所の撤廃・市場の開設などが行われ，取引きの活発化がはかられた。拠点もこれまでは軍事的な理由で山に城（山城）が築かれていたが，経済面を重視するようになると交通の利便性のある平

KEY PERSON

武田信玄
1521 - 73

戦国大名。名は晴信で，出家して信玄を称した。甲斐から信濃に進出したことで越後の上杉謙信と衝突，数度に渡り交戦した（川中島の戦い）。桶狭間の戦いで今川義元が敗死すると駿河に侵攻して領国を広げた。その後，遠江・三河に侵攻して徳川家康を破ったが，まもなく病死した。富国強兵や治水工事に努め，釜無川に築いた堤防（信玄堤）は有名。

⊕ PLUS α

主な分国法

・朝倉氏…朝倉孝景条々
・今川氏…今川仮名目録
・伊達氏…塵芥集
・武田氏…甲州法度之次第

地に城（平城）が築かれるようになり，その城下に家臣や商工業者を集住させたことで**城下町**が形成された。

　16世紀半ばにはヨーロッパから鉄砲が伝来した。鉄砲は近江の国友など国内でも生産されるようになり，合戦に鉄砲を取り入れる戦国大名もいた。同じ頃，イエズス会の宣教師によってキリスト教が伝えられ，戦国大名の中には入信して洗礼を受けてキリシタン大名になる者もあらわれた。

⊕ PLUS α

主な城下町
・北条氏…小田原
・今川氏…府中
・上杉氏…春日山
・大内氏…山口
・大友氏…豊後府内

3 都市の発展

　戦国時代には寺院を中心としてできた**門前町**が繁栄した。浄土真宗の勢力が強い摂津の石山などでは，寺院を中心に**寺内町**が建設され，門徒の商工業者が集住し，町を塀や土塁で囲った。これらの町には販売座席（**市座**）や市場税がなく，自由な商売ができる**楽市**が多かった。戦国大名は商業政策としてこれらの楽市を保護する楽市令を出したり，新たな楽市を設置したりした。

⊕ PLUS α

主な寺内町
・石山（摂津）
・山科（山城）
・金沢（加賀）
・富田林（河内）

　戦国時代でもかわらず遠隔地商業が活発で，港町や宿場町も繁栄した。これらの都市には，富裕な商工業者の自治組織によって市政が運営されているところもあった。特に**堺**では36人の**会合衆**，**博多**では12人の**年行司**とよばれる豪商の合議によって市政が運営された。

　一方京都でも，富裕な商工業者の**町衆**を中心に，都市民の自治団体である**町**が生まれた。町は惣村と同じようにそれぞれ独自の**町法**を定め，町衆から選ばれた**月行事**により自治運営された。応仁の乱の被害を受けた京都は町衆によって復興され，祇園祭も町衆たちの祭りとして復活した。

 POINT

戦国時代の自治都市
☑ **堺**　36人の**会合衆**の合議により自治
☑ **博多**　12人の**年行司**の合議により自治

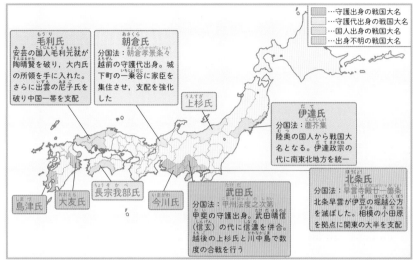

…守護出身の戦国大名
…守護代出身の戦国大名
…国人出身の戦国大名
…出身不明の戦国大名

毛利氏
安芸の国人毛利元就が陶晴賢を破り，大内氏の所領を手に入れた。さらに出雲の尼子氏を破り中国一帯を支配

朝倉氏
分国法：朝倉孝景条々
越前の守護代出身。城下町の一乗谷に家臣を集住させ，支配を強化した

上杉氏

伊達氏
分国法：塵芥集
陸奥の国人から戦国大名となる。伊達政宗の代に南東北地方を統一

北条氏
分国法：早雲寺殿廿一箇条
北条早雲が伊豆の堀越公方を滅ぼした。相模の小田原を拠点に関東の大半を支配

島津氏　大友氏　長宗我部氏　今川氏

武田氏
分国法：甲州法度之次第
甲斐の守護出身。武田晴信（信玄）の代に信濃を併合。越後の上杉氏と川中島で数度の合戦を行う

▲主な戦国大名の出自

🔍 この講のまとめ

戦国大名はどのようにして支配を確立していったのだろう。

☑ 応仁の乱後，下剋上の風潮が高まって各地に戦国大名が生まれた。

☑ 戦国大名は家臣を組織化し，分国法の制定や検地を行うことなどによって，領主としての立場を確立した。

定期テスト対策問題②

解答は p.350

1 鎌倉時代の出来事について，次の各文の空欄に当てはまる語句を答えなさい。

(1) 2代執権北条義時は，□□□□□□で後鳥羽上皇に勝利し，幕府優位な朝幕関係を築いた。

(2) 3代執権北条泰時は，頼朝以来の先例や武家社会の慣習にもとづき，武家の法典である□□□□□□を制定した。

(3) 5代執権北条時頼は，評定の下に御家人の所領の訴訟を扱う専門機関を新たに設置した。その構成員を□□□□□□という。

(4) 8代執権北条時宗の時代には，2度にわたる元の軍勢による襲来があり，1度目を □ (a) □ の役，2度目を □ (b) □ の役という。

(5) 9代執権北条貞時の時代には，北条氏の惣領である□□□□□□への権力集中が進み，□□□□□□専制政治が確立した。

2 応仁の乱について次の文章を読み，あとの問いに答えなさい。

将軍家と管領家の家督争いに <u>2人の幕府実力者</u>が介入し，1467年に応仁の乱が始まった。10年にも及んだ戦乱は主戦場であった京都を荒廃させ，さらに全国各地での争いへと広がっていった。守護は京都を離れて自身の領国へくだり，幕府の権威は衰退した。応仁の乱は戦国時代到来のきっかけとなった。

(1) 応仁の乱発生当時の室町幕府将軍は誰か。

(2) 下線部に関連して，その2人は乱における東軍と西軍の大将となった人物だが，それぞれ誰か。

(3) 戦国時代に横行した，下位の者が実力で上位の者にとってかわる風潮を何というか。

(4) 戦国大名がそれぞれ定めた，領国独自の法令のことを何というか。

3 中世の産業について，あとの問いに答えなさい。

(1) 鎌倉時代に畿内や西日本で普及し，室町時代には関東へ広まった，米の裏作として麦を育てることを何というか。

(2) 中世には定期市が各地で開かれたが，特に月に3回開催されるものを何というか。

(3) 室町時代に多く結成された手工業者による同業団体は何か。

(4) 戦国時代に堺の市政を担った36人の豪商たちを何というか。

ヒント

2 (2) 東軍の大将は管領，西軍の大将は四職の1人だった。

第 **3** 章　近世

大航海時代を迎えたヨーロッパから鉄砲とキリスト教など
の技術や文化が伝来し，戦国大名にも多くの影響を与えま
す。戦国時代は終わりを迎え，江戸時代になると，鎖国政
策など幕府の封建的な体制のもとで社会は安定し，諸産業・
交通・商業が発展して文化は成熟します。しかし飢饉や天
災が続くと幕藩体制は不安定となり，地方では独自の改革
で力をつけた藩が台頭してきます。

41 | ヨーロッパ人の来航

この講の着眼点

戦国時代におけるヨーロッパ人の来航は日本に何をもたらしたのだろう。

1 ヨーロッパ人の東アジア進出

15世紀後半から16世紀頃(日本における戦国時代),西アジアを中心に栄えたオスマン帝国が地中海における交易を支配したため,ヨーロッパ諸国は別ルートでの海外進出をめざした。ポルトガルはアフリカ大陸を伝ったインド航路を開拓し,スペインはアメリカ大陸から太平洋を横断しフィリピンへ進出するなど,ヨーロッパを中心とした世界的な交流が行われる大航海時代が始まった。
KEY WORD

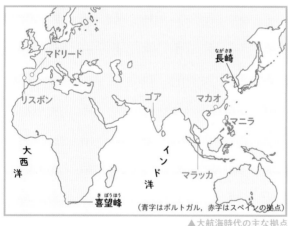

(青字はポルトガル,赤字はスペインの拠点)

▲大航海時代の主な拠点

KEY WORD

大航海時代

新航路開拓によるヨーロッパ諸国の海外進出で,世界がヨーロッパを中心に交流するようになった時代。コロンブスは大西洋を横断してアメリカ大陸近くの西インド諸島に到達した。ヴァスコ゠ダ゠ガマはアフリカ大陸の南端を経由してインドに到達した。マゼランは,アメリカ大陸南端を経由し,太平洋を横断してフィリピン諸島に到達した。その一隊はインド洋を横断して世界一周を達成した。

PLUS α

ポルトガルとスペインの拠点
●ポルトガル…ゴア,マラッカ,マカオなど
●スペイン…マニラなど

明は民間の貿易を禁じる海禁政策を続けていたが,民間では日本産の銀や中国産の生糸などを扱う密貿易が行われた。銀が取引されたことには,灰吹法の技術により石見銀山などで銀が大量生産されたことと,明で銀の需要が高いことが背景にあった。明の取り締まりはあったが,武装した中国人を主な構成員

とする**後期倭寇**が，密貿易を活発に行った。1543年（もしくは1542年），中国人密貿易商人**王直**の船が**種子島**に漂着した。この船にいたポルトガル人が**鉄砲**を伝えた。島主の種子島時堯はポルトガル人から鉄砲を購入し，家臣に使用法と製造法を学ばせた。鉄砲は日本に急速に普及して，戦いに大きな影響を与えた。

2 南蛮貿易とキリスト教

1549年，**イエズス会**の宣教師**フランシスコ＝ザビエル**がキリスト教の布教を目的に日本に来航した。ザビエルは全国布教の許可を得ようと京都に赴いた。しかし，天皇や将軍の権威が衰えていた状況では目的が達成できず，**大内義隆**や**大友義鎮**ら西国の有力な戦国大名の保護を求め，布教活動を始めた。これによりほかの宣教師や商人が来航するようになった。貿易の利益を得るために大名自身がキリスト教の洗礼を受けて改宗することもあり，改宗した大名のことを**キリシタン大名**という。

スペイン人は東南アジアではマニラを拠点にし，のちには日本に来航した。ポルトガルはマカオを拠点に東アジアで貿易を行った。ポルトガル人やスペイン人は日本で「**南蛮人**」とよばれ，彼らとの貿易を**南蛮貿易**といった。明は商人の日本への渡航を認めていなかったので，ポルトガルは明と日本の間を中継して貿易を行った。この南蛮貿易を通じて中国産の**生糸**・絹織物と日本の**銀**が取引されたほか，ヨーロッパの技術や文化，価値観ももち込まれた。

\ これを聞きたい！/

Q 鉄砲は，戦国時代にどのような影響を与えたの？

A 鉄砲は戦国大名の間に最新兵器として普及し，国友（近江）・堺（和泉）・根来（紀伊）などで国産鉄砲が大量に生産されました。戦術面では，足軽による鉄砲隊を組織したり，城の構造も鉄砲での戦いに適したものになったりしました。

🔍 **この講のまとめ**

ヨーロッパ人は日本に何をもたらしたのだろう。

☑ 新兵器の鉄砲がもたらされ，戦い方が変化した。

☑ 宣教師によってキリスト教がもたらされ，キリスト教信者が増加した。

☑ ヨーロッパ商人の来航による貿易で，日本を含むアジアの経済交流が活発になった。

42 | 織豊政権

この講の着眼点

織田信長と豊臣秀吉はどのようにして全国統一をすすめていったのだろう。

1 織田信長の統一事業

　戦国大名のなかで，特に全国統一が可能なほどの大きな勢力を形成したのが尾張の守護代の家柄である織田信長であった。信長は1560年に尾張に侵入した今川義元を桶狭間の戦いで破った。さらに美濃の斎藤氏を滅ぼし，岐阜を本拠地とした。1568年には，13代将軍足利義輝の弟である足利義昭を入京させ，室町幕府15代将軍に擁立した。しかし，幕府の再興をめざす義昭と信長の関係は不安定になっていった。

　1570年，信長は姉川の戦いで近江の浅井長政と越前の朝倉義景を破り，その翌年には浅井・朝倉側に加担した比叡山延暦寺を焼き討ちした。そして，自身に敵対するようになった将軍足利義昭を1573年に京都から追放した（室町幕府の滅亡）。

　1575年，信長は長篠の戦いで大量の鉄砲を用いた戦法で，**武田勝頼**に勝利し，翌年には近江に安土城の築城を開始した。

　戦国大名のように大きな勢力となっていた本願寺は，信長と対立していたが，信長は伊勢長島の一向一揆や越前の一向一揆を平定し，1580年には十年来戦っていた本願寺との石山合戦（戦争）を終結させ，顕如を大坂から退去させることに成功した。同年には加賀の一向一揆も解体された。

▲織田信長

KEY WORD

長篠の戦い
1575年，三河で織田信長・徳川家康の連合軍が武田勝頼の軍勢を破った戦い。武田軍に対し，織田・徳川連合軍は鉄砲隊で応戦して勝利した。この戦いで東海地方における織田氏・徳川氏の優位が決定的となり，武田氏は衰退した。

信長は経済活動を重視し，征服地での指出検地の実施，関所の撤廃，安土の城下町での楽市令（商工業者への自由な営業活動の認可）の発布などを実施した。また，自治都市として繁栄していた堺を実力で直轄地としたり，南蛮貿易を奨励したりして経済基盤を確保した。

▲長篠の戦い

1582 年，信長は武田氏を滅ぼすなど全国統一をすすめていったが，独裁色の強い政治手法に不満をもつ者もあり，家臣明智光秀によって滅ぼされた（本能寺の変）。

2 豊臣秀吉の全国統一

本能寺の変後，信長の有力家臣であった豊臣（羽柴）秀吉は山崎の合戦で明智光秀を滅ぼした。1583 年には同じく信長の有力家臣であった柴田勝家を賤ケ岳の戦いで破り，さらに大坂城の築城に着手した。翌年には，信長の子の織田信雄と徳川家康の連合軍と戦い和睦となったが（小牧・長久手の戦い），織田信雄を臣従させ，のちに徳川家康も臣従させた。1585 年には四国の長宗我部氏も臣従させた。

▲豊臣秀吉

秀吉の統一事業では，朝廷の伝統的権威が利用された。秀吉は，1585 年に摂家以外の人間として初めて関白に任命され，さらに翌年には太政大臣にも任命されて豊臣の姓を得た。1585 年，秀吉は天皇の意思として，互いに争っていた九州の大名に停戦を命じ（惣無事令），1587 年には惣無事令に従わなかった島津氏征討を行って臣従させた（九州平定）。京都に聚楽第を築き，翌 1588 年に諸大名を集め，そこで後陽成天皇と秀吉へ忠誠を誓わせた。

1590 年には秀吉による停戦命令を無視した関東の北条氏を滅ぼし（小田原攻め），その後伊達政宗などの東北地方の諸大名も秀吉に臣従したことで，秀吉の全国統一が達成された。

豊臣政権は織田政権と同様独裁色が強く、**五大老**や**五奉行**による政治制度がつくられるのは秀吉の最晩年になってからだった。なお、織田信長と豊臣秀吉の政権は総称して織豊政権ともいう。

3 豊臣政権の政策

豊臣政権の経済基盤は、約220万石の直轄地（**蔵入地**）、支配下にあった金山や銀山からの収入、直轄都市とした京都・大坂・堺のような重要な都市の経済力などであった。当時金銀が貨幣として流通するようになったことにあわせ、**天正大判**などの貨幣の鋳造も行った。

農村では、村を単位とした新しい方法での検地を実施した（**太閤検地**）。まず、統一されていなかった枡の大きさを**京枡**に統一し、土地を測量する基準となる長さを定め、面積単位も町・段・畝・歩に統一した。そして田畑などの面積・等級を調査してその**石高**を定め、これにより全国の生産力が米の量で換算されて数値化される**石高制**が確立した。

また、太閤検地では、検地帳には実際の耕作者のみが登録された。これにより、荘園制においては1つの土地に複数人の権利が重複していた状態が整理され、荘園制は消滅した。このように1つの土地に1人の権利者だけを認めることを**一地一作人**という。

大名に対する施策としては、1585年に支配地域の多くの大名に対して**国替（転封）**が行われた。さらに秀吉は1591年に、全大名に領国の検地帳と国絵図（地図）を提出させたことで、全大名の石高が正式に定まるとともに、大名は石高に応じて軍役奉仕する体制がつくられた。

1588年には一揆を防止し、百姓を耕作に専念させるため、大仏建立に再利用するためという名目で百姓から武器を没収する**刀狩令**を出した。それとともに、百姓が耕作をやめて商売をしたり職人になったりすることや、武家奉公人が町人・百姓になることを禁止した。

これらの政策により、軍役を行う武家奉公人・町人・百姓といった職業身分が固定され、**兵農分離**がなされた。

4 秀吉の対外政策と朝鮮侵略

　秀吉は当初はキリスト教を保護していたが，1587年にキリシタン大名の大村純忠が長崎をイエズス会に寄進していることを知り，大名らのキリスト教入信を許可制にした（一般人の信仰は禁止されなかった）。また，宣教師を国外追放とする**バテレン追放令**を出した。一方で，**海賊取締令**による倭寇の取り締まりを行うなど貿易は奨励していたため，貿易と一体化していたキリスト教布教を抑えることはできなかった。

　秀吉は朝鮮，琉球王国や高山国（台湾）などに日本への入貢を求めた。秀吉は**明**の征服をはかっていたが，朝鮮が朝貢や明侵攻への協力を拒否すると，1592年に大軍を朝鮮に送った（**文禄の役**，朝鮮では壬辰倭乱）。日本軍は漢城などを占領して有利に戦いをすすめたが，朝鮮の**李舜臣**率いる水軍の活躍や義兵の抵抗，明の派兵などにより，戦局不利となって，明との講和がすすめられた。

　しかし明との講和交渉が決裂すると，1597年に秀吉は再び朝鮮に大軍を送ったが苦戦し，翌年に秀吉が病死したことで朝鮮から撤兵した（**慶長の役**，朝鮮では丁酉再乱）。日本，明，朝鮮各国にとってこの戦争の犠牲は大きく，特に国内においては豊臣政権が弱まる原因ともなった。

⊕ PLUS α

26 聖人殉教

豊臣秀吉による宣教師らの処刑事件。1596年，日本に漂着したスペイン船の乗員が，スペインのキリスト教布教は領土拡張と一体であると失言をした（サン＝フェリペ号事件）。これを受けて秀吉は，スペイン系の修道会であるフランシスコ会の宣教師・信者など26人を長崎で処刑した。

▲文禄・慶長の役

🔍 この講のまとめ

織田信長と豊臣秀吉はどのようにして全国統一をすすめていったのだろう。

☑ 織田信長は将軍を京都から追放し，対立する大名・一向一揆と戦い全国統一に近づいたが，明智光秀によって倒された。

☑ 豊臣秀吉は天皇の権威を利用して各地の勢力を支配下におさめ全国統一を達成し，その後には太閤検地や刀狩令などにより支配力を強化した。

43 | 桃山文化

🔍 **この講の着眼点**

安土・桃山時代の文化とはどのようなものだったのだろう。

1 桃山文化

織田信長・豊臣秀吉の時代を安土・桃山時代とよび，この頃の文化を桃山文化という。実力で支配を行った大名や，大きな富を得た豪商の気風・経済力が反映している一方，寺院勢力が信長・秀吉により弱められたため，仏教色が薄まり，世俗的な色合いが強い文化である。さらに，南蛮貿易によるヨーロッパとの交流も影響を及ぼしている。

2 美術

桃山文化では城郭建築が大きな特徴の1つである。この時代の城は，平野の丘の上（平山城）や平地（平城）に築かれた。天守や御殿などをもつ城は，城下町の中心にあって，これを築いた領主の威厳を示した。連立式の天守をもつ姫路城（白鷺城）はこの時代を代表する城として有名である。

絵画では，金箔などの上に絵の具で色を付けた金碧の障壁画が城の内部を飾った。その中心となったのは狩野永徳・狩野山楽ら狩野派の画家で，狩野永徳の『唐獅子図屏風』や『洛中洛外図屏風』などが有名である。水墨画の分野では，海北友松や長谷川等伯らの絵師が活躍したが，彼らは金碧の障壁画も描き，長谷川等伯は金碧障壁画の『智積院襖絵』を残

> **＼これを聞きたい！／**
>
> **Q**
> 桃山文化の名前は, 何によるもの？
>
> **A**
> 織田信長が拠点とした安土城, 豊臣秀吉が拠点とした場所の1つである伏見城（のちにこの地は桃山とよばれる）にちなんで, 織豊政権の時代を安土・桃山時代とよぶことがあります。そこからこの時代の文化を桃山文化というようなりました。

▲姫路城

した。屏風絵の分野では洛中洛外図や南蛮屏風のような風俗絵が多く描かれ，都市の人々の生活を伝えている。

▲『唐獅子図屏風』

3 芸能

　都市で活躍した富裕な町衆も，桃山文化の担い手であった。茶の湯は大名から庶民にまで人気で，豊臣秀吉は身分の区別なく参加させ，黄金の茶室を置くなどした豪勢な茶会（北野大茶湯）を開いた。一方，武野紹鷗の門弟である千利休は簡素な侘茶を確立した。

　庶民の娯楽では，出雲お国（阿国）が京都でかぶき踊りを始めて人々に人気となった（阿国歌舞伎）。また，琉球から伝来した三味線で伴奏をして操り人形を動かす人形浄瑠璃や，高三隆達が小歌に節づけをした隆達節も民衆に人気があった。

▲阿国歌舞伎

4 外国文化の影響

　安土・桃山時代には南蛮貿易が盛んになり，宣教師によるキリスト教の布教が活発となって，ヨーロッパの知識や技術の影響による南蛮文化が誕生した。

キリスト教の布教のため，宣教師により各地に南蛮寺とよばれた教会が設立された。イエズス会宣教師のヴァリニャーノにより，豊後府内に高等教育を行う学校（コレジオ）や，安土と肥前有馬に初等教育を行う学校（セミナリオ）が設立され，聖職者が養成された。

　また 1582 年にはヴァリニャーノの提案を受け，キリシタン大名の大友義鎮・有馬晴信・大村純忠が，伊東マンショら 4 人の少年使節をローマ教皇のもとに派遣した。途中，少年らはヨーロッパ各地で歓待され，ローマで教皇に謁見し，1590 年には帰国した（天正遣欧使節）。

　金属製活字による活版印刷術も宣教師により伝えられ，ヨーロッパのキリスト教文学などの翻訳書や，『平家物語』などのローマ字による日本の古典の出版もなされた。これらの出版物をキリシタン版や天草版という。

　また，朝鮮人の陶工が陶磁器の生産を日本で行い，のちに窯業の発展する基礎となったが，これらの朝鮮人は文禄の役・慶長の役で諸大名が連行した人々であった。

⊕ PLUS α

文禄・慶長の役の儒学面への影響

諸大名が連れ帰った朝鮮人には儒者がおり，なかでも姜沆は京都の僧侶だった藤原惺窩に知識を伝え，儒学の発展に寄与した。

POINT

宣教師ヴァリニャーノの設立した学校
- ☑ コレジオ　豊後府内に設立された高等教育学校
- ☑ セミナリオ　安土，肥前有馬に設立された初等教育学校

🔍 **この講のまとめ**

安土・桃山時代の文化とはどのようなものだったのだろう。
- ☑ 桃山文化は戦国大名や都市の豪商の気風を反映した豪華で壮大な文化だった。
- ☑ ヨーロッパとの貿易・交流により南蛮文化が誕生した。

44 | 江戸幕府の成立

🔍 この講の着眼点

徳川家康はどのようにして諸大名を従えたのだろう。

1 関ヶ原の戦い

　三河の戦国大名であった徳川家康は，北条氏滅亡後に，豊臣秀吉によって領国を関東に移され，江戸を拠点とした。

　1598年に秀吉が死去すると，五大老筆頭であった家康は豊臣政権を支えてきた五奉行の石田三成と対立を深めた。1600年，三成は五大老の一人である毛利輝元を盟主にして挙兵し（**西軍**），家康側の軍勢（**東軍**）と美濃の関ヶ原で激突した（**関ヶ原の戦い**）。東軍が勝利し，家康は石田三成を処刑したのをはじめ，西軍の大名を，改易（領地の没収）・減封（領地の削減）などの処分として，覇権を確立した。

KEY PERSON

徳川家康
1542 - 1616

江戸幕府の初代将軍。今川義元に臣従していたが桶狭間の戦い後に独立し，織田信長と同盟を結んだ。長篠の戦いでは信長とともに戦い，武田勝頼に勝利した。豊臣政権では関東250万石の領主として五大老となった。関ヶ原の戦いで勝利し，大坂の陣で豊臣氏を滅ぼして，江戸幕府の基礎を築いた。

2 江戸幕府の成立

　1603年，家康は朝廷より**征夷大将軍**に任命された。これにより，豊臣政権から独立して，武家の棟梁として諸大名を従える正当性を獲得して，江戸に幕府を開いた。江戸幕府が開いてから滅亡するまでの時代を**江戸時代**という。

　支配者となった家康は諸大名に江戸城の普請（土木や建築工事）や国絵図と郷帳（各村の石高の帳簿）の作成などを命じた。

▲関ヶ原の戦い

　1605 年，家康は子の**徳川秀忠**に将軍の地位を譲り，その地位が世襲されることを示しながら，自身は駿府で**大御所**として実権を握った。

3 豊臣氏の滅亡

　しかし，大坂城の**豊臣秀頼**(秀吉の子)は健在であり，依然として脅威となる存在だった。そこで方広寺の鐘銘事件をきっかけに，家康は 1614 年に**大坂冬の陣**，翌 1615 年に**大坂夏の陣**を引きおこして大坂城を攻め落とし，豊臣氏は滅びた(**大坂の陣**)。戦乱の時代が終わったことを，当時の元号の元和と武器をおさめる意味の偃武を組み合わせて，「**元和偃武**」とよぶ。

＼ これを聞きたい！／

Q
方広寺の鐘銘事件はどういう事件だったの？

A
秀吉が創建した京都の方広寺に，豊臣秀頼が巨大な鐘を奉納しました。家康がその鐘に彫られた銘文「国家安康」の文字を「家」と「康」の文字を分けて呪おうとしたととがめ，秀頼に国替えなどを要求しました。これを秀頼は拒否しました。

🔍 この講のまとめ

徳川家康はどのようにして諸大名を従えたのだろう。

☑ 関ヶ原の戦いの勝利により覇権を確立した徳川家康は，征夷大将軍に任命されて武家の棟梁として諸大名を従えた。

45 | 幕藩体制

🔍 この講の着眼点

江戸時代の支配体制はどのようなものだったのだろう。

1 武家諸法度の制定

　1615年の大坂の陣直後に，幕府は大名の居城を1つに限定する一国一城令を出し，本城を除くすべての支城を破壊させた。さらに幕府は，大名を統制する武家諸法度を制定した。大名が武家諸法度に違反した場合，改易（領地の没収）などの厳しい処分が下された。こうして幕府は諸大名の力を削減した。

2 幕藩体制

　江戸時代の大名とは，将軍から1万石以上の領地を与えられた武士のことで，将軍との関係性により親藩（徳川氏一門）・譜代（旧来の徳川氏家臣）・外様（主に関ヶ原の戦い前後からの家臣）に分類された。親藩のなかでは，特に家康の子に始まる尾張・紀伊・水戸を三家という。外様は東北地方・四国地方・九州地方などの江戸から遠隔の地に配置され，原則として幕政には参加できなかった。

　3代将軍徳川家光は，1635年に武家諸法度を発布し（寛永令），そのなかで大名に国元と江戸を1年交代で往復する参勤交代を義務付けた。大名の妻子は人質の役割として江戸にいることを強制された。

　将軍は大名・寺社・公家にその支配地を認める領知宛行状を出した。将軍と主従関係となり，領地を認められた大名は将軍への軍役の義務があり，石高に

KEY WORD

武家諸法度

江戸幕府が制定した大名統制に関する法規。基本的に将軍の代がわりごとに発布された。徳川家康の命で金地院の崇伝らが起草したのが最初（元和令）。3代将軍家光の代には参勤交代について明記され（寛永令），5代将軍綱吉の代には文治主義へ転換するよう刷新された（天和令）（→ p.163）。

KEY PERSON

徳川家光
1604 - 51

江戸幕府3代将軍。2代将軍徳川秀忠の子。大名に参勤交代を義務付け，また多くの大名の改易を進めるなど，大名統制を強化した。島原の乱の処理や，鎖国政策を行った。

応じた兵馬の数を備え，将軍の命令があれば出陣する必要があった。また，軍役以外では河川の治水工事などの普請役も課された。

　大名の領地や領地を支配する組織のことを藩とよび，諸藩はそれぞれ軍事力をもち，独自の政治を行った。将軍（幕府）と大名（藩）が，土地と人民を支配する江戸時代の体制のことを幕藩体制という。

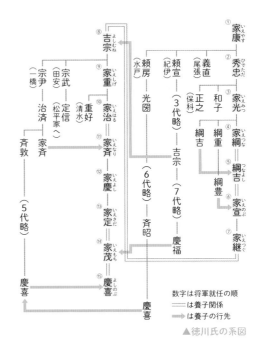

数字は将軍就任の順
＝＝＝は養子関係
⇒は養子の行先

▲徳川氏の系図

🔍 この講のまとめ

江戸時代の支配体制はどのようなものだったのだろう。
☑ 幕府は武家諸法度を制定して諸大名を統制し，違反を厳しく処罰した。
☑ 幕府と諸藩が軍事力をもって政治を行い，日本全国を支配した。

46 | 江戸幕府の職制，朝廷と宗教の統制

🔍 **この講の着眼点**

江戸幕府はどのように政権を運営したのだろう。

1 江戸幕府の職制

　江戸幕府の経済基盤は直轄地である幕領から徴収する年貢のほか，主要鉱山（佐渡，石見大森など）からも利益を上げていた。また，主要都市（江戸，京都，大坂など）を直轄にし，貿易を統制したことによる利益も大きかった。さらに，貨幣鋳造の独占権も握った。

　幕府の軍事力は，諸大名の軍役と**旗本・御家人**で構成された。旗本と御家人は1万石未満の幕府直臣（直参）であった。旗本には将軍に謁見すること（**お目見え**）が許され，御家人にはそれが許されないという違いがあった。旗本や御家人のなかには自分の所領をもたない者もおり，その場合は幕府から生活のために米を支給された。

　幕府の職制は，家光の時代までに老中・若年寄・大目付・目付などが定められた。幕政の中心を担ったのは**老中**（当初は年寄）であり，重要事項決定時などには臨時の最高職として**大老**が置かれた。**若年寄**は老中の補佐，**大目付**は大名の監視，**目付**は旗本・御家人の監視を行った。一方，**三奉行**として，寺院・神社を統制する**寺社奉行**，幕領の行財政を行う**勘定奉行**，江戸の市政を担当する**町奉行**があり，それぞれの役割を担った。複数の役職にかかわる問題が発生した場合，幕府の最高司法機関となる**評定所**を開き，老中や三奉行などで合議して対応した。

　地方組織では，**京都所司代**が朝廷の統制や西国大名の監視を行い，**大坂城代**は大坂城の守護や政務などを統轄した（城代は駿府にも設置）。大坂などに町奉行が置かれ，幕領の民政担当として**郡代**や**代官**が派遣された。

　各藩においては，当初は大名がその有力家臣に領地を与える**地方知行制**がとられたが，のちには多くの藩で蔵米（百姓から徴収した年貢）を藩士に支給する**俸禄制度**が採用された。

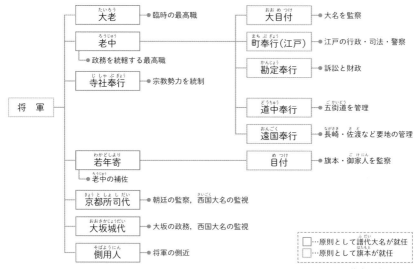

▲江戸幕府の主な職制

図中の凡例:
□…原則として譜代大名が就任
□…原則として旗本が就任

組織図:
- 将軍
  - 大老 → 臨時の最高職
  - 老中 → 政務を統轄する最高職
    - 大目付 → 大名を監察
    - 町奉行（江戸）→ 江戸の行政・司法・警察
    - 勘定奉行 → 訴訟と財政
  - 寺社奉行 → 宗教勢力を統制
    - 道中奉行 → 五街道を管理
    - 遠国奉行 → 長崎・佐渡など要地の管理
  - 若年寄 → 老中の補佐
    - 目付 → 旗本・御家人を監察
  - 京都所司代 → 朝廷の監察，西国大名の監視
  - 大坂城代 → 大坂の政務，西国大名の監視
  - 側用人 → 将軍の側近

2 朝廷に対する統制

　1615年，幕府は天皇や朝廷のあり方を定める**禁中並公家諸法度**を制定した。幕府は京都所司代に朝廷を監視させ，朝廷と幕府の連絡役である**武家伝奏**を公家から任命するなどして，朝廷を統制した。

　朝廷が有していた官位授与や改元などの機能も実質的に幕府が握るようになった。**紫衣事件**にも見られるように，幕府の朝廷支配は天皇の勅許にも優越するほどであり，この関係は幕末まで続いた。

KEY WORD

紫衣事件

幕府の命令が天皇の勅許よりも上位にあることを象徴した事件。紫衣とは高僧に朝廷が与える法衣や袈裟で，後水尾天皇が幕府の許可なく僧らに紫衣着用を勅許したが，幕府はこれを無効とした。それに抗議した僧沢庵らは配流され，これをきっかけに後水尾天皇は幕府の同意なく譲位した（幕府は追認）。

3 宗教に対する統制

　幕府は，キリスト教の布教に伴うスペイン・ポルトガルの侵略やキリスト教徒の団結の危険性などを警戒するようになり，1612年にキリスト教の信仰を禁止する**禁教令**を幕領に発布し，翌年には対象を全国に拡大した。1614年にはかつてキリシタン大名であった**高山右近**は棄教せずにマニラに追放され，1622年には長崎で55人の宣教師・信者が処刑されるなど（**元和の大殉教**），幕府は宣教師やキリスト教徒を迫害するようになった。この迫害に対し，多くのキリ

スト教徒は棄教・改宗せざるをえなかったが，一部には隠れて信仰を継続する潜伏（隠れ）キリシタンも存在した。1637年には**島原の乱**が発生した。これは飢饉下にもかかわらず領主が苛酷な年貢を課したことやキリスト教弾圧に対する島原と天草の百姓らによる一揆であった。島原や天草はかつてキリシタン大名の有馬晴信と小西行長の領地だったので，一揆の参加者にはキリスト教徒が多かった。一揆勢は**益田（天草四郎）時貞**を首領として戦ったが，1638年に幕府により鎮圧された。

　島原の乱後，幕府のキリスト教への取締りはさらに厳しくなった。人々は全員がどこかの寺院（檀那寺）の所属（檀家）となり，檀那寺に檀家であること（非キリスト教徒）を証明してもらう**寺請制度**を設け，**宗門改め**を実施した。また，**絵踏**（イエス像・マリア像を描いた踏絵を踏ませること）も強化され，キリスト教徒の根絶がはかられた。

　幕府は全国の仏教の統制もはかった。**寺院法度**を出し，宗派ごとに本山・本寺を定め，その他の寺（末寺）を統轄させる**本末制度**を採用した。1665年には**諸宗寺院法度**を出して，宗派をこえて仏教寺院の僧侶全体を統制した。なお，仏教以外に神道・修験道・陰陽道などは幕府に容認されていたが，神社・神職に対しては，**諸社禰宜神主法度**が制定され，公家の吉田家を本所として統制させた。

この講のまとめ

江戸幕府はどのように政権を運営したのだろう。

☑ 老中などが幕府の政治を運営し，各役職に大名や朝廷，寺社などを監視させた。

☑ 朝廷を禁中並公家諸法度により統制し，天皇にも優越する体制とした。

☑ 寺社や神社を法度により統制し，キリスト教などの幕府にとって都合の悪い宗教・宗派を禁止した。

47 | 江戸時代初期の外交

鎖国政策において，外国や周辺民族とのかかわり合いはどうだったのだろう。

1 江戸時代初期の外交

1600年，**オランダ船リーフデ号**が日本に漂着した。徳川家康は乗組員であったオランダ人の**ヤン＝ヨーステン（耶揚子）**とイギリス人の**ウィリアム＝アダムズ（三浦按針）**を外交・貿易の顧問とし，それをきっかけに**オランダ**は1609年に，**イギリス**は1613年に肥前の**平戸**に商館を開き，日本と貿易を行うようになった。しかし，オランダとの競争に敗れたイギリスは1623年に日本から撤退した。この時代のイギリス人とオランダ人は南蛮人と区別して**紅毛人**とよばれた。

この頃，ポルトガル商人が中国の**生糸**を長崎にもち込み大きな利益を得ていたので，1604年に**京都・堺・長崎**（のちに**江戸・大坂**も追加）の特定の商人に生糸を一括購入させ，国内商人に分配させる制度が設けられた。これを**糸割符制度**といい，これによりポルトガル商人による利益の独占を防いだ。

また，家康はメキシコ（ノビスパン）との通商をはかって1610年に商人の**田中勝介**をメキシコに派遣し，仙台藩の**伊達政宗**は1613年に**慶長遣欧使節**をヨーロッパに派遣した。

日本人の海外進出は豊臣政権の時代から盛んで，海外渡航の許可書である**朱印状**を与えられた**朱印船**が東南アジアなどに渡航した。東南アジア各地には渡航した日本人によって**日本町**が形成され，**アユタヤ朝**（現在のタイ）に仕えた**山田長政**など，現地で活躍する者もいた。

KEY WORD

慶長遣欧使節
伊達政宗によるスペインの支配下にあったメキシコとの直接貿易を意図した使節団。家臣の支倉常長はメキシコ経由でスペインに行き，スペイン国王やローマ教皇に会うなどしたが，貿易関係は結べなかった。

2 鎖国政策

　幕府はキリスト教の禁教と貿易利益の独占を目的として，各種の対外政策を行った。1616年に中国以外の外国船の寄港地を平戸と長崎に限定し，1624年にはスペイン船の来航を禁止した。1633年には，朱印状とともに老中が発行した老中奉書を与えられた奉書船以外の海外渡航を禁止した。さらに1635年には，日本人の海外渡航と，すでに海外に渡航していた在外日本人の帰国も禁じ，朱印船貿易は終わりを迎えた。そして島原の乱の影響でキリスト教への幕府の警戒はさらに深まり，1639年にはポルトガル船の来航を禁止した。一方，布教はせず，貿易の利益のみを追求したオランダとは貿易を継続し，1641年には平戸にあったオランダ商館を長崎の出島に移し，長崎奉行監視のもとに，貿易窓口を限定することで，幕府が貿易を管理した。

　17世紀に中国では満洲民族によって清が建国され，明が滅びたが，日本は清とは江戸時代において国交を結ばなかった。貿易は長崎に限定されたが，私貿易の形で行われた日清間の貿易額は増加した。この限定された場所以外で海外交流が許されない状態は，のちに鎖国といわれるようになった。幕府は長崎貿易を通じてヨーロッパの文物などを輸入した。また，オランダ船が来航するたびにオランダ商館長にはオランダ風説書を提出させ，海外の事情を把握した。

⊕PLUS α
唐人屋敷
江戸時代，清から長崎に来航した商人らを隔離した施設。幕府は1689年，キリスト教の禁止と密貿易の防止を目的として長崎郊外に屋敷地を造り，来航する商人らをここに収容した。貿易はこの屋敷内で行われ，商人らは許可なく施設外に出ることはできなかった。

　貿易額が増加してくると，幕府は取引で支払う銀の流出を抑えるため，オランダ・清両国に対し，貿易額や入港船数の制限を設けた。

3 朝鮮と琉球・蝦夷地

　豊臣秀吉の文禄・慶長の役以来，朝鮮とは国交が絶えていた。徳川家康は対馬藩主宗氏を通じて朝鮮との講和を実現し，宗氏と朝鮮との間で貿易に関する己酉約条が結ばれた。これにより釜山に倭館が設置されて貿易が再開され，特権を与えられた宗氏が朝鮮との貿易を独占した。朝鮮は，新しい将軍が就任した際の慶賀などを名目に外交使節の朝鮮通信使を日本に派遣した。

　尚氏が支配していた琉球王国は，1609年に家康の許可を得た薩摩藩の侵攻

155

を受け，その支配下に置かれた。琉球王国は薩摩藩に従属する一方，明(のちに清)との朝貢貿易を継続させられ，両属関係となった。江戸時代において，琉球王国から日本への外交使節として，**将軍の代がわりごとに慶賀使**が，また**琉球国王の代がわりごとに謝恩使**が江戸に派遣された。

　蝦夷ヶ島の和人地(渡島半島)では，蠣崎氏から改称した**松前氏**が，家康の許可により**アイヌ**との交易の独占権を得て統治を行っていた。1669年には交易上の不満をもつアイヌが**シャクシャイン**を中心として蜂起したが鎮圧され(**シャクシャインの戦い**)，敗北したアイヌは以後松前藩に服従することになった。アイヌとの交易地域のことを**商場(場所)**といい，松前藩は商場でのアイヌとの交易権を家臣に与えることで主従関係を形成した(**商場知行制**)。これが江戸時代中期までには，交易権を与えられた家臣が，交易を和人商人に委託して利益の一部を上納させる**場所請負制度**に変化していった。

▲江戸時代初期の外交秩序

POINT

琉球王国の派遣した外交使節
- ☑ 慶賀使　幕府の**将軍**の代がわりごとに江戸に派遣
- ☑ 謝恩使　琉球王国の**国王**の代がわりごとに江戸に派遣

この講のまとめ

鎖国政策において，外国や周辺民族とのかかわり合いはどうだったのだろう。
- ☑ オランダと中国(明・清)とは，幕府の管理下で長崎での貿易のみが行われた。
- ☑ 琉球王国や朝鮮は幕府に使者を派遣して日本と国交をもった。
- ☑ 蝦夷地のアイヌはシャクシャインの戦い以降，和人に従属するようになった。

48 | 寛永文化

🔍 **この講の着眼点**

寛永期の文化はどのような文化だったのだろう。

1 建築

　寛永期(1624〜44年)頃には，3代将軍徳川家光が造営した**日光東照宮**に代表される**権現造**で桃山文化の豪華さを受け継いだ**霊廟建築**が流行した。これと対照的に，**桂離宮**の書院に代表される書院造に茶室の趣きを加えた簡素な**数寄屋造**の建物もつくられた。

2 絵画・工芸

　狩野派からは幕府の御用絵師になった**狩野探幽**が出た。京都では，土佐派の画法をもとに新たな様式を生み出した**俵屋宗達**が『風神雷神図屏風』を残し，のちの琳派のもとをつくった。ほかに，**本阿弥光悦**が蒔絵や書，陶芸などで多才を発揮した。

　また，豊臣秀吉の朝鮮侵攻の際に諸大名が連れ帰った朝鮮人陶工が活躍し，有田焼・萩焼・薩摩焼など，各地で陶磁器生産が盛んとなった。有田では**磁器**(高温で焼かれ，白色でかたい)がつくられ，**酒井田柿右衛門**は**上絵付**(白磁にさまざまな色の顔料で絵を描いて，さらに焼きつける技法)により，赤色を基調とする**赤絵**を完成させた。

📖 **KEY WORD**

日光東照宮

現在の栃木県日光市に所在する神社。徳川家康をまつる。東照宮は当初静岡県久能山に建築された。のちに徳川秀忠により日光に社殿が建築され家光の改装により現在のような豪華なものとなった。

▲日光東照宮

▲『風神雷神図屏風』

3 学問・文芸

　学問では儒学が盛んになり，特に上下の秩序を重んじる朱子学は，幕府や藩に重用された。京都五山である相国寺の藤原惺窩やその門人の林羅山(道春)が著名で，特に羅山は徳川家康に学問を教授する侍講として仕え，その子孫(林家)も儒学者として幕府に仕えた。

　文芸では，松永貞徳による，連歌から俳諧を独立させた貞門俳諧が登場し，人気を博した。また，平易なかな文で書かれた小説や随筆である仮名草子も人気であった。

🔍 この講のまとめ

寛永期の文化はどのような文化だったのだろう。

☑ 桃山文化の豪華さの影響の残る文化で，日光東照宮などが造立された。

☑ 朝鮮人陶工の影響により各地で陶芸が発展した。

☑ 朱子学が幕府に重用され，林羅山やその子孫の林家が幕府に仕えるようになった。

49 | 江戸時代の民衆

この講の着眼点

幕藩体制下の社会や人々の生活はどういうものだったのだろう。

1 身分制社会

　江戸時代の社会は身分秩序を基礎としていた。武士は支配身分として軍事力を独占して政治を担った。そして，**苗字**を公称する権利や**帯刀**する権利などの特権をもった。支配身分にはほかに天皇家や公家なども存在した。

　社会の大部分を占める被支配身分としては，主に**百姓・職人・町人**であった。百姓は農業を中心に林業・漁業にも従事した。職人は手工業者で，大工や鍛冶など技術を使う仕事に従事した。町人は都市で商業や金融を営んでいた。こうした職能にもとづく江戸時代の身分制度を**士農工商**とよぶこともある。これらの身分は基本的に世襲されるものであったが，完全に固定されているわけではなく，農・工・商に序列があるわけでもなかった。

　また，このほかにも僧侶・神職・陰陽師などの宗教者や，医者などの知識人といったさまざまな身分の集団が存在し，かわた（長吏）・非人という賤民身分も存在した。かわたは，えたとよばれることもあり，皮革の製造などの手工業や死牛馬の処理などにも従事した。非人は遊芸や清掃，村の番人などの仕事に従事した。かわたや非人は居住地・服装・髪型などがほかの身分と区別されて制限を受け，差別の対象とされた。

2 村と百姓

　村は室町時代の惣村以来，自治的に運営されていた。村には**名主（庄屋・肝煎）・組頭・百姓代**からなる村役人（村方三役）がおり，村の運営は村役人と村政に参加できる**本百姓**によって，**村法（村掟）**にもとづきなされた。村は水路や入会地（山などの共用地のこと）の管理も自治的に行い，それらの経費（村入用）は村民が共同で出し合った。村民は数戸ずつの**五人組**というグループに編成され，年貢納入や犯罪に対しての連帯責任を負った。

本百姓は検地帳に登録された田畑と家屋敷をもち年貢などを負担した。ほかに，土地をもたず小作を営む**水呑**(無高)や，有力本百姓と主従的な隷属関係におかれた名子や被官とよばれる民もいた。

　百姓以外に神職や僧侶が村にいる場合も多く，寺院や神社が人々の相互の結びつきを強めたり，信仰を支えたりする役割を果たした。

　本百姓の負担の中心となるのは，田畑や家屋敷にかけられる**年貢(本途物成)**であり，米や貨幣で納入した。そのほか，副業にかけられる**小物成**，河川などの土木工事の夫役労働に徴用される**国役**，公用交通に人や馬を差し出す**伝馬役**などがあった。幕府や藩は，これらの年貢や諸役を村単位で割り当てて納入させた。このしくみを**村請制**という。

　年貢率の決定方法には**検見法**と**定免法**があった。検見法は収穫によって毎年年貢率を決める方法で，定免法は数年間の収穫をもとに年貢率を一定期間固定する方法であった。年貢率はおおよそ四公六民(税率40％)や五公五民(税率50％)であったとされる。

　幕藩体制は農業生産を基礎としていることから，村と百姓は重要な要素であり，幕府は百姓経営を安定させる政策をとった。1643年には**田畑永代売買の禁止令**を出して，百姓が土地を売って没落するのを防ごうとした。また，1673年には田畑の分割相続を制限する**分地制限令**を出した。

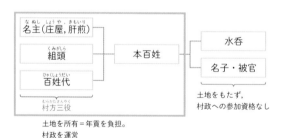

土地を所有＝年貢を負担。
村政を運営

▲村の身分秩序

3 町と町人

　近世の都市の中心は**城下町**であった。城下町では城郭を中心に，**武家地・寺社地・町人地**など身分ごとに居住地域が明確に分けられていた。

　町方ともよばれた町人地は，商人や手工業者の経営や生産の場であり，領内の流通や経済の中心となっていた。町人地には**町**という共同体があり，村と同じように自治が行われた。町屋敷をもつ家持の住民を**町人**とよび，町人から選ばれた**名主(年寄)・月行事**らが**町法**(町掟)にもとづき町の運営にあたった。このほか，土地を借りて家屋を建てる**地借**や，家屋や長屋(集合住宅)を借りて居住する**借家・店借**，商人の家に住み込みで働く奉公人などがいた。町人には年貢のような負担はなかったが，城下町の防災や治安維持などの都市機能を維持するための町人足役の負担があり，夫役や貨幣で払った。

　幕府や藩は町人地をまとめるため，有力な町人に町奉行の行政を補佐させた。

▲町の身分秩序

幕藩体制下の社会や人々の生活はどういうものだったのだろう。

☑ 村は本百姓によって自治がなされ，年貢なども村単位で納入がなされた。

☑ 幕府は農地の売買などを禁止して，幕藩体制の基礎となる百姓の没落を防ごうとした。

☑ 町は町人によって自治が行われ，幕府や藩は町奉行に彼らをまとめさせた。

50 | 江戸時代中期の幕政の安定

🔍 この講の着眼点

戦乱が終わった時代に，幕府はどのような政策を行ったのだろう。

1 4代将軍家綱の治世

　3代将軍徳川家光が死去した1651年，由井（比）正雪の乱（慶安の変）がおこった。これは兵学者の由井正雪が牢人を集めて幕府転覆を企てたことが事前に発覚したものだった。家光の時代までは武家諸法度違反の処罰や末期養子（後継ぎのいない大名が死に際に養子をもらうこと）を認められなかったことなどが理由で改易となる大名が多く，主家と俸禄を失った武士（牢人）が大量に生まれていた。幕府は事件後，牢人の発生を防ぐため，大名改易の原因の1つであった末期養子の禁止を緩和した。

　また，主君が死んだ場合に家臣の武士がそのあとを追って死ぬ殉死が当時流行していたが，4代将軍徳川家綱はその殉死の禁止を命じた。これは，武士に主君個人への奉公ではなく，主君の家への奉公を義務とするものであった。

　1657年，江戸で明暦の大火が発生し，江戸城や町が大きな火災被害を受けた。幕府は多額の資金により江戸を大改造して，その復興を果たした。

2 諸藩の刷新

　戦乱が終わって軍役の負担が減ったことや，寛永の飢饉がおこったことをきっかけに，諸藩で藩政の安定や経済発展がはかられた。加賀藩の前田綱紀は木下順庵らを招き，会津藩の保科正之は山崎闇斎を招き，岡山藩の池田光政は熊沢蕃山を重用するなど，儒学者を顧問にして藩政の刷新をはかった藩主もいた。教育機関の充実がはかられ岡山藩では花畠教場や郷校閑谷学校が設けられた。また，水戸藩の徳川光圀は歴史書『大日本史』の編纂のために彰考館を設けたり，日本に亡命してきた明の儒学者朱舜水を招いたりした。

3 5代将軍綱吉の治世(元禄時代)

　5代将軍に就任した徳川綱吉は，文治主義的な政策を推進した。綱吉の治世は元禄時代ともよばれ，大老堀田正俊や側用人柳沢吉保が補佐した。綱吉の時代には朝廷での大嘗会などの儀式の再興や禁裏御領(天皇家の領地)の加増など，幕府と朝廷との協調が重視された。

　綱吉の代がわりに発布された武家諸法度(天和令)において，元和令などの従来の武家諸法度第1条で「文武弓馬の道，専ら相嗜むべき事」としていたのを，「文武忠孝を励し，礼儀を正すべき事」と改め，武士への要求を「弓馬の道」ではなく「忠孝」や「礼儀」とした。木下順庵に学んだ綱吉は儒教を重視し，湯島聖堂(孔子廟)を建てて学問所とし，林鳳岡(信篤)を大学頭(学問所の長官)に任じた。

　また綱吉は仏教に帰依しており，1685年に動物愛護令である生類憐みの令を出し，犬などの動物の愛護を定めて殺生を禁じ，同時に捨子なども禁じた。また，神道の影響から，親族が死去した際の忌引の日数などを定めた服忌令も発布した。

　綱吉は盛んに寺社を造営したのでその費用がかさむ一方，鉱山からの金や銀の産出が減少し，幕府財政の収入減を引きおこしていた。明暦の大火の江戸城や市街の再建費用も大きな支出増加となり，幕府財政は大きく悪化していた。そのため，勘定吟味役(のち勘定奉行)の荻原重秀の上申で，財政収入を増加させる方策として小判の金含有率を減らす貨幣改鋳が採用された。幕府は，従来発行されていた慶長小判よりも金の含有率が少ない元禄小判を発行し，これにより幕府は小判から金を減らした差額分の収益を得た。しかし，質の劣った元禄小判の発行は物価上昇をもたらし，民衆を苦しめた。

　1701年には，赤穂藩主の浅野長矩が江戸城中で旗本の吉良義央への傷害事件をおこして切腹となり，翌年に浅野家の家臣らが仇討ちで吉良義央を討った赤穂事件が発生した。

> ⊕ PLUS α
> ### 宝永の富士山噴火
> 1707年に発生した富士山の噴火。駿河や相模などの周辺諸国は降砂で大被害となった。幕府は被災地復興のための資金として全国の幕領や大名や旗本からも諸国高役(国役)金を徴収した。大名領への幕府の課税は従来ないもので，異例の対応だった。

4 正徳の政治

6代将軍に就任した徳川家宣は綱吉の治世を支えた柳沢吉保を退任させ，側用人の間部詮房と儒学者の新井白石を登用して政治をすすめた。家宣は生類憐みの令の廃止などを実施したが数年で死去し，幼年（満3歳）の徳川家継が7代将軍に就任して，引き続き新井白石らが政治を担った。家宣・家継の治世下で白石らが推進した政治を正徳の政治という。

白石のすすめた朝廷政策として，閑院宮家創設がある。白石は天皇家から当時多くの皇子・皇女が出家していた状況の緩和と皇統保持のため，伏見・桂・有栖川に続く4番目の宮家を幕府の費用で創設した。また，幼年の家継と天皇家の皇女との婚姻の決定なども行い，朝廷との融和をはかりながら将軍職自体の地位や権威の向上をはかった。

外交政策として，家宣の将軍就任を慶賀する朝鮮通信使が来訪した際には，白石は従来の朝鮮からの国書には日本の将軍に対して「日本国大君殿下」と記していたものを「日本国王」に改めさせ，将軍の地位を明確にしてその権威を高めようとした（朝鮮において「大君」は「国王」よりも低い地位を意味すると考えられたからであるが，のちにもとに戻された）。また，朝鮮通信使に対する待遇を簡素化した。

経済政策として，白石は貨幣改鋳と長崎貿易の制限を実施した。貨幣の改鋳においては，1714年に正徳小判を発行した。正徳小判は，元禄小判と異なり，慶長小判と同じ金含有率にしたもので，貨幣の質を戻すことで物価上昇への対応をはかった。

また，長崎貿易では多くの金と銀が日本から流出していた。これを防ぐため，1715年に貿易額に制限を設ける海舶互市新例（長崎新令・正徳新令）を出した。

KEY PERSON

新井白石
1657 - 1725

江戸時代中期の儒学（朱子学）者・政治家。徳川家宣の侍講であったことから，家宣が将軍に就任したことで幕政に参画するようになり，次の将軍家継も補佐して正徳の政治を行った。歴史書『読史余論』，密入国した宣教師ヨハン=シドッチへの尋問から得た知識による西洋研究についての『西洋紀聞』や世界地理についての『采覧異言』などの著作がある。

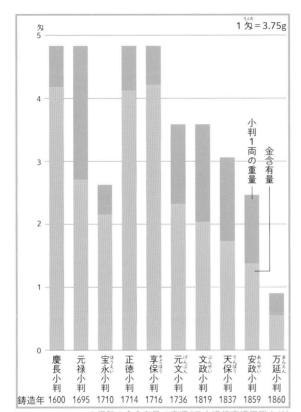

▲貨幣の金含有量の変遷（日本通貨変遷図鑑より）

📖 KEY WORD

海舶互市新例

長崎でのオランダと清との貿易における，貿易額の制限を設けた法令。年間の貿易額を，オランダは船2隻・銀高3000貫に，清は船30隻・銀高6000貫に制限した。これは従来に比べて大幅な削減であった。

👓 **POINT**

おぎわらしげひで
萩原重秀と新井白石の貨幣改鋳

☑ **元禄小判** 萩原重秀による慶長小判より金の含有率を減らす改鋳
☑ **正徳小判** 新井白石による慶長小判と同等に戻す改鋳

🔍 **この講のまとめ**

戦乱が終わった時代に，幕府はどのような政策を行ったのだろう。

☑ 大名家の取り潰しを緩和し，武士に忠義や礼儀を重視するようにした。
☑ 明暦の大火などによる財政難に対処するため，貨幣改鋳などを実施した。
☑ 幼年の将軍が誕生したため，将軍職の権威向上をはかった。

51 諸産業の発達

🔍 この講の着眼点

江戸時代の産業の発達はどのような状況だったのだろう。

1 農業生産の進展

　江戸時代初期から18世紀にかけて各地で新田開発がすすめられ，農具などの農業技術も進歩したことも加わって，生産高は拡大した。

　農具においては，鉄製で刃が3本ほどに分かれる深耕用の**備中鍬**，稲の脱穀には**千歯扱**，穀粒の選別には風をおこすことで穀粒と籾殻などを選別する**唐箕**や，金網の網目の大きさによって選別する**千石簁**が使われた。また灌漑用の**踏車**が使用された。

▲備中鍬

▲千歯扱

▲千石簁

▲唐箕

▲踏車

肥料では，従来の刈敷や下肥のほか，商品作物の栽培が盛んな場所では〆粕・油粕・干鰯などの**金肥**（購入する肥料）が使用された。また，農業技術の進歩には『清良記』などの栽培技術や知識を伝える農書が大きな役割を果たし，**宮崎安貞**の『**農業全書**』や**大蔵永常**の『**広益国産考**』などが広まった。

年貢用の米を生産する以外に，手工業の原材料などとして販売目的でつくられる**商品作物**の栽培も盛んになり，**四木**（桑・楮・漆・茶）や**三草**（紅花・藍・麻）などの商品作物が生産・販売された。**出羽村山の紅花**（赤色の染料に使用），**阿波の藍玉**（藍色の染料に使用），**備後の藺草**（畳に使用），薩摩（琉球）の黒砂糖など全国各地に特産品も生まれた。百姓たちは余剰米や商品作物を販売することで貨幣を得る機会が増えた。

2 諸産業の発達

城下町などの都市の発達で都市住民の消費需要が拡大したことや，交通網の整備，諸藩の奨励もあって全国で特産物の生産が活発化した。

林業においては，材木が商品となり，なかでも尾張藩の**木曽檜**や秋田藩の**秋田杉**が有名であった。漁業は，網漁などの漁法の改良と，沿岸部の漁場の開発によって，重要産業の1つとなった。蝦夷地の昆布や鰊の需要は高く，**俵物**も生産された。土佐では鰹漁，紀伊などでは網や銛を駆使した捕鯨が盛んに行われた。網や漁船を所有する網元（網主）が多くの漁民（網子）を使って漁場を支配することもみられた。

KEY WORD

俵物

いりこ・干し鮑・ふかひれなどを俵に詰めたもの。17世紀末以降，長崎貿易において清への主要な輸出品となった。

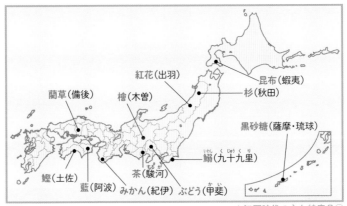

▲江戸時代の主な特産品①

織物業においては，高級絹織物（金欄・緞子）は京都の**西陣**で高機を使って独占的に生産された。やがて上野の桐生など，各地で絹が生産されるようになった。農村では，庶民の衣料として使われる木綿や麻などの織物が家内手工業で生産された。河内の木綿，近江の麻などが特産として有名である。

　楮を原料とする和紙の生産においては，紙漉の技術の普及で大量生産されるようになり，行政や出版などで大きくなっていた紙の需要に応えた。

　陶磁器においては，豊臣秀吉の朝鮮侵略の際に連行された朝鮮人陶工が伝えた製陶技術の普及で生産が盛んになった。肥前の有田焼，尾張の瀬戸焼などが有名である。また，城下町近郊では素焼や瓦などの安価な焼き物が生産された。

　製塩業においては，潮の干満を利用して海水を引き込む**入浜塩田**が発達し，瀬戸内海沿岸部など各地で塩の生産が行われた。

　醸造業においては，伏見や灘の酒，野田や銚子の醤油が有名になった。特に醤油は日本の食文化への影響も大きかった。

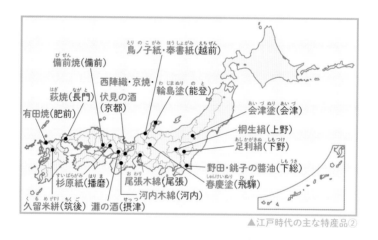

▲江戸時代の主な特産品②

　製鉄業においては，足踏み式の送風装置を使用した日本式製鉄法の**たたら製鉄**が行われた。そこでつくられた玉鋼などは全国に普及した。これらの素材はさまざまな武具や道具に加工された。

　鉱山業においては，朝鮮伝来の精錬技術である**灰吹法**により銀の産出量が増大していた。特に**石見銀山**は16世紀後半〜17世紀初頭に世界有数の量の銀を産出し，世界経済に大きな影響を及ぼすほどだった。幕府直轄の鉱山には**佐渡相川**の金山・銀山，**石見銀山**，院内銀山，**生野銀山**，**足尾銅山**，別

子銅山，阿仁銅山などがあった。17世紀後半には金や銀の産出量が減少したが，銅の産出量が急増して長崎貿易における主要な輸出品となった。

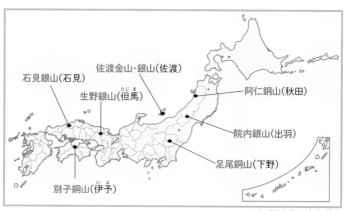

▲江戸時代の主な鉱山

🔍 **この講のまとめ**

江戸時代の産業の発達はどのような状況だったのだろう。

☑ 農具や農書などが充実して農業技術が進歩し，商品作物の生産が多くなった。

☑ 都市住民の消費需要の拡大や交通網整備もあり，全国で特産物生産が活発化した。

52 | 交通と商業の発達

江戸時代にはどのような交通整備がなされたのだろう。

1 交通の整備

幕府は陸上交通や水上交通の整備をすすめた。陸上交通の要となったのは，**五街道**であった。五街道とは**東海道・中山道・甲州道中・日光道中・奥州道中**の5つの幹線道路のことで，それぞれ江戸の**日本橋**が起点となった。五街道は幹線道路として幕府が直轄し，17世紀中頃に**道中奉行**の管轄となって管理された。五街道以外の主要街道は**脇街道**（脇往還）という。街道の要所には**関所**が設置された。

⊕ PLUS α

入鉄砲に出女

江戸時代の関所で重視された監視対象のこと。江戸の治安維持のため，江戸へ武器となる鉄砲の流入がないかどうか監視された。また江戸時代に大名の妻子は人質として江戸在住が義務であったため，江戸からの逃亡がないかも監視された。

街道には1里ごとに**一里塚**が置かれ，一定距離ごとに**宿駅**（宿泊施設や人馬を常備する場所）が置かれた。城下町以外に宿駅が設置された場合，そこに**宿場町**が形成され，地域流通の中心地となった。宿駅において使用される人や馬は，大名や幕府の役人などの御用通行で優先的に使用され，人や馬は**伝馬役**やそれを補う**助郷役**として近辺の村から徴発された。宿駅の宿泊施設は大名や役人などが宿泊する**本陣・脇本陣**のほかに，庶民が利用する旅籠屋などがあった。宿駅内には公用の書状や荷物の継ぎ送りを管理する**問屋場**が設置された。実際に荷物などを継ぎ送りする者を**飛脚**といい，幕府公用の飛脚を**継飛脚**，諸大名の飛脚を大名飛脚，民間の飛脚を町飛脚といった。飛脚による通信制度は全国への情報伝達を早く正確にした。

一方，大量の物資を安価に運ぶには，陸上交通よりも水上交通の方が適しており，水路が整備・開発されて大きく発展した。

　内陸部においては，京都の豪商**角倉了以**が富士川・鴨川の整備，高瀬川の開削などを行うなど，河川の水路が発展した。

　海上においては，江戸と大坂を結ぶ**南海路**を，江戸時代前期には大型帆船による**菱垣廻船**が大坂から江戸へ物資を運んだ。江戸時代中期には酒を運ぶ**樽廻船**が運航するようになった。樽廻船は酒樽の上にほかの荷物を載せて運航するようになり，利便性や運賃などから菱垣廻船よりも使用されるようになった。また，出羽の**酒田**を起点として東北地方をまわって江戸に向かう**東廻り海運**，同じく**酒田**を起点として下関を経由して大坂に向かう**西廻り海運**を**河村瑞賢**が整備したことで，日本全国規模の海運ルートが確立した。西廻り海運では**北前船**が蝦夷地の物産も運んだ。

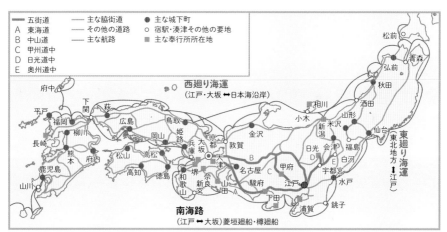

▲江戸時代の交通網

河村瑞賢の整備した全国規模の海運ルート
- ☑ **東廻り海運**　**酒田**を起点に，東北地方沿いに**江戸**に向かう航路
- ☑ **西廻り海運**　**酒田**を起点に，中国地方沿いに**大坂**に向かう航路

2 商業の展開

　近世初期には，船などの輸送手段や保管庫などを自身で所有する豪商(京都の角倉了以，摂津平野の末吉孫左衛門など)が朱印船貿易などで活躍した。しかし，鎖国によって外国との自由な交易ができなくなり，国内では交通網が整備されていくと，これらの豪商たちは衰退していった。

　17世紀の後半には，商品の流通と売買は問屋・仲買・小売商人と分業されるようになり，商品流通は卸売りを行う問屋が支配するようになった。大まかには，生産者→生産地の仲買→問屋→都市の仲買→小売商人(常設店舗・露店・振売など)→消費者という流れで商品が流通していた。問屋と仲買が売買を行う卸売市場は，都市と農漁村の経済を結ぶ役割を担った。卸売市場では，特に江戸の日本橋(魚市場)，神田(青物市場)，大坂の堂島(米市場)，雑喉場(魚市場)，天満(青物市場)が有名であった。

　問屋は自らの権益を守るために同業者組合である仲間を組織し，独自の取り決め(仲間掟)を定めた。江戸の十組問屋，大坂の二十四組問屋が，江戸・大坂間の流通の独占などをめざした。

　新しい商法を展開することで拡大した商人もいた。三井家は，江戸に開いた越後屋呉服店店頭での「現金(銀)かけねなし」(定価での即金販売)の新商法を展開して繁栄した(従来は商人が武家屋敷などを訪問して，料金はつけであと払いするのが商業慣行だった)。

　また，都市の問屋商人が農村の豪農と協力して，百姓に資金と原料を預けて商品を生産してもらい，できた商品を集荷して販売する問屋制家内工業が発達する動きもあった。

> **KEY WORD**
>
> **三井家**
> 伊勢の三井高利を家祖とする商人の一族。越後屋呉服店や両替商を営み，「現金(銀)かけねなし」の現金で商売して値を下げる商法などで財をなした。明治時代以降は財閥を形成して，日本の政財界に大きな影響を及ぼした。

🔍 この講のまとめ

江戸時代にはどのような交通整備がなされたのだろう。

☑ 五街道などが整備され，宿駅や飛脚などの移動や情報伝達のしくみが整備された。

☑ 東廻り海運・西廻り海運の整備により，全国規模で江戸と大坂に全国の物資が集まる海運ルートが構築された。

53 | 貨幣・金融と三都の発達

近世の貨幣の使用状況はどうだったのだろう。

1 貨幣と金融

徳川家康が鋳造した慶長金銀は同品質・同規格の金貨と銀貨であり，全国に通用するものであった。

金貨は金座において小判・一分金などが鋳造された。銀貨は銀座において，丁銀・豆板銀などが鋳造された。金貨は計数貨幣（枚数で価値がわかる貨幣）であったが，銀貨は登場当初には秤量貨幣（貨幣それぞれの重量と品位に差があり

▲慶長小判　　▲寛永通宝

価値が異なる貨幣）であったので，使用する際には目方（重量）をはかり，価値を算出する必要があった。銭貨は鉄や銅を素材とした計数貨幣であり，銭座において寛永通宝が鋳造された。

金貨・銀貨・銭貨を総称して三貨といい，江戸時代において全国的に貨幣として使用可能であった。しかし，銭貨は全国的に使用されたが，金貨と銀貨には地域差があり，東日本では金貨が主に使用され（金遣い），西日本では主に銀貨が使用された（銀遣い）。三貨以外では，各藩は藩内のみに通用する藩札を発行し，流通させた。

三貨の単位は，金貨が両・分・朱で，銀貨が貫・匁・分・厘・毛で，銭貨が貫・文であった。金貨・銀貨・銭貨のそれぞれの交換レートは「金貨１両＝銀貨60匁＝銭貨４貫」とされたが，実際にはその時の相場により変化した。三貨の交換業務を行ったのは両替商で，江戸や大坂の有力な両替商である

⊕ PLUS α

貨幣の交換率

金・銀・銭の交換率は以下のとおりとなる。

・金１両＝４分＝16朱
・銀１貫＝1000匁
・銭１貫＝1000文

173

本両替は幕府の出納業務，為替，預金や貸付業務などども行った。特に有力な両替商は，呉服店として始まった三井，大坂の鴻池や天王寺屋などであった。貨幣経済の発達が両替商を発達させ，両替の充実が貨幣の流通をさらに促進させた。

POINT

金遣いと銀遣い
- ☑ **金貨　計数貨幣**，主に**東日本**で使用される(金遣い)
- ☑ **銀貨　秤量貨幣**，主に**西日本**で使用される(銀遣い)
- ☑ 銭貨　計数貨幣，全国で使用される

2 三都の発展

　江戸時代に日本各地で都市が発達したが，特に三都とされる江戸・大坂・京都は日本有数の大都市であった。

　「将軍のお膝元」とよばれた江戸には，幕府機関や各藩の大名屋敷(藩邸)，旗本・御家人の屋敷などが集まり，多数の武家人口が居住した。江戸の人口は約100万人と推定され，その半分は武家の人口だったとされている。そのほかにもさまざまな商人や職人が集まる江戸は**日本最大の消費都市**であった。

　大坂(人口約35万人)は**各地の物資の集散地**となる商業都市で，「天下の台所」とよばれた。大坂には諸藩の年貢米の保管や売買などを行う蔵屋敷が多く置かれた。蔵屋敷に保管された蔵物(年貢米など)の販売は，蔵元・掛屋らの商人により行われた(蔵元は蔵物を売買する商人で，掛屋は蔵物

の売買代金の出納（すいとう）を行う商人）。なお，年貢以外の米や特産品などのことを納屋物（な・やもの）といい，これも大坂に多く集まり活発に取引された。

| 生産者 | 藩 | 蔵屋敷 蔵元・掛屋 | 問屋 | 仲買 | 小売 | 消費者 |

管理

年貢米・特産物 → 蔵物

米・特産物 → 納屋物

▲蔵物と納屋物

　京都（人口約40万人）は平安（へいあん）時代以来の天皇家・公家（くげ）の居住地であり，寺院や神社が数多く集まっていた。幕府は朝廷の権威を利用し，全国の宗教統制を行うために，京都の統治を重要視しており，京都所司代（しょしだい）や京都町奉行（まちぶぎょう）に支配させた。
　また，京都には大商人の本拠が多くあり，西陣織（にしじん）や京染（きょうぞめ）・京焼（きょうやき）などの高度な技術の手工業生産も発達した。

🔍 **この講のまとめ**

　近世の貨幣の使用状況はどうだったのだろう。

☑ 幕府が鋳造した貨幣が，全国に普及した。

☑ 東日本では金貨が，西日本では銀貨が主に使用され，しかも交換レートは実際には変動したので，貨幣の交換を行う両替商が活躍した。

54 | 元禄文化

元禄文化はどのような文化だったのだろう。

1 文学・演劇

元禄文化は，鎖国や幕政の安定を背景に成熟した日本独自の文化で，出版や流通の発展により庶民など幅広い層に広まった。なかでも文学は上方(大坂・京都)の町人文芸が中心で，松尾芭蕉・井原西鶴・近松門左衛門が代表である。

俳人の松尾芭蕉は，さび・かるみと称される閑寂な表現の蕉風(正風)俳諧を確立した。代表作に俳諧の紀行文『奥の細道』などがある。

井原西鶴は，享楽的なこの世を描く小説である浮世草子で才能を発揮した。代表的な作品に『好色一代男』(好色物)，『日本永代蔵』(町人物)，『世間胸算用』(町人物)，『武道伝来記』(武家物)などがある。

近松門左衛門は，人形浄瑠璃や歌舞伎の脚本を書き，その作品には『曽根崎心中』(世話物)，『国性(姓)爺合戦』(時代物)などがある。近松の脚本は，人形浄瑠璃において竹本義太夫の語りで人気を博した。その語りは義太夫節とよばれる流派へと成長していった。

女歌舞伎や若衆歌舞伎が禁じられ，成人男性だけによる野郎歌舞伎が行われていた歌舞伎は，東西に名優が出て発展した。江戸では荒事(勇壮さを表現する演技)の初代市川団十郎，大坂・京都では和事(恋愛劇)を得意とした坂田藤十郎，女形(女性役の男性役者)の芳沢あやめといった俳優が活躍した。

KEY PERSON

松尾芭蕉
1644 - 1694

伊賀国の出身。俳諧について北村季吟に学んだ。西山宗因が創始した奇抜で自由な談林派を批判し，蕉風俳諧を確立して，俳諧を和歌と対等の地位に引き上げた。各地を旅し，紀行文の『野ざらし紀行』・『奥の細道』などを残した。

2 儒学

　上下の身分秩序を重んじる思想として幕府や藩に重用された儒学は**朱子学**・**陽明学**・**古学**などの学派が発展した。

　日本における朱子学は藤原惺窩を祖とする京学とよばれる一派が代表的である。惺窩の門人だった**林羅山**(道春)や孫の**林鳳岡**(信篤)など，林家の人々は代々幕府に仕えた。林家以外では**木下順庵**がおり，門人に新井白石・室鳩巣・雨森芳洲らがいた。土佐では**南学**(海南学派)という**谷時中**を実質的な祖とする京学とは別の一派があり，**山崎闇斎**・野中兼山らを輩出した。闇斎は神道を儒教的に解釈した**垂加神道**を創始した。

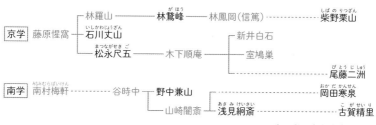

▲朱子学の主な学者の系譜

　陽明学は明の王陽明が創始した学派で，**中江藤樹**やその門人で『**大学或問**』を著した**熊沢蕃山**らがいた。陽明学は「知行合一」という実践を重視し，現実を批判する革新性をもつ学派で，幕府には警戒された。

　朱子学・陽明学が中国の宋や明の時代に生まれた儒学の解釈であるのに対し，**古学**は孔子・孟子の時代の原典に立ち返ろうとする学派であった。古学派には『**聖教要録**』や『**中朝事実**』を著した**山鹿素行**，私塾である古義堂を開いた**伊藤仁斎**，8代将軍徳川吉宗に用いられて『**政談**』(政治意見書)を著した**荻生徂徠**，荻生徂徠の門弟で『経済録』を著した**太宰春台**らがいた。

⊕ PLUS α

幕府から警戒された知行合一の思想

知行合一とは陽明学の根本思想の1つで，認識することと実践することは不可分であるとする考え方である。この考え方は，解釈によっては幕府の政治体制などへの不満を実際の行動に移す可能性があり，幕府は警戒していた。

後年には陽明学者であった大塩平八郎が，幕府に対し反乱をおこしている。

主な儒学の区分と儒学者
- ☑ **朱子学**：特に規範を重視　林羅山，林鳳岡，木下順庵，山崎闇斎ら
- ☑ **陽明学**：実践を重視　中江藤樹，熊沢蕃山ら
- ☑ **古学**：古典研究を重視　山鹿素行，伊藤仁斎，荻生徂徠，太宰春台ら

3 諸学問

　儒学の発達は，ほかの実用的な学問の発達を促した。

　自然科学では，貝原益軒が本草学(博物学)を研究して『大和本草』を著し，宮崎安貞が『農業全書』を著し農業の発展に寄与した。

　関孝和は，和算を研究し，『発微算法』を著した。

　天文学においては，渋川春海(安井算哲)が日本独自の暦法である貞享暦を作成した。幕府は平安時代から使用していた誤差のあった暦法を改めて貞享暦を採用し，この功績から渋川春海は新設の天文方(暦を扱う幕府機関)に任じられた。

KEY WORD

和算
日本独自に発達した数学。江戸時代前期に吉田光由が和算の教科書となる『塵劫記』を著して普及した。関孝和は筆算式代数学や円周率の研究を行い，和算を大成した。

　文学では古典の研究がすすみ，契沖は『万葉集』を研究して『万葉代匠記』を著した。北村季吟は『源氏物語』『枕草子』などの古典研究を進めた。

　歴史学では，新井白石が『読史余論』を著し，独自の歴史区分を行い，歴史観を示した。

4 美術

　絵画では，幕府の御用絵師の狩野派や，朝廷絵師の土佐派(土佐光起)，土佐派から分派して幕府の御用絵師となった住吉派(住吉如慶・住吉具慶)などが活躍した。それ以外では京都で尾形光琳(『紅白梅図屏風』・『燕子花図屏風』)が活躍し，装飾的な美を表現する琳派を創始した。また，江戸で

は菱川師宣が，浮世絵(美人や役者などの風俗画)の版画を創始した。版画の浮世絵は木版による大量生産が可能で安価だったこともあり，人気を博した。菱川の肉筆画(版画によらない浮世絵)の代表作としては，見返り美人図がある。

　陶芸では，色絵による京焼の祖とされる京都の野々村仁清や，光琳の弟の尾形乾山が活躍した。

　染物では，綸子・縮緬(それぞれ絹織物)に繊細な模様を描く友禅染を創始した宮崎友禅が登場した。

▲見返り美人図

▲『紅白梅図屏風』

▲『燕子花図屏風』

🔍 この講のまとめ

元禄文化はどのような文化だったのだろう。

☑ 鎖国を背景に発達した日本独自の文化で，出版や流通の発展により，一般庶民などの幅広い層に文芸などの文化が浸透した。

☑ 幕政の安定を背景に，儒学・自然科学・和算などの学問が重視されて発展した。

☑ 美術では洗練された作品が生み出され，安価に入手できる浮世絵版画も誕生した。

55 | 享保の改革

この講の着眼点

享保の改革はどのようなものだったのだろう。

1 享保の改革

1716年に紀伊藩主の**徳川吉宗**が8代将軍につくと側用人を重用する政治をやめて，幕政の改革をはかる**享保の改革**を展開した。

幕府財政の再建のための収入増加策として，吉宗は**上げ米**を実施した。これは諸大名に所領の**石高1万石につき100石**を献上させ，そのかわりに参勤交代の在府期間を半減させるものだった。さらに，倹約令も出して支出の削減をはかり，年貢の安定と増収のため，従来の検見法を改めて数年間の年貢率を固定する**定免法**を採用し，年貢率を引き上げ，**新田開発**を奨励した。年貢として徴収する米の価格は幕府の財政に直結していたので米価の安定のためにその統制をはかり，大坂**堂島**の米市場を公認した。これらの政策から吉宗は**米公方**ともよばれた。また，**甘藷**(サツマイモ)・さとうきび・朝鮮人参などの栽培を奨励し，**青木昆陽**に甘藷栽培を普及させた。

▲徳川吉宗

⊕PLUS α

三家と三卿

7代将軍徳川家継が8歳で死去して徳川宗家が途絶えたので，三家(尾張，紀伊，水戸)の1つである紀伊の徳川吉宗が将軍となった。吉宗は自身の子を田安家，一橋家として分家した。のちに9代将軍家重の子が分家した清水家を合わせた3家は三卿とよばれ，将軍後継の家筋が増加された。

学問においては，吉宗は実学を奨励して，漢訳洋書の輸入制限を緩和し，**青木昆陽**や**野呂元丈**らには**オランダ語**を習得させた。

司法面では，裁判や刑罰の基準とするために，これまでの裁判の判例を集めた**公事方御定書**を制定したほか，裁判事務の簡素化をめざし，頻発する金銭関連の訴訟(金公事)を幕府では受理せず，当事者間で解決させる**相対済し令**を発した。また，1615年以降の幕府の法を類別に編纂した『**御触書寛保集成**』を作成した。御触書集成の編纂は吉宗の時代以降も幕府事業として続けられた。

　吉宗は政策実行のため新たな人材登用をはかり，旗本の**大岡忠相**や名主の**田中丘隅**らを登用した。また，**荻生徂徠**や**室鳩巣**らの儒学者を顧問とするなど，人材の充実をはかった。人材登用制度として，役職就任者の家禄が役高より低い場合に，その不足を在任中のみ補う**足高の制**を制定した。

　民政においては，町奉行の**大岡忠相**が中心となり改革を進めた。評定所に**目安箱**を置いて庶民からも意見を求め，その意見から江戸の小石川薬園に貧民医療施設の**小石川養生所**が設けられた。たびたび大火に見舞われてきた江戸の町に，延焼を防ぐための広小路・火除地や，消防組織の**町火消**（「いろは」47組，のち48組）を設けた。

＼ これを聞きたい！／

Q
足高の制にはどういうメリットがあったの？

A
幕府では各役職に基準の給料となる役高が定まっていました。足高の制では新たに役職に就任した者の家禄が役高より低い場合，就任中はその役職の役高になるように不足分を補助しましたが，退任後はその補助がなくなりました。家禄を引き上げないので，登用の財政負担が減り，家禄の少ない有能者を登用しやすくなりました。

POINT

徳川吉宗の財政にかかわる主な対策

☑ **上げ米**　大名から石高1万石につき**100石**徴収（→**参勤交代**の在府期間を**半減**）

☑ **定免法**　年貢率を固定し，引き上げ（検見法からの変更）

☑ **堂島米市場の公認**　米価の統制

☑ **相対済し令**　金銭関連の訴訟を当事者同士で解決させて幕府の負担を軽減

☑ **足高の制**　財政出費を抑えて有能な人材を登用

2 社会の変容

　18世紀後半になると，村と町は大きく変容し始めていた。村役人となるような有力な百姓は，困窮した百姓に資金を貸し，質として得た田畑の**地主**となって，小作人に貸すことで小作料の収入を得た。この地主経営を**地主手作**といい，有力百姓である地主は田畑を集め，商品生産と流通の担い手ともなり，**豪農**とよばれた。田畑を手放した百姓は小作人となるか，近くの都市や江戸・大坂に出て日雇いの仕事などに従事せねばならず，より貨幣経済の渦中へ巻き込まれた。

農村では従来の自給自足的なあり方が変わり，土地持ちの豪農と経営規模の小さい小百姓や小作人らとに分かれていった。小作人は地主である豪農に対して小作料の引き下げを要求し，小百姓は村役人である豪農の不正を追及するなど，豪農と小百姓らの対立が深まり，村方騒動という紛争が頻繁に発生するようになった。

一方，都市部の町では，大商人が町屋敷を買い集め，家持町人が減少して土地や家を借りて生活する地借や店借などが多くなった。また，路地裏の長屋には農村からの出稼ぎ人や貧民らが居住し，不安定な生活を強いられた。三都や長崎には幕府の公認で遊郭が設置され，貧農や都市下層民出身の女性が売られて遊女として働かされた。

3 一揆と打ちこわし

江戸時代には，幕府や藩の支配によって百姓らの生活が成り立たなくなるような事態がおきた場合，村単位で結集して直接的な行動をとる百姓一揆がしばしば発生した。17世紀後半には，村の代表者が領主に直訴する代表越訴型一揆が増え，17世紀末には，村を越えた広い地域の百姓が団結する惣百姓一揆も発生した。多くの場合に幕府や藩は一揆を武力鎮圧したが，それでも飢饉や凶作になると一揆は多数発生した。

吉宗の時代の1732年には享保の飢饉がおこり，米価が急騰した。江戸では，その原因だとして，米の買い占めを行った米問屋が民衆により打ちこわしにあった。のちの1782年の冷害に端を発する天明の飢饉の際にも，全国の農村では百姓一揆が，都市部では打ちこわしが多数発生した。

義民

百姓一揆で一身を犠牲にした人。特に代表越訴型一揆のリーダーとして処刑された人物。下総の佐倉惣五郎，上野の礫茂左衛門が，領主の圧政に抵抗したことで有名である。

🔍 この講のまとめ

享保の改革はどのようなものだったのだろう。

☑ 優秀な人材の登用がはかられ，庶民にも目安箱で意見を求めた。

☑ 財政再建のために，諸大名に米を上納させ，新田開発などが推進された。

☑ 米価の安定化のために，堂島の米市場が公認された。

│56│ 田沼時代

田沼意次はどのような財政再建策を行ったのだろう。

1 田沼時代

徳川吉宗のあと，9代将軍**徳川家重**，ついで10代将軍**徳川家治**の時代になると，**田沼意次**が1767年に将軍の側用人，そして1772年に老中となって幕政の実権を握り，幕府財政の再建をはかった（**田沼時代**）。

商業政策としては，専売制に力を入れて特定の商人に**銅座・真鍮座・朝鮮人参座**などの座を結成させた。そして同業者組合の**株仲間**については広く公認し，営業税である**運上・冥加**をとり，増収をめざした。

長崎貿易においては，**俵物**（いりこ・干し鮑・ふかひれなど）と銅を輸出し，貨幣鋳造のための金と銀の輸入をはかった。

その貨幣政策では銀貨の**南鐐二朱銀**を発行した。従来秤量貨幣であった銀貨だが，南鐐二朱銀は金貨との交換を公定する**計数貨幣**であり，その名前のように1枚で金2朱として通用し，これにより金を中心に一本化する貨幣制度の導入がはかられた。

年貢の増収もはかり，開拓政策として，商人の資金力を利用して**印旛沼・手賀沼**の干拓工事にも着手した。また，**工藤平助**が『**赤蝦夷風説考**』でロシアとの貿易と蝦夷地開発を説いたことを受け，**最上徳内**に蝦夷地を調査させ，その可能性を探らせた。

🔑 **KEY WORD**

株仲間

江戸時代における商工業の同業者の組合組織。流通の独占や価格の協定による競争の防止をめざした。かつては禁止か，黙認されていたが田沼意次は積極的に公認し，運上・冥加を上納させた。天保の改革で株仲間は解散を命じられたが，かえって経済・流通が混乱してのちに復活したが，明治時代に廃止された。

▲南鐐二朱銀

田沼意次の主な政策
- ☑ **株仲間**の積極的公認　**運上・冥加**を徴収
- ☑ **長崎貿易**の積極的政策　**俵物**などを輸出
- ☑ **南鐐二朱銀**の鋳造　**計数貨幣**の銀貨発行により金貨と銀貨の一本化
- ☑ **蝦夷地**の調査　**最上徳内**を派遣（工藤平助『赤蝦夷風説考』の影響）

2 田沼意次の失脚

　意次は商業を活性化させて幕府財政を潤そうとし、それは民間の文化にも良い影響を与えて発展を促したが、一方で賄賂なども横行するようになり、その政治の腐敗ぶりに批判が増えていった。田沼時代の末期の 1782 ～ 87 年には**天明の飢饉**、1783 年には**浅間山**の噴火といった大規模な災害も発生し、百姓一揆や打ちこわしが頻発した。そして、1784 年には意次の子である**田沼意知**が旗本の**佐野政言**に暗殺されたことをきっかけに、意次の権勢は弱まった。1786 年に将軍家治が死去すると意次は老中を罷免され、田沼時代は終わりをむかえた。

天明の飢饉

1782 ～ 87 年の大飢饉。天候不順による冷害、浅間山の噴火の影響もあり、被害が全国に及んだ。特に東北地方で餓死者が多く、多数の村が消滅した。

この講のまとめ

田沼意次はどのような財政再建策を行ったのだろう。
- ☑ 株仲間の公認や長崎貿易の振興など、商業による財政再建をめざした。
- ☑ 計数貨幣の南鐐二朱銀を発行し、金を中心とした貨幣制度をめざした。
- ☑ ロシアとの交易、蝦夷地開発を念頭に最上徳内に蝦夷地を調査させた。

57 | 宝暦・天明期の文化

🔍 この講の着眼点

宝暦・天明期の文化はどのような文化だったのだろう。

1 洋学

鎖国体制下において，ヨーロッパとは唯一オランダと貿易を介しての交流があったため，そこから得られた西洋の知識による蘭学が発達した。

宝暦・天明期より前の時代には，長崎の天文学者の西川如見が世界地理などについての『華夷通商考』を著し，新井白石が日本に密入国して捕らえられたイタリア人宣教師ヨハン゠シドッチを尋問して世界地理やキリスト教などに関する知識を得て『采覧異言』・『西洋紀聞』を著した。8代将軍徳川吉宗はキリスト教と関係のない漢訳洋書の輸入制限を緩和し，青木昆陽や野呂元丈にオランダ語を学ばせた。蘭学はのちに洋学とよばれるようになった。

宝暦・天明期には前野良沢・杉田玄白らが西洋医学の解剖書を訳した『解体新書』を出版し，医学の世界で洋学が盛んとなった。また，大槻玄沢が蘭学入門書『蘭学階梯』を著し，宇田川玄随が西洋の内科書を訳した『西説内科撰要』を著し，玄沢の門人である稲村三伯は蘭日辞書『ハルマ和解』を作成した。平賀源内は長崎で外国人と交流し，摩擦発電器(エレキテル)の実験をするなど物理学の研究に取り組んだ。

KEY WORD

『解体新書』

日本最初の西洋解剖書の訳書。医者である杉田玄白や前野良沢らが中心となり訳したが，前野良沢の名前は掲載されておらず，その理由は諸説ある。杉田・前野らが『ターヘル・アナトミア』(ドイツの医学書をオランダ語に訳した解剖書)を参照しながら遺体の解剖を見学し，この本の正確さに驚いて日本向けの訳述を開始した。解剖図は平賀源内に絵画を学んだ秋田藩の小田野直武が描いた。

▲主な洋学者

2 国学と尊王論

　『古事記』・『日本書紀』などの歴史書の実証的な研究がすすめられ，それらの古典を通して日本古来の精神を探究して明らかにしようとする国学が発展した。国学は，洋学だけでなく儒教や仏教も輸入された外来思想だとし，政治や社会に対しても批判的な性格が強い学問だった。国学は荷田春満，賀茂真淵，本居宣長により発展したが，特に本居宣長は『古事記』を精密に研究してその注釈書である『古事記伝』を著し，中国思想への傾倒（漢意）を激しく非難して日本古来の精神に立ち返ることを主張した。国学者の塙保己一は古典の収集につとめて古文献を集めた『群書類従』を編纂し，国史などの講習や研究などを行う和学講談所を設置した。

　水戸学（水戸藩で生じた独特の学風）などにおいては尊王論が主張された。18世紀半ばには，公家に尊王論を説いた竹内式部が京都から追放される宝暦事件や，幕政を批判して尊王論を説いた山県大弐が謀反人として処刑される明和事件が発生した。そのほか，高山彦九郎，蒲生君平，頼山陽などが尊王論を説いた。

KEY WORD

尊王論

天下を治める王を尊ぶべきという考え方。江戸時代の日本では，天皇を王者として尊ぶ思想として展開された。当初は天皇を尊ぶことで，天皇から政務を委任されている将軍（幕府）の権威を高めようとするものだったが，幕末期には幕府を倒して政権を天皇のもとに取り戻そうとする倒幕論に結びついた。

▲主な国学者

3 生活の思想

　京都の町人である石田梅岩は，儒教・仏教・神道を折衷して，正直や堪忍などの町人道徳を説く心学をおこした（石門心学）。心学は石田梅岩の弟子である手島堵庵や中沢道二によって広められて普及した。陸奥八戸の医者である安藤昌益は万人が自ら耕作して生活する自然の世を理想とし，武士が百姓を支配する身分社会を否定する『自然真営道』を著した。只野真葛（工藤平助の娘）は，男尊女卑社会を否定して，性別により才能に違いはないことを主張した。

4 学校

　幕府においては儒学による武士の教育が重視された。寛政の改革で朱子学が幕府の正統性を支える正学とされ、林家の家塾である聖堂学問所は幕府直営の昌平坂学問所となり、幕臣の教育機関となった。

　諸藩においては、藩士やその子弟を教育するための藩校（藩学）が設置された。儒学や武術を教授するだけではなく、蘭学や国学を取り入れる藩校もあった。

　藩の援助によって、藩士や庶民を教育する郷校（郷学）もつくられた。その早い例としては、岡山藩主池田光政による閑谷学校がある。また、大坂町人の出資で設立されてのちに幕府公認の郷校となった懐徳堂に学んだ富永仲基は仏教思想の歴史を実証的に論じた『出定後語』を著し、同じく山片蟠桃は地動説や無神論を主張する『夢の代』を著した。

　個人による私塾も多く開設され、儒学・国学・蘭学などの講義が行われた。儒学では、17世紀後半には京都で伊藤仁斎の古義堂が、18世紀前半には江戸で荻生徂徠の蘐園塾（儒学）が開設された。また、18世紀後半には伊勢松坂で本居宣長の鈴屋（国学）、江戸で大槻玄沢の芝蘭堂（蘭学）などが開設された。

　個人が運営する庶民の初等教育機関である寺子屋も各地で増加していき、生徒は読み書きやそろばんなどを習得した。寺子屋の師匠には女性もおり、女性の心得を説いた『女大学』などを用いた女子教育も行われた。

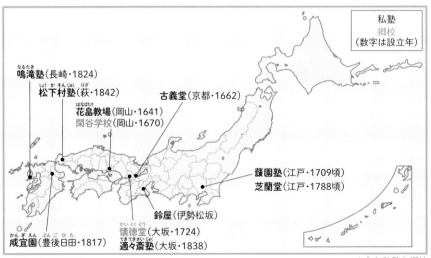

私塾
郷校
（数字は設立年）

鳴滝塾（長崎・1824）
松下村塾（萩・1842）
花畠教場（岡山・1641）
閑谷学校（岡山・1670）
古義堂（京都・1662）
蘐園塾（江戸・1709頃）
芝蘭堂（江戸・1788頃）
鈴屋（伊勢松坂）
懐徳堂（大坂・1724）
適々斎塾（大坂・1838）
咸宜園（豊後日田・1817）

▲主な私塾と郷校

5 文学・芸能

　小説では，元禄文化で流行した浮世草子が衰え，風刺的な絵入り小説の黄表紙と，江戸の遊里(遊郭のある地区)の生活を描いた洒落本が流行した。しかし，それらは寛政の改革で取り締まりの対象となり，代表的作家である山東京伝は処罰された。上田秋成は読本(絵が少ない文章主体の小説)の『雨月物語』を著した。

　俳諧では，文人画家としても有名な与謝蕪村が絵画的な描写の句をよんだ。また，柄井川柳により風刺的な川柳(俳句の形式で世を風刺)が文学の１つとして確立された。狂歌(和歌の形式で滑稽な内容や風刺を詠みこんだ短歌)においては，大田南畝(蜀山人)・石川雅望(宿屋飯盛)が活躍した。

　浄瑠璃作者としては竹田出雲(２世)や近松半二が活躍し，歌舞伎では中村座・市村座・森田座(守田座)からなる江戸三座が繁栄した。しだいに歌舞伎におされた浄瑠璃は，人形操りから座敷での唄浄瑠璃(座敷浄瑠璃)へと移り，常磐津節や清元節などの流派が生まれた。

6 絵画

　元禄文化で菱川師宣によって始められた浮世絵の版画においては，鈴木春信が多色刷りである錦絵を創始した。寛政期の浮世絵絵師としては，美人画を描いた喜多川歌麿，役者絵・相撲絵を大首絵(人物の上半身や顔のみを大きく描いた絵)の手法で描いた東洲斎写楽などが活躍した。

　伝統的な絵画では，円山派の円山応挙が立体的・写実的な絵画を描いた。明・清の影響を受けた文人画(画家ではない知識人が描いた絵)がおこり，池大雅と与謝蕪村がこれを大成させた。

KEY WORD

錦絵

多色刷りの浮世絵(美人や役者などを描いた風俗画)の版画のこと。従来の浮世絵版画は墨による白黒のもので，筆による彩色や，色刷りされても絵の一部が色付けされるだけであった。鈴木春信は多色刷りで錦のように美麗とされる浮世絵版画を完成させた。

西洋画は禁教政策や鎖国によって途絶えていたが，蘭学の盛り上がりにより絵画の技法や油絵の具などが長崎から伝来した。絵師としては，平賀源内や銅版画を始めた江戸の司馬江漢，油絵などを描いた陸奥須賀川の亜欧堂田善，秋田蘭画を創始した小田野直武らが著名である。

▲大首絵（東洲斎写楽「三代目大谷鬼次の奴江戸兵衛」）

🔍 この講のまとめ

🔍 この講のまとめ

宝暦・天明期の文化はどのような文化だったのだろう。

☑ 蘭学や洋学が興隆し，医学などの実用的な学問で取り入れられた。

☑ 仏教や儒教に影響されていない日本古来の精神を尊ぶ国学が発達した。

☑ 諸藩や個人により学校が開設され，身分によらず多くの人が学んだ。

☑ 文学や絵画でも新たな分野が生まれ，流行した。

58 | 寛政の改革

🔍 この講の着眼点

寛政の改革はどのような改革だったのだろう。

1 寛政の改革

　天明の飢饉を背景に，1787年に米屋などが都市民衆に襲撃される**天明の打ちこわし**が江戸や大坂などの主要な都市で発生した。江戸でおこったものは特に激しく，前年には幕府を主導していた田沼意次が失脚していた情勢もあり，幕府に大きな影響を与えた。その状況のなか，11代将軍**徳川家斉**を補佐するため白河藩主の**松平定信**が老中首座に就任し，**寛政の改革**を断行することとなった。寛政の改革では，定信の祖父徳川吉宗の享保の改革が手本とされた。幕府の財政基盤である農村の復興によって幕府財政の回復がめざされ，田沼時代の商業重視の政策は改められることになった。

👤 KEY PERSON

松平定信
1758 - 1829

白河藩主，老中。8代将軍徳川吉宗の子である田安宗武の子。白河藩の松平家に養子入りし，白河藩主となって天明の飢饉を乗り越えた。その実績により1787年に老中首座に就任し，寛政の改革を行った。1793年に老中を退任し，白河藩に戻った。自叙伝『宇下人言』や随筆『花月草紙』などの著作を残した。

2 農村・都市への対策

　定信は公金の貸付などで荒れた耕地の復旧をめざした。また各地に**社倉・義倉**を設けさせ，大名に1万石ごとに50石の米穀を貯蔵させた（**囲米**）。江戸では町入用（町費）を節約させ，その節約分の7割を積み立てさせる制度（**七分積金**）をつくり，飢饉や自然災害に備えさせた。

　百姓が都市に流入することで，農村の荒廃と都市下層住民の増加という問題が生じていたことから，定信は**旧里帰農令**を出し，農村出身の正業をもたない人々に補助金を与えて農村に帰ることをすすめた。治安対策としては，無宿人（犯罪などにより戸籍である宗門人別改帳から除外されている者）を石川島の**人足寄場**に強制収容し，職業訓練を施した。

江戸の旗本・御家人の俸禄米の換金などを代理で行う商人の札差は，その俸禄米を担保にするなどして，彼らに金銭を高利で貸すなどしていた。定信は旗本・御家人の窮乏の解決をはかり，札差に一定期日より前の旗本・御家人の貸金を放棄させた(棄捐令)。これによって損害を受けた札差には破綻しないよう幕府が融資を行い，旗本・御家人の以後の生活にも配慮した。

3 思想などの統制

　思想の面においては，定信は朱子学を正学，朱子学以外の学派(陽明学や古学など)を異学として，林家の私塾に始まる湯島聖堂の学問所で朱子学以外の講義・研究をすることを禁じた(寛政異学の禁)。幕府は儒者として柴野栗山，尾藤二洲，岡田寒泉を登用し，聖堂学問所で朱子学振興につとめさせた。この3人を寛政の三博士とよぶ。のちに岡田寒泉にかわり古賀精里が登用された。聖堂学問所はのちに幕府直轄の学校となり，昌平坂学問所と改められた。

　民間への統制もすすめ，倹約令や出版統制令を発布して，倹約の強制や幕政に対する風刺・批判の取り締まりを進めた。洒落本作家の山東京伝や黄表紙作家の恋川春町，出版元の蔦屋重三郎などが弾圧された。林子平も『三国通覧図説』・『海国兵談』を著して海防の重要性を説いたことが幕府批判だとされ，弾圧の対象となった。定信はさまざまな政策を実施したが，その厳しい政策には民衆の反発も大きかった。

　朝廷との関係においては，尊号一件での光格天皇の要望を定信が却下したことが朝廷と幕府の間に緊張を生み出した。また幕府内でも，将軍家斉が将軍未就任の実父(一橋治済)を前将軍の尊称である大御所として待遇したいと考えていたことから，反対する定信と対立するようになり，結局定信は退陣することになった。

⊕ PLUS α

尊号一件

寛政の改革期における朝廷・幕府の間での事件。閑院宮家から即位した光格天皇は，天皇になっていない実父に太上天皇(上皇)の尊号を宣下しようとした。松平定信は，皇位についたことのない者を太上天皇とすることはできないと反対した。朝廷が繰り返し承認を求めたが，定信はその意向を断念させ，幕府への連絡調整役である武家伝奏も処罰した。

4 藩政改革

　18世紀後半は，諸藩でも飢饉や年貢収入の減少などにより財政危機となっていた。そこで藩主の主導による領内の綱紀の引き締めと倹約が奨励されるなど，藩権力の回復をめざして藩政改革が行われた。農村の復興，特産物生産の奨励，専売制の強化などにより，財政収入の増加がはかられたほか，藩校を設立して人材の登用が進められた。こうした藩政改革で成果を上げた藩主として，熊本藩主細川重賢・米沢藩主上杉治憲・秋田藩主佐竹義和らがおり，彼らは名君と評価された。

🔍 この講のまとめ

寛政の改革はどのような改革だったのだろう。

☑ 田沼時代の商業重視の政策ではなく，農村の復興による財政回復がはかられた。

☑ 飢饉や災害の発生に備え，大名や町人に米や金を平時から蓄えさせた。

☑ 思想や民間の風俗に対して統制を行い，その厳しさから反発が発生した。

59 | 列強の接近と国内の動揺

🔍 この講の着眼点

ロシア, イギリス, アメリカは鎖国下の日本にどのように接触したのだろう。

1 ロシアの接近や北方への対応

18世紀中頃から19世紀にかけて, イギリスでは産業革命が始まり, フランスではフランス革命が発生し, ロシアはシベリア開発や東方進出に積極的に取り組み, オホーツク海にまで達していた。また, アメリカが建国され, 西部への開拓を進めて太平洋岸まで達していた。

まず日本に接近してきたのはロシアであった。1792年にロシアの使節**ラクスマン**が日本人漂流民の送還のために根室に来航し, 通商を求めた。幕府は通商を拒否したが, 紛争を避けるため外交交渉の場所として長崎の入港許可証を渡したので, ラクスマンは帰国した。

1789年の国後島でのアイヌによる蜂起や, ロシアの接近に直面した幕府は, 1798年に**近藤重蔵**と**最上徳内**に択捉島を探査させた。それにより択捉島には「**大日本恵登呂府**」の標柱が設置された。また, 1802年に東蝦夷地を幕府の直轄地とし, 居住しているアイヌの人々に対して和人の風俗を強制するなどの同化政策をすすめた。

1804年, ロシアの使節**レザノフ**はラクスマンがもち帰った入港許可証を持参して長崎に来航し, 再度通商を求めたが, 幕府はレザノフを冷淡に扱い, 通商を拒否した。これを契機に, のちにロシア軍艦が樺太や択捉島を攻撃する事態となり, 1807年に幕府は松前藩と全蝦夷地を幕府の直轄地として**松前奉行**に管理させ, 対外防備を増強した。1808～09年に, 幕府は**間宮林蔵**に樺太などを

⊕ PLUS α

大黒屋光太夫

伊勢の船頭。1782年, 航海中に暴風にあい, アリューシャン列島のアムチカト島(現在のアメリカ領)に漂着した。そこでロシア人に助けられ, ロシアの首都ペテルブルクまで赴いて女帝エカチェリーナ2世に拝謁し帰国を許可された。使節であるラクスマンによって日本に返され, 将軍徳川家斉や老中松平定信にロシアでの見聞を伝えた。その見聞をもとに桂川甫周は『北槎聞略』を著した。

探査させた。間宮は，樺太は大陸と陸続きで
はなく海峡（間宮海峡）のある島であることを
確認した。

　1811年に，国後島に上陸したロシア軍艦
の艦長ゴローウニンが，警備兵に捕らえ
られて，日本で監禁された。翌年，ロシアは
その報復に国後島沖で商人高田屋嘉兵衛
を捕らえた。翌年，日本に送還された嘉兵衛
らの働きかけで，ゴローウニンも解放された
（ゴローウニン事件）。この事件を機に
日露関係は改善し，蝦夷地は1821年に松前
藩に返還された。

▲蝦夷地の探索

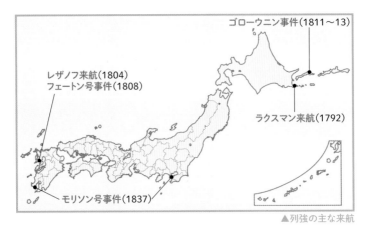

▲列強の主な来航

2 イギリス，アメリカの接近

19世紀の初頭，フランスのナポレオン1世の時代には，オランダがフランスに征服されたことにより，イギリスは勢力拡大をはかってアジア各地にあったオランダの拠点を奪おうと動いた。その一環で，1808年にイギリス軍艦**フェートン号**がオランダ船を狙って長崎に侵入し，オランダ商館員を人質にして，薪水や食料を要求した。食料などが提供されたことで，人質を解放してフェートン号は長崎を去ったが，事件の責任を感じた長崎奉行**松平康英**は自害した（**フェートン号事件**）。その後もイギリス船が日本の近海に出現し，船員が常陸や薩摩に上陸などしたので，幕府は諸藩に海岸の防備を固めさせた。さらに，1825年には理由を問わずに外国船の撃退を命じる**異国船打払令（無二念打払令）**を発布した。

1837年に，アメリカ商船**モリソン号**が日本人の漂流民の送還と，日本との通交交渉のために浦賀と薩摩山川に来航した。幕府は異国船打払令を理由にこれに砲撃させ，退去させた（**モリソン号事件**）。知識人の集まりである尚歯会のメンバーであった**渡辺崋山**は『**慎機論**』，**高野長英**は『**戊戌夢物語**』をそれぞれ著し，打払いは人道に反するなどと幕府の対外政策を批判したため，幕府は両名を処罰した（**蛮社の獄**）。

異国船打払令

1825年に出された一部の国（清，琉球王国，朝鮮）以外の沿岸に近づく外国船を，理由を問わず撃退して追い払うよう命じた法令。外見から判別は難しいのでオランダ船を撃退したとしても処罰しないとされた。従来，幕府は外国船への対応は穏便で，漂着船には薪水・食料を与えて帰国させていたが，その方針を変更した。のちにアヘン戦争で清がイギリスに敗北したことを受け，1842年に漂着船には薪水・食料を提供するように方針が再変更された。

👆 **POINT**

イギリス・アメリカの接近
- ☑ フェートン号事件　イギリスの軍艦フェートン号が**長崎湾に侵入**
- ☑ モリソン号事件　アメリカ商船を**異国船打払令**にもとづき撃退

3 文化・文政時代

　松平定信の退陣後の幕府においても，文化・文政時代（1804～30年）を中心に，11代将軍徳川家斉の治世が続き，1837年に12代将軍として徳川家慶が就任してからも，家斉が大御所として実権を握った（大御所政治）。前半の文化期は寛政の改革の影響が残っていて倹約がめざされたが，後半の文政期には品位を落とした貨幣（文政金銀）が発行され，そこから得られる収益を財源とする財政に転換した。支出が増大して，経済活動が活発になり，都市の庶民文化にも影響を与えたが，一方で物価の上昇に直面することとなった。

　この頃，関東では在郷町（商工業の発展で町化した農村）の発達で豪農や地主が経済的に力をつけてきたが，土地を失うなどして没落する農民も多く，荒廃地域も出てきていた。没落農民などから無宿人や博徒（博打打ちのこと）などになった者らにより治安が乱れるようになったが，関東は小領主の領地が入り乱れていて取り締まりが難しかった。そのため幕府は関東取締出役を設け，役人に領地の領域を越えて犯罪者を取り締まらせた。さらに村々には，幕領・私領・寺社領の区別なく近隣の村を連合させた寄場組合を結成させ，関東取締出役と協同して治安維持などを行わせた。

4 大塩の乱

1833〜39年にかけて天保の飢饉が発生し，米不足により，全国の村や都市で困窮した人が激増した。そして村では百姓一揆が，都市では打ちこわしが頻発した。特に幕領でおこった甲斐の郡内騒動や三河の加茂一揆は約1万人もの百姓が参加する大規模な一揆となり，幕府に強い影響を与えた。

大坂でも餓死者が多く出たが，豪商らは自らの利益のため米を買い占め，大坂町奉行が救済策をとることもなかった。1837年，大坂町奉行所の元与力であった大塩平八郎はこの状況に怒り，貧民を救済しない役人や豪商を討つために門弟らと蜂起した（大塩の乱）。乱は幕府軍によりすぐに鎮圧されたが，幕府の直轄地である大坂において，元役人が幕政を批判して反乱をおこしたことは，幕府・諸藩には強い衝撃であった。

この乱に共鳴した百姓一揆が各地で発生し，越後柏崎では大塩門弟を称する国学者の生田万が蜂起して鎮圧される事件もおこった（生田万の乱）。

KEY PERSON

大塩平八郎
1793 - 1837

大坂町奉行の与力，陽明学者。役人を引退してからは私塾の洗心洞を開設して，陽明学を教えていた。天保の飢饉の際，大坂東町奉行に救済策を上申したが聞き入れられなかった。財産を現金化して貧民に与えて，貧民救済を訴える檄文を発して挙兵した。挙兵は失敗し，最終的に自刃したが，社会に与えた影響は大きかった。

🔍 この講のまとめ

鎖国下の日本に接近した欧米とのかかわりはどのようなものだったのだろう。

☑ ロシアは通商を求めて，拒否した幕府と険悪な状態になることもあった。

☑ イギリスはフェートン号事件などをおこし，異国船打払令の原因となった。

☑ アメリカの商船が通交を求めたが，打払いの対象となって撃退された。

60 | 天保の改革と藩政改革

この講の着眼点

19世紀前半の幕府や藩の改革はどのようなものだったのだろう。

1 天保の改革

　幕府は天保の飢饉などの内政問題，そして外国船の接近などの対外問題に対処を迫られ，1841年の大御所徳川家斉の死後，老中水野忠邦が12代将軍徳川家慶のもとで天保の改革を行った。

　忠邦は，将軍も対象となるほどの厳しい倹約令を出した。出版を統制して，作家の為永春水や柳亭種彦を処罰し，歌舞伎の江戸三座を浅草の場末に移転させるなど，文化も統制した。

　民政面では，農村の人口減少を解消して再建をはかるため，農村から江戸に流入した貧民を強制的に帰郷させる人返しの法を出した。また，田沼意次が試みた印旛沼の干拓にも再度着手した。

　経済面では，物価の上昇が深刻となっていたので，株仲間の解散を命じたが問題の解決はできなかった。旗本・御家人の救済のために，棄捐令も出された。不景気の中で厳しい倹約を課され，人々の不満は高まっていった。

　外交政策では，アヘン戦争での清の敗北を受け，西洋砲術家の高島秋帆による軍事演習で国防を強化したほか，異国船打払令を緩和し天保の薪水給与令を出した。

▲水野忠邦

これを聞きたい！

Q どうして物価上昇の対策で，株仲間を解散させたの？

A 水野忠邦は物価の上昇の原因について，株仲間（十組問屋など）が商品流通を独占して物価を統制しているからと考えました。しかし，物価上昇の実際の原因は，生産地から上方市場への商品流通の減少という流通の変化だったので，流通を担っていた株仲間の解散はかえって経済を混乱させました。

幕府は，1843年に対外防備や財政の強化をはかって，経済的に豊かな江戸と大坂周辺の譜代大名や旗本の領地約50万石を直轄地とする上知令を出したが，大名・旗本らの反対で実施できず，これをきっかけに忠邦は失脚した。一連の改革が失敗に終わったことは，幕府権力が衰退していることを象徴していた。

2 流通や経済の変化

江戸時代の商品の基本的な流通は，全国の生産地から大坂に物資が集積し，その物資が最大の消費地である江戸に移動する流れだったが，江戸時代中期頃からそれが変化し始めた。西廻り海運において，生産地から大坂へ商品が移送される途中の港で内海船（尾州廻船）などが移送される商品を購入して別の場所で売買したり，生産地から直接江戸に商品が運ばれたりするなど，流通構造が変化した。畿内などでは，株仲間の流通統制支配に反対する百姓や在郷商人（農村の商人）が，自由な流通を求めて国や群全体などの広域的な訴訟闘争を行う国訴も展開した。

飢饉の影響によって人口の大きな増減が発生し，田畑が荒廃するなど地域間の格差の広がりが生じた。二宮尊徳（金次郎）の報徳仕法や大原幽学の性学のような，農村を復興させる試みも行われたが，都市商人の資金による商品作物の生産活動は既に農村に入り込んでおり，農村の復興は難しかった。18世紀には問屋が百姓に活動資金と原料を貸与して家内工業で生産する問屋制家内工業が展開され，19世紀になると地主や問屋が労働者を工場に集めて手工業を行わせる工場制手工業（マニュファクチュア）が，大坂周辺や尾張の綿織物業，桐生など北関東の絹織物業でみられた。

3 雄藩のおこり

諸藩も財政危機などに直面していたので，財政再建や藩権力の強化をはかる藩政改革が行われた。

鹿児島藩（薩摩藩）では，調所広郷が改革に着手した。調所は藩の借金の整理，奄美三島の黒砂糖の専売制強化，琉球王国を利用した密貿易を実施して藩財政を再建した。藩財政を再建したことで島津斉彬の代には殖産興業がすすめ

られ，大砲を製造するために鉄を溶かす反射炉の築造に成功し，造船所やガラス製造所などの洋式工場も建設された。

萩藩（長州藩）では，村田清風が藩の多額の借金を長期返済により整理した。また越荷方を設けて，下関に寄港する船の商品（越荷）を倉庫に保管し，それを抵当にした金融活動や，その商品を購入して委託販売を実施することなどで財政収入を増加させた。

高知藩（土佐藩）では，おこぜ組とよばれる改革派が藩財政の回復をはかった。おこぜ組失脚後は，藩主山内豊信が海防強化などを行った。

佐賀藩（肥前藩）では，藩主の鍋島直正が本百姓体制の再建をはかり，地主の土地を小作人に分け与える均田制を実施した。また大砲製造所も設けて軍事力の強化もはかった。伊達宗城の宇和島藩や松平慶永（春嶽）の福井藩（越前藩）も財政再建や軍備の近代化などに成功した。一方，水戸藩では藩主徳川斉昭のもと改革がめざされたが，藩内の勢力をまとめきれずに挫折した。

改革に成功した諸藩は雄藩とよばれ，幕末期には幕政にも影響力をもった。特に薩摩藩，長州藩，土佐藩，肥前藩は薩長土肥と総称された。

一方幕府でも，代官の江川太郎左衛門（坦庵）に命じて伊豆の韮山に反射炉を築かせて，軍事力の強化をはかった。

🔍 この講のまとめ

19世紀前半の幕府や藩の改革はどのようなものだったのだろう。

☑ 水野忠邦は財政再建・農村復興・幕府権力の強化などをめざして天保の改革を行ったが，うまくいかなかった。

☑ 地方の藩でも財政再建などをめざして独自の改革が行われ，改革に成功した薩摩藩や長州藩などは雄藩とよばれた。

61 化政文化

化政文化はどのような文化だったのだろう。

1 学問・思想

18世紀末から幕藩体制の動揺が表面化すると，政治や社会の改良のための改革を論ずることが盛んとなった。**海保青陵**は『**稽古談**』を著し，藩財政を立て直すために商売を重視して殖産興業政策や専売制を積極的に行うべきであると主張した。**本多利明**は『**経世秘策**』を著し，西洋諸国との交易などによる富国政策を説いた。**佐藤信淵**は『**経済要録**』を著し，国家による産業振興や貿易振興を説いた。

水戸学(後期水戸学)では，尊王論が尊王攘夷論に発展し，水戸藩主**徳川斉昭**，藤田東湖，会沢安(正志斎)らが尊王攘夷論を説いた。

国学者の**平田篤胤**は儒教や仏教に影響されない**復古神道**を大成した。これは排他主義的な思想が強く，幕末の尊王攘夷運動にも影響を与えた。

下総の商人出身の**伊能忠敬**は，幕府の命令で全国の測量を行った。伊能の測量をもとに作成された「**大日本沿海輿地全図**」は，現代の地図と比べても劣らないほど正確なものだった。

洋学関連においては，幕府天文方の**高橋至時**が西洋暦を取り入れた暦である寛政暦を作成した。幕府は**蛮書和解御用**を設置して洋書を翻訳させた(中心は高橋至時の子の**高橋景保**)。**志筑忠雄**は元オランダ通詞(通訳者)で，オランダ書を翻訳してニュートンの万有引力説やコペルニクスの地動説について記した天文学書『**暦象新書**』を著した。志筑は「鎖国」という用語を訳述したことでも知られている。ただ，洋学はシーボルト事件や蛮社の獄といった幕府からの弾圧を受けたため，政治思

水戸学

水戸藩で発生した学派。歴史書『大日本史』の編纂によっておこった。前期水戸学では徳川光圀らを中心に天皇を敬う尊王論が展開され，後期水戸学では徳川斉昭を中心に尊王論に外国勢力の排斥を説く攘夷論を組み合わせた尊王攘夷論が主流になった。尊王攘夷論は幕末の思想や運動に強い影響を与えた。

想とは結びつかず，科学技術や医学で発展した。

19世紀には黒住教(教祖：黒住宗忠)，天理教(教祖：中山みき)，金光教(教祖：川手文治郎)などの新たな民衆宗教も生まれた。富士山を信仰する富士講から分派した不二道もその1つであった。不二道は男女平等を説き，女性指導者(松下千代)もいた。

2 教育

各地に新たな私塾が開かれた。豊後日田には広瀬淡窓の咸宜園，大坂には緒方洪庵の適々斎塾(適塾)，長門萩には吉田松陰の叔父の松下村塾，長崎郊外には来日したドイツ人シーボルトの鳴滝塾などがあり，有名である。これらの私塾では幕末や明治期に活躍する人材が多く学んだ。

3 文学

庶民の生活の滑稽な会話を描いた絵入り小説の滑稽本が人気になり，式亭三馬が『浮世風呂』を著し，十返舎一九が『東海道中膝栗毛』を著した。恋愛などを主題にした人情本も人気となったが，『春色梅児誉美』などを著した代表的な作家の為永春水は天保の改革で処罰された。文章主体の読本では，曲亭馬琴が『南総里見八犬伝』・『椿説弓張月』を著した。俳諧では小林一茶が，和歌では良寛らが著名だった。そのほかには，雪国の生活や風俗を紹介した鈴木牧之の『北越雪譜』などがある。

4 美術

錦絵が流行し，葛飾北斎の「富嶽三十六景」，歌川広重の「東海道五十三次」などの風景画が人気を博した。錦絵は海外にも伝わり，モネやゴッホなどのヨーロッパの印象派の画家に強い影響を与えた。

円山派から分派した四条派の呉春(松村月溪)が写実的な風景画を描き，文人画

では**鷹見泉石像**を描いた**渡辺崋山**，谷文晁や田能村竹田らが活躍した。

▲「富嶽三十六景」神奈川沖浪裏

▲「富嶽三十六景」凱風快晴

▲「東海道五十三次」庄野

▲鷹見泉石像

5 その他の民衆の文化

　芸能では，三都をはじめ各地に常設の芝居小屋があり歌舞伎などが上演され，寄席では落語などが上演された。狂言では作家の鶴屋南北が人気となり，幕末や明治期には河竹黙阿弥が人気となった。これらは全国へと広がり，各地の村で若者を中心に歌舞伎をまねた村芝居（地芝居）が行われた。芝居を通じ，歌舞伎の衣服や言葉遣いなどが民衆文化に影響を与えた。

　寺社では経営費を得るために縁日のほかに，秘蔵の神仏の開帳，現代の宝くじに似た富突（富くじ）が開催された。

　庶民の旅行も一般的となり，伊勢神宮などへの寺社参詣や聖地・霊場への巡礼などが人気となった。特に御蔭年とよばれる年に伊勢神宮へ参詣することを御陰参りといい，数百万人もの人が集まった。菅江真澄は東北地方を旅して旅先の風俗などを記録した紀行文『菅江真澄遊覧記』を著した。

🔍 この講のまとめ

化政文化はどのような文化だったのだろう。

☑ 江戸などの三都の繁栄を背景にした町人文化が大きく発達した。

☑ 水戸学の発展や私塾での教育により，幕末期に活躍する人物や思想が育てられた。

☑ 文学や美術作品のほかに，各地で盛んになった芸能が，人々を楽しませた。

定期テスト対策問題③

解答は p.350

1 織豊政権の時代に関して，あとの問いに答えなさい。

尾張の守護代の家柄に生まれた織田信長は，①今川義元などの対抗勢力を次々と倒し，大きな勢力を形成した。信長の跡を継いだ豊臣（羽柴）秀吉は，②朝廷の権威を利用して諸大名を臣従させていき，全国統一を完成させた。

(1) 下線部①に関連して，織田信長が今川義元を破った戦いは何か。

(2) 下線部②に関連して，1585年に豊臣秀吉が摂家以外の人間として初めて就任した役職は何か。

(3) 豊臣秀吉は一揆防止などのために百姓から武器を没収した。この法令を何というか。

(4) この時代には桃山文化とよばれる豪華な文化が生まれたが，芸能分野において，京都でかぶき踊りを始めて人々の人気を集めた女性は誰か。

2 近世のキリスト教に関して，あとの問いに答えなさい

(1) 1549年に鹿児島へ来航し，日本にキリスト教を伝えた宣教師は誰か。

(2) 1582年に大友義鎮らがローマへ派遣した少年使節を何というか。

(3) 1587年に豊臣秀吉が出した，宣教師を国外追放とする法令は何か。

(4) 1637年に重い年貢やキリスト教弾圧などに反発したキリスト教徒らがおこした，大規模な反乱は何か。

3 江戸時代の儒学に関して，あとの問いに答えなさい。

(1) 藤原惺窩に師事し，のちに徳川家康に侍講として仕えたのは誰か。

(2) 6代将軍徳川家宣・7代将軍徳川家継のもとで，朱子学者の新井白石らがすすめた政治を何というか。

(3) 中江藤樹に陽明学を学び，岡山藩の池田光政に招かれ，花畠教場を開いたのは誰か。

(4) 次の出来事を年代順にならびかえなさい。

　(a) 湯島聖堂の学問所で朱子学以外の講義・研究が禁じられた。

　(b) 古学を学んだ荻生徂徠が享保の改革で政治顧問として用いられた。

　(c) 大坂で陽明学者の大塩平八郎が反乱をおこした。

　(d) 林鳳岡（信篤）が大学頭に任じられた。

ヒント

3 (1) 子孫も代々徳川家に仕え，その一族は林家とよばれた。

4 　江戸時代の財政政策に関して，あとの問いに答えなさい

　江戸幕府は自然災害などの影響でたびたび財政難に苦しみ，財政再建のための政策を打ち出していた。①享保の改革では，新田開発や上米を実施し，18世紀中盤には田沼意次が重商主義的な政策をとり、それぞれ増収がめざされた。寛政の改革を行った松平定信は，年貢の基盤である農村を飢饉による荒廃から救おうとした。19世紀半ばに水野忠邦が行った天保の改革では，②江戸・大坂周辺の土地を幕府の直轄地にして財政を安定させようとしたが，譜代大名や旗本からの反対にあって実現しなかった。

(1) 　下線部①に関連して，享保の改革を行った将軍は誰か。

(2) 　田沼時代に広く公認され，天保の改革で解散させられた，商工業者の同業者組合を何というか。

(3) 　寛政の改革での農村復興策として出された，農村出身の人々に補助金を与え，農村に帰ることを奨励する政策は何か。

(4) 　下線部②に関連して，この政策を何というか。

5 　江戸時代の文化に関して，次の文章の空欄に適切な語句を補充しなさい。

　250年以上に渡った江戸時代には，時期によってさまざまな文化が花開いた。

　まず，寛永期には豪華な霊廟建築が流行し，代表的なものに徳川家康をまつった　(a)　がある。絵画の分野では『風神雷神図屏風』で知られ，琳派の基礎を築いた　(b)　が出た。

　元禄期になると，経済力が高まった上方の町人たちを中心に，町人文化が隆盛した。代表的な人物には紀行文『奥の細道』を記した　(c)　，『好色一代男』などの浮世草子を書いた　(d)　などがいる。近松門左衛門は，『曾根崎心中』などの　(e)　や歌舞伎の脚本を多数残した。

　宝暦・天明期には，西洋からもたらされた知識で蘭学・洋学が発展した。杉田玄白らは西洋の医学解剖書を翻訳した『　(f)　』を出版し，大槻玄沢は江戸に蘭学塾の　(g)　を開設した。一方で日本古来の精神を明らかにしようとする国学も発達し，　(h)　は古事記の注釈書である『古事記伝』を著し，塙保己一は古典を集めて『　(i)　』を編纂した。

　文化・文政期には江戸をはじめとする三都の繁栄により多様な文化が生まれた。庶民の間では十返舎一九の『東海道中膝栗毛』など，　(j)　とよばれる絵入りの小説が人気だった。美術の分野では，さまざまな生活風景や景色の中に富士山を写しこんだ　(k)　の「富嶽三十六景」や，街道沿いの宿駅の風景や生活を描いた歌川広重の「　(l)　」といった錦絵が流行した。

ヒント

4 (1) 米公方ともよばれた，8代将軍である。

第 **4** 章　近代：
幕末〜大正

産業革命を終えた欧米諸国はアジアに進出し，日本は開国に至ります。そして江戸幕府は倒れ，明治政府が始まりました。日本は欧米を目標に産業革命と近代化を行い，日清・日露戦争，第一次世界大戦を経て，大陸に進出していきます。大正期には選挙権などを求める社会運動が勃興してきました。

62 | 開国

欧米諸国と国交交渉を行ったことは日本にどのような影響を与えたのだろう。

1 欧米諸国の動向と開国前夜

産業革命が始まっていたイギリスなどの欧米諸国は生産力や軍事力を増強し，さらなる貿易の拡大や植民地の獲得をめざした。この波がアジアにも波及するようになり外国船が日本に来航するようになったが，特に**イギリス**が清に勝利した**アヘン戦争**は日本への影響が大きかった。それまで幕府は，しばしば日本沿岸に接近するようになった外国船に対し，1825 年に異国船打払令を出し，撃退を命じていた。しかし，アヘン戦争の情勢を知って外国と戦争になることを避けるため，1842 年に**天保の薪水給与令**を発布して，漂着した外国船には薪水・食料を与えて退去させる穏便な方針に転換した。しかし，幕府は 1844 年に**オランダ**国王から開国を勧告する親書を受けとったものの，それを拒否して鎖国政策の継続をはかった。

KEY WORD

アヘン戦争

1840~42 年に発生したイギリスと清の戦争。イギリスは清から茶を輸入し，インドで生産したアヘン（麻薬の一種）を清に密輸していた。アヘンが大量に清に入り，銀が流出した。これを防ぐため，清がアヘンの取り締まりを強化したことでイギリスと対立し戦争となった。結果イギリスが勝利し，香港島の割譲や，上海などの開港，貿易の自由化などを約束する南京条約を結ばせた。

2 開国

19 世紀前半のアメリカは太平洋沿岸にまで領土を広げており，清との貿易や太平洋での**捕鯨**のための寄港地を必要としていた。こうした背景から 1846 年，アメリカ東インド艦隊司令長官である**ビッドル**が浦賀に来航して開国と通商を要求したが，幕府はこれを拒絶した。

1853年，アメリカ東インド艦隊司令長官である**ペリー**が軍艦（「黒船」）4隻を率いて浦賀に来航し，アメリカ大統領フィルモアの国書を提出して開国を求めた。幕府（将軍は12代徳川家慶，老中首座は**阿部正弘**）は国書を受け取り，返答は来年にすることにしてペリーをいったん退去させた。

翌1854年，軍艦7隻を率いて再び来航したペリーは，条約の締結を要求し，交渉の結果，幕府はアメリカと**日米和親条約**を締結した。この条約ではアメリカ船への薪水・食料の提供，**下田・箱館**の開港と領事の駐在，アメリカに有利な片務的**最恵国待遇**などが決められた。それをきっかけにイギリス，ロシア，オランダとも同様の和親条約が締結された。

ロシアからは1853年に**プチャーチン**が使節として来航し，その翌年**日露和親条約**を結んだ。この条約では下田と箱館に加えて長崎も開港することが決定し，**択捉島より南を日本領**，**得撫島より北の千島列島をロシア領**として，ロシアとの国境を定めた。**樺太（サハリン）は両国雑居地とされ，国境は定められなかった。**

 POINT

日米和親条約と日露和親条約のまとめ
☑ **日米和親条約** **下田・箱館の開港**，領事の駐在，片務的最恵国待遇
☑ **日露和親条約** **択捉島以南を日本領**，**得撫島以北をロシア領**と決定，**樺太は国境を定めず両国民の雑居地**

3 ハリスと日米修好通商条約

　1856年，初代アメリカ総領事として**ハリス**が来日し，下田に駐在した。日米和親条約に通商についての定めはなかったので，ハリスは将軍徳川家定にも謁見して通商条約の締結を求め，老中首座**堀田正睦**がその交渉にあたった。尊王論などにより朝廷の影響力が大きくなっていたので，堀田は通商条約の勅許（天皇の許可）の獲得により，条約締結反対の意見を抑えようとした。しかし朝廷では**孝明天皇**や公家の間で通商条約に反対する意見が強く，勅許を得られなかった。

　そんななか，東アジア情勢に変化がおきた。第2次アヘン戦争（アロー戦争）で，1858年にイギリス・フランスが清を破り，開港地の拡大や賠償金の支払いなどを認めさせた。ハリスはイギリス・フランスの脅威を説明してアメリカと早く通商条約を締結するよう説いた。1858年に幕府（大老は**井伊直弼**）は，勅許は得られぬまま**日米修好通商条約**を締結した。条約は①開港（**神奈川・長崎・新潟・兵庫**）と開市（江戸・大坂），②開港場での**居留地**の設定とそこでの自由貿易，③**領事裁判権**（治外法権）の設定，④**関税自主権の欠如**（協定関税制）などを内容とした。領事裁判権は日本で罪を犯したアメリカ人について**日本の裁判で裁けず，アメリカの領事が裁判を行うこと**であり，関税自主権の欠如は**日本が独自に貿易関税を決めることができず**，アメリカと協議して税率を決めることである。このように条約は不平等なものであったが，オランダ・ロシア・イギリス・フランスとも同様の条約が締結された（**安政の五カ国条約**）。

▲井伊直弼

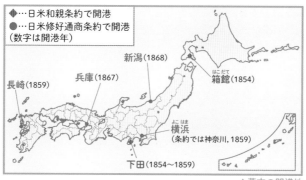

◆…日米和親条約で開港
●…日米修好通商条約で開港
（数字は開港年）

新潟(1868)

兵庫(1867)

長崎(1859)

箱館(1854)

横浜
（条約では神奈川, 1859）

下田(1854〜1859)

▲幕末の開港地

POINT

日米修好通商条約における領事裁判権の設定と関税自主権の欠如

☑ **領事裁判権**の設定　日本で罪を犯したアメリカ人を**日本の裁判で裁けない**

☑ **関税自主権の欠如**　アメリカから輸入する商品への関税は日本の独自の判断で税率を設定できず, **日米の協議により決定**

この講のまとめ

欧米諸国と国交交渉を行ったことは日本にどのような影響を与えたのだろう。

☑ 幕府が外交について意見を募ったことで, 朝廷や諸藩の発言力が増した。

☑ 隣国であるロシアと正式に国境を決めることになった。

☑ アメリカやロシアなどと通商条約を締結したことで, 鎖国政策が終わった。

☑ 不平等条約の改正が今後の大きな外交課題となった。

63 | 開国の影響と尊王攘夷運動

この講の着眼点

開国は日本にどのような影響を与えたのだろう。

1 開国の影響

貿易は，1859 年から開始された。その当初の貿易港は横浜・長崎・箱館で，そこに設置された**居留地**において日本人商人と外国人商人が，銀貨を使用して自由に売買を行った。貿易額は**横浜**が最大で，貿易国としては，アメリカが内戦(南北戦争[1861～65 年])の影響で後退したので，**イギリスとの取引が最も多くなった**。日本は**生糸**，茶，蚕卵紙，海産物などを多く輸出し，毛織物・綿織物などの繊維製品，鉄砲・艦船などの軍需品を多く輸入した。輸入額より輸出額の方が多かった。

貿易は国内の物価，産業，流通などに大きな影響を与えた。最大の輸出品となる生糸を生産する製糸業は発展したが，国内向けの生糸が不足するようになった。また，機械生産の安価な綿織物が大量に輸入されたので，国内各地の農村で発達していた綿織物業を圧迫した。輸出商品の生産地の在郷商人は，従来の問屋を通さずに直接商品を開港場に運び込んだので，江戸などの大都市の問屋を中心とした流通構造はしだいに崩れた。輸出が急速に増加したので，生産が追い付かなくなり，物価は上昇した。

⊕ **PLUS α**

開港場

日米修好通商条約において神奈川・長崎・新潟・兵庫の開港が決定したが実際の開港場は，神奈川は横浜に変更され，日米和親条約で開港した下田は入れ替わりに閉鎖となった。京都に近いことから孝明天皇の勅許が得られなかった兵庫も，天皇の死後となる 1867 年に勅許が出されたのち開港となった(実際の開港場所は神戸)。新潟も 1868 年に開港された。

1860年，幕府は物価の統制を理由に，指定した5品目（生糸・水油・蝋・呉服・雑穀）を横浜に直送することを禁じ，必ず江戸の問屋を経て輸出するように命じる**五品江戸廻送令**を発布した。しかし，これは在郷商人や諸外国に反対され，成果が上がらなかった。

また，日本と外国における金と銀の交換比率の違いによって日本の金貨が外国に流出するようになった。対策として幕府は金貨の品質を大幅に引き下げた**万延小判**を鋳造した（**万延貨幣改鋳**）。しかし，貨幣価値の下落が物価上昇に拍車をかけ，下級武士や庶民の生活は圧迫された。開国や貿易の影響による国内の変化は，幕府への反感を高め，**攘夷運動**が発生する一因ともなった。

\ これを聞きたい！/

Q
どうして開国した日本から金貨が流出するようになったの？

A
当時，日本と外国の金と銀の交換比率が違い，金：銀の交換比率が，外国では1:15，日本では1:5と大きく差がありました。外国人は日本に銀貨をもち込んで，日本でその銀貨を金貨と交換すれば，外国で交換するより安く金貨が手に入るので，それだけで利益を得ることができたのです。

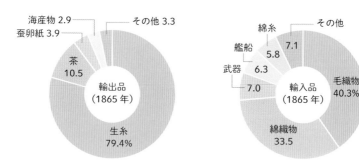

海産物 2.9
蚕卵紙 3.9
その他 3.3
茶 10.5
輸出品（1865年）
生糸 79.4%

綿糸 5.8
その他 7.1
艦船 6.3
武器 7.0
輸入品（1865年）
毛織物 40.3%
綿織物 33.5

（石井孝「幕末貿易史の研究」）
▲貿易の品目

POINT

幕末の貿易のまとめ

☑ 日本は**生糸**や茶などの農産物を輸出し，繊維製品や軍需品を輸入した

☑ 従来の流通を維持しようと**五品江戸廻送令**を発布した（効果上がらず）

☑ 金銀比価の違いから**金貨**が国外に流出したため，品質を下げた**万延小判**を鋳造した。

2 井伊直弼と安政の大獄

　幕府では、13代将軍徳川家定に子がいなかったので、その後継を誰にするのかという**将軍継嗣問題**が発生し、一橋派と南紀派が対立した。水戸藩主徳川斉昭の子で、三卿である一橋家を相続した**徳川慶喜**を推す**一橋派**には、越前藩の松平慶永(春嶽)、薩摩藩の島津斉彬などがいた。一橋派は、従来の譜代大名中心の幕政に雄藩が関与し、協力して難局にあたろうとした。これに対して家定と血統が近い紀伊藩主**徳川慶福**(のちの**家茂**)を推す**南紀派**の譜代大名らは、幕府の従来の政治体制を維持しようとした。

　そのような状況下で大老に就任した南紀派の彦根藩主**井伊直弼**は、勅許を得ないまま日米修好通商条約に調印し、慶福を将軍の跡継ぎに定めた。家定の死去後に、慶福は徳川家茂として14代将軍に就任した。また、開港を望まない**孝明天皇**は通商条約調印に怒り、一橋派や尊王・攘夷の考えを持つ公家や志士(在野で国家の危機に対し高い志を持つ人などのこと)から調印を強行した幕府に非難が集まった。対して井伊直弼は反対派の一橋派、公家、大名の家臣らを多数処罰した(**安政の大獄** KEY WORD)。

　この厳しい弾圧に対し、水戸藩を脱藩した浪士(藩籍を抜けた藩士)らは、1860年に井伊直弼を江戸城の桜田門外で暗殺した(**桜田門外の変**)。

3 公武合体と尊王攘夷運動

　桜田門外の変後、老中**安藤信正**が幕政の中心となり、朝廷と幕府の協調により政局の安定をはかる**公武合体**を推進した。将来攘夷を実行することを条件に、孝明天皇の妹の**和宮**を将軍家茂の妻にすることに成功したが、この政略結婚を快く思わない**尊王攘夷**の考えをもつ人々(尊王攘夷派、尊攘派)はこれを激しく非難し、1862年に安藤信正

は水戸藩の浪士らに襲われて負傷し，老中職から退いた（坂下門外の変）。尊王論（天皇崇拝）と攘夷論（外国排斥）が組み合わさった尊王攘夷論は本来は幕府を批判する思想ではなかったが，この頃から反幕府的な側面をもつ思想になっていった。

　朝廷や幕府との関係を深めていた薩摩藩の島津久光は1862年に上洛して朝廷に幕政改革を訴えて公武合体の推進をはかり，朝廷の勅使と一緒に江戸に向かい幕府に幕政改革を要求した。幕府はそれを受け入れ，文久の改革を行った。大老に相当する政事総裁職に松平慶永を，将軍を補佐する将軍後見職に徳川慶喜を，京都の治安を維持する京都守護職に会津藩の松平容保を任命したほか，幕府への西洋式軍制の採用や，参勤交代の緩和（3年に1回，妻子の帰国も許可）などの改革がなされた。

　島津久光が江戸に向かうと，京都では尊王攘夷を藩論とするようになった長州藩が朝廷内部の尊王攘夷派の公家と結んだ。尊王攘夷派が優位に立った朝廷は，攘夷の決行を幕府に迫り，幕府は断れず翌年の1863年5月10日に攘夷を行うよう諸藩に通達した。約束の日には，長州藩のみが攘夷を決行し，下関の海峡を通過する外国船を砲撃した。

　長州藩を中心とする尊王攘夷派の動きが急進化するなか，薩摩藩・会津藩は公武合体派の孝明天皇や公家と協力し，1863年8月18日に薩摩・会津両藩が御所を兵で固め，長州藩や急進派の公家である三条実美ら尊攘派勢力を京都から追放した（八月十八日の政変）。

⊕ PLUS α

尊攘派の挙兵事件

京都の政情の影響を受けて，尊攘派の挙兵事件がいくつもおきたがすべて鎮圧された。
・天誅組の変（1863年）…尊攘派の公家の中山忠光らが挙兵し，代官所を襲撃。
・生野の変（1863年）…平野国臣らが尊攘派の公家を擁して挙兵し，代官所を襲撃。
・天狗党の乱（1864年）…水戸藩の尊攘派の集団である天狗党が，筑波山で挙兵。

　1863年末から1864年にかけ，八月十八日の政変以降の政治方針を決めるため，朝廷は朝議参与として徳川慶喜，松平容保，松平慶永，山内豊信（容堂），伊達宗城，島津久光を任命し，朝議（朝廷の会議）で話し合わせた。徳川慶喜は幕府主導による政治を主張したが，島津久光は雄藩連合による政治を主張した。朝議は紛糾して，島津久光は辞職し，朝議参与による合議制は崩壊した。

　京都を追放された長州藩は勢力回復をはかり，池田屋事件をきっかけに，1864年7月，京都に攻め上った。長州藩は迎え撃った薩摩・会津・桑名などの藩兵と京都御所付近で戦ったが，敗走した。これを禁門の変（蛤御門の変）という。

幕府は，禁門の変の罪を問うため，朝廷から勅命を受けて諸藩を動員して長州藩に兵をさしむけた（第1次長州征討）。また同じ頃，貿易の妨げになっていた攘夷派に対処したい欧米諸国（**イギリス，フランス，アメリカ，オランダ**）は，長州藩による下関の外国船砲撃の報復として，4か国の連合艦隊で下関を砲撃し，その砲台などを占領した（四国艦隊下関砲撃事件）。この事態に長州藩の上層部は藩内の尊攘派を弾圧して，幕府への恭順の態度を示したので，第1次長州征討では戦闘にならないまま幕府軍は撤兵した。

1865年には，条約の勅許を出させるため，列国は艦隊を兵庫沖に展開して圧力をかけ，ついに孝明天皇は条約の勅許を出した（兵庫開港への勅許は翌年の明治天皇の時代）。さらに1866年，列国は幕府と交渉し，貿易上日本が不利となる条件の改税約書を調印させ，関税率などがさらに不平等となった。

⊕ PLUS α

池田屋事件

1864年の新選組による尊攘派襲撃事件。八月十八日の政変以降，長州藩などの尊攘派は京都での勢力挽回をはかり，京都に潜伏し挙兵を計画していた。京都守護職の配下で京都の治安維持を任務とした新選組（局長：近藤勇）がこれを探知して襲撃し，挙兵を未然に防いだ。

POINT

幕末の長州藩の動き
☑ 尊攘派が主導した長州藩は，**八月十八日の政変**で京都から追放された
☑ 長州藩は勢力挽回のため，京都で**禁門の変**をおこしたが敗北した
☑ **四国艦隊下関砲撃事件**や**第1次長州征討**で，長州藩内の尊攘派勢力は衰退した

🔍 **この講のまとめ**

開国は日本にどのような影響を与えたのだろう。

☑ 輸出増加の影響で，品不足に伴う物価上昇や流通体制の変容などがおき，庶民の生活は苦しくなった。

☑ 開国による経済や社会の混乱は人々の考えを外国の排斥に傾けさせ，尊王攘夷の思想が急進化して，政局が大きく混乱した。

64 | 江戸幕府の滅亡

🔍 この講の着眼点

徳川慶喜が江戸幕府に終止符を打ったのはどのような理由からだろう。

1 倒幕への転換

　1863 年，薩摩藩は前年の**生麦事件**（薩摩藩士によるイギリス人殺傷事件）の報復のため鹿児島湾内に襲来したイギリス艦隊と交戦して，大きな損害を受けた（**薩英戦争**）。この戦いで**イギリス**の実力を知り，攘夷は不可能と判断した薩摩藩は，イギリスに接近するようになった。そして**西郷隆盛**や**大久保利通**らの革新派が藩政を掌握して，西洋式の軍制改革などを実施した。これを見たイギリス公使**パークス**は幕府中心ではない**雄藩連合政権**の樹立を期待するようになった。

　1864 年の第 1 次長州征討で幕府に恭順した長州藩では，**高杉晋作・桂小五郎**（**木戸孝允**）が藩上層部に反発した。高杉は**奇兵隊**（高杉晋作らにより組織された，身分を問わない志願制の軍隊）を率いて挙兵し，幕府に恭順していた保守派から藩の主導権を奪った。四国艦隊下関砲撃事件での敗北で攘夷の不可能を悟り，恭順から倒幕へと藩論を転換させた長州藩は，**イギリス**からの武器購入や大村益次郎の指導で軍事力を強化していった。

　1866 年，薩摩藩は長州藩に近づき，土佐藩出身の**坂本龍馬・中岡慎太郎**らの仲介で，反幕府の密約である**薩長連合**（薩長同盟）を結んだ。第 1 次長州征討の処分として，幕府は長州藩に領地の削減などを命じたが，倒幕論へと傾いた長州藩は応じなかった。これを受けて幕府は**第 2 次長州征討**の実施を決定

👤 **KEY PERSON**

高杉晋作
1839 - 67

長州藩士で倒幕派の中心人物。吉田松陰に学ぶ。1862 年に海外視察で清に渡り，その植民地かのような状況に衝撃を受け，帰国後はイギリス公使館を焼き打ちし，1863 年には奇兵隊を組織した。1864 年の四国艦隊下関砲撃事件では藩の使者として講和交渉を行った。藩の実権を保守派が握ると，奇兵隊を率いて挙兵し，藩論を倒幕に転換させた。1866 年の第 2 次長州征討で活躍したが，翌年病死した。

し，諸藩に出兵を命じた。しかし，薩摩藩は出兵せず，戦況は最新装備の長州藩の前に幕府側が不利となって各地で敗北を喫し，大坂城に出陣していた将軍**徳川家茂が急死**すると，それを理由に休戦した。同年末には公武合体派の**孝明天皇も急死**した。

2 江戸幕府の滅亡

家茂の死後の国内情勢は混沌としていた。15代将軍となった**徳川慶喜**はフランス公使**ロッシュ**の幕府支持の姿勢を背景に，**フランスの援助による幕政再建を試みた**。一方，武力による倒幕を決意した薩摩藩・長州藩(薩長)は公家の**岩倉具視**と倒幕計画をすすめ，1867年，10月14日に**倒幕の密勅**を手に入れた。

一方，土佐藩の**後藤象二郎**と坂本龍馬は慶喜も含めた会議による政府(公議政体)を構想し，慶喜に政権返上を進言することを前藩主の**山内豊信**に働きかけた。これを受けて慶喜は，10月14日に朝廷に**大政奉還**を申し出た。大政奉還の上表が朝廷に受理され，**江戸幕府は滅亡**し，その歴史に幕を閉じた。しかしこれは倒幕派の動きより先に政権を朝廷に返すことで，朝廷のもとに**徳川家主導による諸藩の合議による連合政権**をつくることをはかったものだった。大政奉還により薩長の倒幕の密勅は意味をなさなくなった。

しかし，あくまで政局の主導権を握りたい薩長両藩は12月9日，朝廷を軍事的に制圧するクーデタをおこし，**慶喜を排除する新政権**を樹立する**王政復古の大号令**を発した。王政復古の大号令による天皇中心の新政権では**摂政・関白**や幕府は廃止となり，新たな三職として**総裁，議定，参与**が設置された。三職には皇族，公卿，(前)大名，雄藩の藩士が任命された。同日の夜，朝廷では徳川家の処分が三職による御前会議で論議され(**小御所会議**)，慶喜に**内大臣の官職辞退と領地の一部返上(辞官納地)**を命じる決定をした。

KEY PERSON

徳川慶喜
1837 - 1913

江戸幕府15代将軍。父は水戸藩主の徳川斉昭。一橋家を相続。将軍継嗣問題では一橋派に将軍候補として推され，修好通商条約の無勅許調印の件では井伊直弼と対立し，安政の大獄で謹慎となった。謹慎解除後，将軍後見職や朝議参与などとして活動した。将軍就任後は主導権を握ろうと大政奉還を行ったが，王政復古の大号令，鳥羽・伏見の戦いで大局的に薩長に敗北し，自ら謹慎して朝廷に恭順した。その後は長らく静岡で閑居したが，明治期末には地位を回復し，貴族院議員として活動した。

江戸幕府滅亡前後の幕府，倒幕派の動き

☑ 幕府　政権を朝廷に返上する**大政奉還**を申し出て倒幕派に対抗

☑ 倒幕派　**王政復古の大号令**で徳川慶喜を排除した新政権を樹立

3 幕末の社会と幕府の変革

　開国の影響による物価上昇と不安定な政局は，社会不安を増大し，世相も険悪となった。1866年には，百姓一揆の件数が増大し，農民らは世直しを叫んだ（**世直し一揆**）。1867年には，東海や畿内などで，民衆が「**ええじゃないか**」と連呼して集団で乱舞する運動が発生した。

　幕末には，行き詰まっている現状から救われたいという民衆の思いから，伊勢神宮への**御蔭参り**が流行し，のちに教派神道とよばれる民衆宗教（**天理教**，**黒住教**，**金光教**など）も急激に普及した。

　開国前後から欧米の科学技術などの実学への関心が高まり，幕府や諸藩は近代化をはかるため海外へ留学生を派遣した。

　幕府は，代官の**江川太郎左衛門**（坦庵）に**伊豆韮山へ反射炉を築造**させ，西洋の軍事技術を取り入れようとした。開国後には，洋学の教授や外交文書の翻訳のため，江戸に**蕃書調所**を設置した。また，江戸に洋式砲術などの武芸を教授する**講武所**を，長崎には海軍の教育機関として**海軍伝習所**を設置し，横須賀には造船所（横須賀製鉄所）を建設するなど，軍事面の充実につとめた。

蕃書調所

洋学の教授や海外文書の翻訳を行った幕府機関。1811年に設置された蛮書和解御用がその前身である。蕃書調所はのちに洋書調所，そののちに開成所となった。

この講のまとめ

徳川慶喜が江戸幕府に終止符を打ったのはどのような理由からだろう。

☑ 薩摩藩や長州藩が力をつけたことなどで従来の幕藩体制の維持が難しくなったため，慶喜は徳川家の主導権を維持した新政権の樹立をはかった。

65 | 戊辰戦争と明治政府の発足

🔍 この講の着眼点

新政府はどのようにして政権を形成したのだろう。

1 戊辰戦争

王政復古の大号令により徳川慶喜が新政府から排除され，辞官納地を要求されたことに，旧幕府側は反発した。1868年1月，旧幕府軍は慶喜のいた大坂城から京都に向かい，薩長両藩からなる新政府軍と激突したが敗退した（**鳥羽・伏見の戦い**）。旧幕府軍の敗退により慶喜は大坂城から江戸に退却し，慶喜は朝廷から朝敵に認定されたことで謹慎に入った。朝敵とされた慶喜追討を掲げた新政府軍は江戸に進軍し，**無血開城**で江戸城を手中におさめ，関東での新政府への抵抗も鎮圧した。

しかし会津藩をはじめ新政府に抵抗する構えを取る藩もあり，会津藩に同調した東北諸藩は**奥羽越列藩同盟**を結成した。新政府軍はこれを攻撃して降伏させ，東北地方を平定した。さらに1869年5月には箱館の**五稜郭**で抗戦を続けていた旧幕臣の**榎本武揚**らも降伏し，戦いは終結した。

鳥羽・伏見の戦いから箱館五稜郭の戦いまでの一連の内戦を**戊辰戦争**といい，この勝利により新政府はその権威を確立した。

⊕ PLUS α
赤報隊

鳥羽・伏見の戦い後，新政府軍に志士や豪農・豪商らによる義勇軍も参加した。相楽総三の赤報隊はその1つで，新政府の許可を得て年貢半減を掲げて進軍したが，のちに都合の悪くなった新政府は赤報隊を偽官軍とし，相良らを処刑した。

⊕ PLUS α
江戸城の無血開城

新政府軍は江戸城を総攻撃する予定だったが，イギリスの斡旋もあり，旧幕臣の勝海舟（義邦）と新政府の西郷隆盛の交渉によって総攻撃は回避され，戦うことなく江戸城は新政府軍に引き渡された。

2 新政府の発足

　新政府の組織づくりなどは戊辰戦争の進行と並行してすすめられた。1868 年，新政府は海外に対して新政権の樹立や，これからの外交を新政府が行うことを宣言した。そして国内には新政府の基本方針を示す五箇条の誓文を公布した。新政府は話し合いによる政治（公議世論の尊重）や外国と広く交流すること（開国和親）などを政治の基本方針とした。一方，民衆に対しては五榜の掲示の高札を掲げたが，その内容は強訴の禁止や**キリスト教信仰の禁止**など，旧来の幕府政策を引き継ぐものだった。また，政府組織については政体書を制定し，**太政官**（中央政府）に権力を集中することや，三権分立を取り入れることなどを規定した。江戸を東京と改称し，年号を明治に改元して，天皇一代につき元号を１つに定める一世一元の制も採用した。そして 1869 年には，明治天皇は京都から東京に居所を移動し，東京が首都となった。

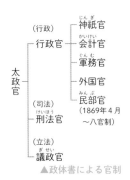

▲政体書による官制

新政府はどのようにして政権を形成したのだろう。

☑ 新政府は旧幕府勢力と内戦を繰り広げ，その勝利によって権威を確立した。

☑ 政権の基本方針の提示や政府組織の編成を，戊辰戦争と並行して行った。

66 | 明治政府の新体制

🔍 **この講の着眼点**

明治政府のつくり上げた新体制はどのようなものだったのだろう。

1 国内の政治的統一

　戊辰戦争で勝利した新政府は，旧幕府領と旧幕府側に味方した諸藩の領地を没収・削減した。主要な地には**府**，ほかには**県**を置いたが，諸藩では依然として大名による統治体制が続いていた。中央集権をめざす新政府は，そうした諸藩の領地を統治下に組み込もうとした。1869年，木戸孝允や大久保利通の主導で，**版図**(各藩の領地)と**戸籍**(領民)を天皇に返還する**版籍奉還**が行われた。**薩摩・長州・土佐・肥前**の各藩主に朝廷への版籍奉還を申し出させると，多くの藩主もそれにならった。申し出なかった藩主にも版籍奉還を命じ，旧来の藩主を新政府の地方長官となる**知藩事**に任命し，収入として**家禄**を与えて藩政を行わせた。

　版籍奉還は形式的に藩を新政府の支配下に入れる政策であったが，徴税・軍事の実権は旧来通り各藩に属していた。新政府は政治的な統一をはかるため，1871年に**薩摩・長州・土佐藩**の兵による**御親兵**を組織して新政府の軍事力を固めて抵抗に備え，**藩を廃止し，府県を設置した**(**廃藩置県**)。それに伴い，**旧藩主である知藩事を罷免**して強制的に東京に居住させるとともに，新たに中央政府の官吏を**府知事・県令**として派遣した。

👨‍🏫 **POINT**

明治政府の政治的統一
- ☑ 版籍奉還　各地の**大名を知藩事に任命**→実質的に藩が存続
- ☑ 廃藩置県　**旧大名の知藩事を罷免**→新たに府知事・県令を派遣

2 明治初期の官制

新政府の中央組織も版籍奉還・廃藩置県の際に政体書の組織から変更して整備がすすめられた。版籍奉還後に太政官と神祇官からなる**二官六省制**となり，廃藩置県後に**正院**(内閣にあたる政府の最高機関)，**左院**(立法の諮問機関)，**右院**(各省の長官と次官による協議機関)からなる三院制となった。新政府の要職(太政大臣，参議，各省の卿・大輔など)には三条実美や岩倉具視などの公家と，薩長土肥の実力者たちが任命された(のちに**藩閥政府**とよばれた)。日本国内を政治的に統一した新政府は，多数の政府要人などを含む大規模な海外使節(**岩倉使節団**)を派遣したので，その帰国までは西郷隆盛を中心とする**留守政府**が**学制・徴兵制**の実施，**地租改正**など国内の改革を実施した。

KEY WORD

三院制

正院, 左院, 右院からなる政治制度。正院には太政大臣, 参議などが置かれた。各省の長官を卿, 次官を大輔という。

⊕ PLUS α

薩長土肥の実力者

・薩摩藩…西郷隆盛, 大久保利通, 黒田清隆ら
・長州藩…木戸孝允, 伊藤博文, 井上馨, 山県有朋ら
・土佐藩…板垣退助, 後藤象二郎ら
・肥前藩…大隈重信, 副島種臣, 江藤新平ら

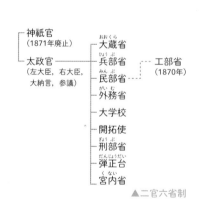

▲二官六省制

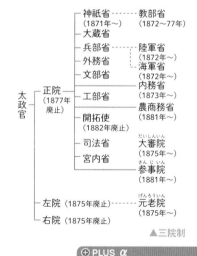

▲三院制

3 軍事・警察制度

国家を強化するために軍事制度が整えられた。廃藩置県の際に創設された御親兵は，のちに天皇を警護する近衛兵となった。旧藩兵の一部を各地の鎮

⊕ PLUS α

兵役の免除

徴兵令は満20歳以上の選抜された男子に兵役義務を課したが, 戸主や長男などの後継ぎ, 官吏, 学生, 代人料の収納者は兵役の免除が可能だった。

台(陸軍部隊)に配置して反乱や一揆などに備えさせた。さらに国民皆兵制を基礎とした近代的な軍隊をつくり上げるため，1872年に太政官からその理念を述べた徴兵告諭が出され，1873年に徴兵令が公布された。この近代的軍隊の創設方針は大村益次郎が立案し，山県有朋が中心となって具体化した。この制度は，満20歳に達した男性から選抜された者が兵役に服すもので，士族(旧武士)・平民(旧百姓・町人)といった身分にかかわりなく国防を担うこととなった。しかし兵役の免除も可能であった。

　1873年に内政の中心となる内務省が新設され，内務省により全国的に警察組織が整備された。1874年には東京に警察行政を行う警視庁が設置された。

KEY PERSON

山県有朋
1838 - 1922

長州出身，明治・大正期の政治家・軍人。松下村塾で学び，尊王攘夷運動に参加し，奇兵隊の指揮官を務めた。明治時代には徴兵制度の実現や，首相となって軍部大臣現役武官制や治安警察法などを成立させた。晩年は元老として大きな発言力を有した。

KEY WORD

内務省
1873年に設立された殖産興業，地方行政，警察の統轄などを行う官庁。初代内務卿は大久保利通。内閣制度創設後は内閣の一省となり，大きな権限をもっていたが，戦後の1947年に廃止された。

この講のまとめ

明治政府のつくり上げた新体制はどのようなものだったのだろう。

☑ 藩に属していた領地や領民を天皇のものとし，政府が派遣した官吏によって統治をさせることで，日本全国に及ぶ新政府の政治的な支配権が確立された。

☑ 中央組織の役職には公家や薩長土肥の実力者が就任した。

☑ 徴兵令により，人々は身分に関係なく軍隊に徴発され，国防を担うことになった。

67 | 明治政府の近代化政策

この講の着眼点

明治政府は身分制度を改め，地租改正を実施し，殖産興業につとめたが，
この諸改革を行ったのはどのような理由からだろう。

1 身分制度の改革

明治政府は，旧来の制度(株仲間，関所など)の撤廃につとめ，身分制度においても**四民平等**をすすめた。藩主・公家を**華族**，旧幕臣や藩士などの武士を**士族**，農工商に携わっていた百姓や町人などを**平民**とした。婚姻，職業，移住の自由も認められ，平民は苗字(名字)をつけることを公認された。1871年には，えた・非人などの賤民の呼称を廃止する解放令により，賤民の身分・職業などを形式上は平民と同様の扱いとした。しかし，旧来の賤民への社会的差別は残り続けた。1872年，新しい身分区分(華族・士族・平民など)による戸籍である**壬申戸籍**が作成された。

政府は俸禄として華族・士族には家禄を与え，王政復古や戊辰戦争の功労者には賞典禄を与えていた。この家禄・賞典録(あわせて**秩禄**という)による支出は大きく，国家財政を圧迫したので，政府は秩禄を全廃する**秩禄処分**に着手した。1873年に**秩禄奉還の法**を定め，希望者に秩禄の支給停止と一時金の支給を実施した。1876年にはすべての秩禄受給者への秩禄支給を廃止し，数年分の秩禄に相当する額を記した**金禄公債証書**を与えた。さらに同年の**廃刀令**により，帯刀できるのは軍人や警察官のみとなって士族の帯刀は許されなくなり，その身分による特権は失われた。

官吏や教員などに転身できなかった士族のなかには，公債を元手として慣れない商売を始めた者もいた。その多くは失敗して，皮肉を込めて「**士族の商法**」

KEY WORD

金禄公債証書

秩禄処分において，秩禄廃止のかわりに提供された公債(国の債務)の証明書。一定期間後に金禄公債証書の額面の金額やその間の利子が得られた。しかし，多くの士族が受け取れたのは少額であった。士族や，この証書を士族から買い取った商人によって，この公債を元手とする国立銀行が各地で数多く設立された。

とよばれた。また政府は没落していく士族を救済しようと，ほかの産業につかせようとするなど援助（士族授産）したが，効果は上がらなかった。

2 地租改正

　明治政府にとって国家財政の基礎を固め，経済基盤を安定させることは最重要課題であった。廃藩置県により，政府は全国の徴税権を掌握した。しかし，それは旧来の年貢を引き継いだもので，旧藩ごとに税率が異なり，米価や作柄の変動もあり不安定なものだった。政府はこれを解決するため，統一的な土地制度・税制の確立をはかった。

　まず政府は，1872年に江戸時代以来の**田畑永代売買の禁止令を解除**した。そして，土地の**地価**を定めて，土地所有者（地主や自作農）にその証明書である**地券**を交付した。地価を明記された地券は自由に売買可能なので，土地は自由に処分できる私有財産となった。

　そして政府は，1873年に**地租改正条例**の公布により地租改正を開始した。地租改正では，地券所有者が納税者となること（村請制の解体），納税額の基準が収穫高ではなく法定した一定の地価によること，納税は物納ではなく**金納**（税率は豊凶にかかわらず地価の3％）とすることなどが定められた。村の共有地である**入会地**で，所有権を立証できない場所は官有地となった。

　政府は従来の歳入を減らさないよう地価を高く設定したので，それに反発する農民は各地で一揆を起こした（**地租改正反対一揆**）。この一揆などにより，1877年には地租の税率が2.5％に下げられた。

▲地券

 POINT

地租改正のまとめ
☑ 課税の基準　従来は収穫高→一定した**地価**に変更
☑ 納入の方法　従来は村単位で物納→個人単位で**金納**に変更
☑ 納税者　従来は耕作者→地主（**地券**所有者）に変更

❸ 近代産業の育成

　明治政府は殖産興業(産業の振興)により，富国強兵(経済の発展・軍事力の強化)を実現しようとした。殖産興業のため，1870年に工部省を設置し，1873年には内務省を設置した。横須賀造船所や長崎造船所，佐渡などの鉱山，高島・三池の炭鉱などを幕府や藩から官営事業として引き継いだ。

　陸上交通においては，1872年に新橋・横浜間，のちに神戸・大阪間などにも鉄道を敷設して，貿易港と都市を結ぶ交通を整備した。人力車や馬車の交通のため，道路の整備も奨励した。

　海運においては，岩崎弥太郎の三菱を保護し，KEY PERSON有事における軍事輸送も担わせた。この岩崎弥太郎の三菱や，三井など，金融や海運などの分野で独占的な利益を得た民間業者は政府の保護を受けて政商とよばれた。

　通信面においては，1869年に東京・横浜間で電報をやり取りする電信線を架設し，10年後には主要都市が電信線で結ばれた。また，1871年には長崎・上海間が海底の電信線により結ばれ，それにより欧米まで通信を接続した。1871年に前島密の建議により郵便制度を創設した。

　近代産業の育成のため，外国から技術者を招き(お雇い外国人)，政府の直営による官営模範工場を設立した。1872年には群馬県にその1つである富岡製糸場を開業し，輸出品となる生糸の生産拡大につとめた。富岡製糸場では各地の士族の子女を工女として採用し，フランスから輸入した機械によって生糸を生産した。

　北方の開発においては，1869年に蝦夷地を北海道と改称して，開拓使を設置した。開拓使はアメリカ式の大農場制度などを参考とし，1876年に

KEY PERSON

岩崎弥太郎
1834 - 85

　土佐出身の実業家。当初土佐藩の貿易に従事していたが，土佐藩から貿易事業を継承して，九十九商会を設立し，これがのちに三菱に発展した。三菱は台湾出兵や西南戦争の軍事輸送を担当するなど政府に保護された。これにより巨利を得て政商とよばれ，三菱財閥の基礎を確立した。

⊕ PLUS α

明治時代以降のアイヌ

　北海道の開拓の影響で，アイヌは生活圏を狭められ，和人との同化もすすめられた。1899年，政府はアイヌの保護を名目に，アイヌの農民化を推進する北海道旧土人保護法を制定した。アイヌは伝統的な習慣などを奪われ，生活も困窮した。戦後の1997年，アイヌ文化振興法の制定により，北海道旧土人保護法は廃止された。2019年のアイヌ施策推進法で，アイヌは先住民であると初めて明記された。

札幌農学校を開校し，お雇い外国人として**クラーク**を招き，農業技術を学ばせた。また，開拓と北方の防衛のため，平時は農業に携わり，有事には兵士となる屯田兵制度を設けた。屯田兵制度は士族授産の1つとして始められ，札幌近郊などに屯田兵村がつくられた。

　貨幣制度においては，新政府の成立直後には**太政官札**や**民部省札**などの，金貨や銀貨との交換を保証しない不換紙幣を発行していた。それ以外にも藩札や，品質が統一されていない金貨や銀貨などが数多く出回り，統一的な貨幣制度が必要とされた。そこで1871年に新貨条例を制定し，十進法による円・銭・厘（1円＝100銭＝1000厘）を単位とする硬貨を新たに発行した。新しい貨幣制度は金貨との交換を前提とする金本位制をたてまえとしていた。しかし，実際の貿易では銀貨が使用され，国内では硬貨ではなく紙幣が主に使用されて，金貨はほとんど使用されなかった。

▲富岡製糸場

🔍 **この講のまとめ**

　明治政府が諸改革を行ったのはどのような理由からだろう。

　☑ **欧米の新しい技術や制度を導入し，富国強兵を達成するため。**

68 | 文明開化

🔍 この講の着眼点

文明開化の風潮は，どのような影響を人々に与えたのだろう。

1 文明開化

　明治政府は西洋の制度や文化を積極的に摂取し，国民においても同様にその機運が高まった。この風潮を**文明開化**という。文明開化は大都市を中心に始まり，しだいに地方にも広がっていった。和服から洋服着用への変化，ちょんまげから断髪して結髪しないざんぎり頭にする変化が，文明開化の象徴であった。東京の銀座では煉瓦造の建物，ガス灯などが見られ，鉄道馬車が運行された。食文化では**牛鍋**が人気を博した。

　1872 年，旧暦（太陰太陽暦）を改めて**太陽暦**に切り替えた。1 日 24 時間，1 年 365 日，日曜日を休日とすることも定めた。2 月 11 日を**紀元節**（神武天皇の即位日とされた日），11 月 3 日を**天長節**（明治天皇の誕生日）として祝日にした。

2 思想・言論活動

　西洋近代思想が輸入され，人は生まれながらに人として生きる権利（自然権）があるという**天賦人権の思想**が普及した。**福沢諭吉**（著書：『西洋事情』・『学問のすゝめ』・『文明論之概略』），**中村正直**（訳書：『西国立志編』・『自由之理』），**中江兆民**（訳書：『民約訳解』）らは，そのような西洋思想の啓蒙書を出版し，民衆に広く読まれた。

　活版印刷技術が発達したことで，日刊新聞や雑誌などが出され，言論活動も活発になった。**森有礼**らにより 1873 年に結成された**明六社**は機関誌として『**明六雑誌**』を発行した。

KEY PERSON

福沢諭吉
1834 - 1901

思想家・教育者。緒方洪庵の適々斎塾に学んだ。幕末に渡米して，帰国後に幕臣となる。その辞職後に慶応義塾を創設した。著作の『学問のすゝめ』が大人気となり，啓蒙書を多数刊行して，明六社でも活動した。社交クラブの交詢社の設立にもかかわった。のちに創刊した『時事新報』では「脱亜論」を発表した。

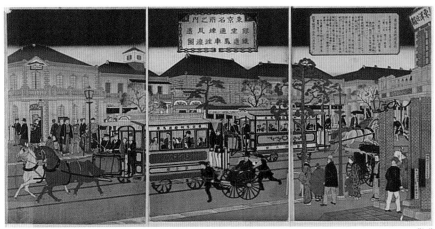

▲明治時代の銀座

3 教育

　明治政府は教育制度にも力を入れ，1871年に教育を所管する文部省を新設した。1872年に男女とも修学する国民皆学をめざし，フランスの学校制度にならった学制を公布して，小学校などを創設した。教員を養成する師範学校も設立した。1877年には旧幕府の研究機関である開成所と，医学教育機関である医学所の流れをくむ諸学校を統一して，高等教育の中心となる東京大学を設立した。

　民間においても，1868年に福沢諭吉の慶応義塾，1875年に新島襄の同志社などの私学が創設された。

4 宗教

　1868年，政府は神仏分離令を出し，神仏習合を禁止した。これがきっかけで，寺院や仏像などを破壊する廃仏毀釈の運動が全国的に広まり，仏教界は大きな打撃を受けた。1870年に政府は大教宣布の詔を出して神道による教化をはかったが，成果はでなかった。その後，神道と仏教の双方による教化へと政府の方針は変更された。

KEY WORD

明六社

知識人による結社。明治6年（1873年）に設立したことにちなみ，この名前がつけられた。アメリカから帰国した森有礼を中心に，西村茂樹・津田真道・西周・中村正直・福沢諭吉らが集い，機関紙『明六雑誌』を刊行し，演説会などを行って，西洋思想の普及に努めた。

KEY WORD

東京大学

1877年に設立された国立大学。1886年に帝国大学，1897年に東京帝国大学と改称された。戦後は東京大学の名称となって，現在に至っている。

キリスト教においては，江戸時代と同様，政府は五榜の掲示によりその信仰を禁止した。政府はキリスト教徒を弾圧したが，それが欧米諸国に知れ渡ると強い抗議を受けた。それによりキリスト教禁止の高札は撤去された。**キリスト教の信仰は黙認される**ことになり，以後宣教師は日本人への布教を積極的に行うようになった。

⊕ PLUS α

浦上教徒弾圧事件

長崎浦上のキリスト教徒の弾圧事件。幕末に浦上の潜伏キリシタンが長崎の大浦天主堂でフランス人宣教師にその信仰を告白した。明治時代になると新政府はその信徒を捕らえて処罰した。これが欧米諸国に知れ渡り，国際問題となった。

▲大浦天主堂

🔍 この講のまとめ

文明開化の風潮は，どのような影響を人々に与えたのだろう。

☑ 生活文化や風俗が西洋式となり，人々の考えも西洋の啓蒙思想による影響を大きく受け，のちの自由民権運動にも影響した。

69 | 明治初期の外交

この講の着眼点

明治政府と諸外国の外交は，どのような結果を生んだのだろう。

1 欧米との外交

1871 年の廃藩置県後，政府は不平等条約の改正をめざし，岩倉具視を大使とする岩倉使節団をアメリカ，ヨーロッパに派遣した。しかし，交渉ははかどらず，欧米の政治や産業などを視察して1873 年に帰国した。

1876 年には本格的な改正交渉をスタートし，外務卿寺島宗則がアメリカと関税自主権の回復を交渉しうまくいきかけた。しかし，イギリス・ドイツなどの反対があり，不成立に終わった。

また，欧米系住民が定住していた小笠原諸島について，幕末に日本の領有を確認済みであったが，改めて領有を明らかにするため，1876 年にアメリカやイギリスに日本の領有に異議がないことを確認し，政府機関を設置して統治を開始した。

KEY WORD

岩倉使節団

岩倉具視を大使とする条約改正をめざした使節団。1871年11月に出発し，1873 年 9 月に帰国した。木戸孝允，大久保利通，伊藤博文などの政府の中心人物が加わった大規模な使節団で，津田梅子らの多くの留学生も随行した。太平洋を横断し，アメリカと改正交渉を行おうとしたが，日本の近代化が不十分で不調に終わった。そこから欧米の視察に主な目的を切り替え，その先進性に大きな影響を受けて帰国した。

2 清・朝鮮との外交

清とは，1871 年に日清修好条規を締結し，国交を結んだ。日本と清は相互の開港や領事裁判権などを認めあい，この条約は日本最初の対等条約となった。

朝鮮とは，明治政府が発足して，江戸時代の朝鮮通信使にかわる，近代的な外交関係を結ぶことを求めた。それに対し，朝鮮は清を宗主国とすることから，従来の体制を維持しようとして，交渉に応じなかった。この頃鎖国の方針をとっていた朝鮮に対し，日本では西郷隆盛らが武力を背景に朝鮮の開国を実現する征韓論をとなえたが，欧米から帰国した大久保利通らは当面国内の政治

を優先すべきだと主張して反対し，征韓論は採用されなかった。

　その後も日本は朝鮮と交渉を続けたが，1875年には日本の軍艦が朝鮮の江華島で挑発を行い，朝鮮との戦闘に発展した**江華島事件**を引きおこした。それをきっかけに日本は，武力を背景に朝鮮に圧力をかけ，1876年に**日朝修好条規**を結び，朝鮮は開国することになった。この条約は，朝鮮の釜山・仁川・元山の開港などを定めたほか，日本の領事裁判権などを認めさせる不平等条約であった。

3 琉球処分

　琉球王国は，成立した頃から明と冊封関係を結んでいたが，1609年に**薩摩藩**の侵攻を受けて以来，明・清と薩摩藩に両属する関係にあった。日本は琉球王国の日本領化をはかり，1872年に**琉球藩**を設置し，国王である**尚泰**を**藩王**に任命した。その前年の1871年，台湾に漂流した琉球王国の漁民が現地住民に殺害される**琉球漂流民殺害事件**が発生したが，清はこの事件の責任を取ろうとしなかった。このことから1874年，日本は**台湾出兵**を行ったが，イギリスの調停もあり，清が事実上の賠償金を支払うことになったので撤兵した。この結果によって，琉球住民は日本国民として認められたと判断した日本は，こののち琉球に清への朝貢を停止させた。琉球側は抵抗したが，1879年には，軍事力を背景に琉球藩を廃止して**沖縄県**を設置した。尚泰は強制的に東京に移住させられ，琉球王国は滅亡した。これらの一連の琉球王国への対応を**琉球処分**という。清は琉球王国への日本の対応に強く抗議し，外交上の問題は残った。

POINT

琉球処分のまとめ
- ☑ **琉球藩**の設置　尚泰を藩王に任命
- ☑ **沖縄県**の設置　尚泰を東京に強制移住（琉球王国の滅亡）

4 ロシアとの外交

　幕末にロシアと結んだ**日露和親条約**では，**樺太**(サハリン)は両国雑居地となっており，国境を定める必要があった。1875年，日本は**樺太を放棄してロシア領**とし，そのかわりに**千島列島を日本領**とする**樺太・千島交換条約**を結んだ。

▲明治初期の日本の領土

🔍 この講のまとめ

　明治政府と諸外国の外交は，どのような結果を生んだのだろう。
- ☑ 欧米諸国との条約改正交渉は不調に終わったが，使節団は海外を見聞したことで近代化と国内改革の重要性を知った。
- ☑ 琉球処分やロシアとの外交などにより，国境は現在の日本に近い状態となった。

70 | 士族の反乱

この講の着眼点

明治初頭の農民の一揆や士族の反乱はどのような理由でおきたのだろう。

1 明治六年の政変

　征韓論をめぐる対立をきっかけに，1873年に，**西郷隆盛**や**板垣退助**，**後藤象二郎**，**江藤新平**，**副島種臣**らの征韓派は政府から去り，政府は分裂した（**明治六年の政変**）。これにより政府の主導権は内務卿の**大久保利通**が握ることとなった。政府を去った**板垣退助**と**後藤象二郎**らは，1874年に政治結社の愛国公党を結成し，さらに**民撰議院設立の建白書**を**左院**に提出した。これは少数の藩閥出身者が政治を行う有司専制を攻撃し，国会の設立を求めたものだった。新聞に掲載されたこの建白書は社会に大きな影響を与え，**自由民権運動**のきっかけとなった。

2 不平士族の反乱や農民一揆

　明治政府が推進した急速な近代化政策は，国民の生活に大きな変化を強いた。兵役などの諸負担や重税を課された農民の政府への不満は一揆となった。徴兵制度などの影響による**血税一揆**や，地租改正に反発する**地租改正反対一揆**が各地で発生した。

　また，明治六年の政変により政府が分裂して以降，征韓論支持者の多かった士族は政府への不満を高めた。1874年，明治六年の政変で政府を去った**江藤**

KEY PERSON

西郷隆盛
1827 - 77

薩摩出身，政治家。島津斉彬に抜擢された。島津久光とは折り合いが悪く一時冷遇されもしたが，禁門の変，薩長連合の結成，王政復古の大号令の実現などで活躍した。戊辰戦争では，東征軍参謀として江戸城の無血開城を実現した。明治政府では参議となり，留守政府の中心として国内改革を断行した。明治六年の政変で下野し，私学校を開設して後進の育成にあたったが，西南戦争で敗死した。

KEY WORD

血税一揆

徴兵制度の兵役や，学制による学校設立などの負担に反対して農民らがおこした一揆。徴兵告諭が，兵役の義務を「血税」とたとえたことが名前の由来となった。

新平を首領として，佐賀の不平士族が**佐賀の乱**をおこした。しかし乱は鎮圧され，江藤は処刑された。1876 年に政府から**廃刀令**が出され，**秩禄処分**が行われると，特権を奪われた士族による反乱が福岡県や山口県などで発生した。

　最大の士族反乱として，1877 年に鹿児島の士族が西郷隆盛を首領として**西南戦争**をおこしたが，これも政府軍に鎮圧された。西南戦争の鎮圧後には，不平士族の反乱が発生することはなかった。

　明治六年の政変で政府の中心となった大久保利通だったが，西南戦争後の 1878 年に不平士族に暗殺され，政府は強力な指導者を失った。

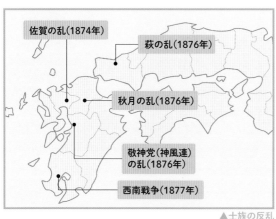

▲士族の反乱

⊕ PLUS α

その他の士族反乱

佐賀の乱や西南戦争以外にも各地で反乱が発生したが，それぞれ鎮圧された。
・敬神党（神風連）の乱…熊本の保守的な士族反乱
・秋月の乱…福岡の士族反乱
・萩の乱…吉田松陰の門下生で，元参議の前原一誠を中心とする士族反乱

KEY WORD

西南戦争

1877 年におきた鹿児島の私学校の士族を中心とする反乱で，日本最後の内戦。西郷隆盛を首領に擁した。熊本城を包囲するなどしたが，田原坂の戦いで政府軍に敗れ，以後劣勢となり鎮圧された。戦費として政府が不換紙幣を増発したので，インフレの一因となった。

🔍 この講のまとめ

明治初頭の農民の一揆や士族の反乱はどのような理由でおきたのだろう。
☑ 農民は明治政府の推進する兵役などの近代化政策の負担に反対し，一揆をおこした。
☑ 士族は征韓論の否決や，特権のはく奪などに不満を高め，反乱をおこした。

71 自由民権運動

この講の着眼点

自由民権運動はどのような結果を生んだのだろう。

1 自由民権運動の始まり

1874 年に**板垣退助**らが**民撰議院設立の建白書**を左院へ提出したことで，自由民権運動の機運が高まった。板垣は**片岡健吉**らと，自由民権運動を推進する**立志社**を**土佐**で結成した。さらに翌年に，板垣は民権運動の全国組織化をめざす**愛国社**を**大阪**で結成した。

自由民権運動が盛り上がり始め，1875 年，**大久保利通**は**大阪会議**で**板垣**と**木戸孝允**に将来の国会開設を約束した。政府は，**漸次立憲政体樹立の詔**を出して，立法諮問機関となる**元老院**，最高裁判所に相当する**大審院**，府知事と県令を招集して地方自治関連を審議する**地方官会議**を設置した。しかし政府は，自由民権運動をすすめる民権派に対しては，**讒謗律・新聞紙条例**などを出して言論統制を行った。

また，政府は地方三新法の制定で地方制度を整備した。地方議会で**豪農**などの有力者の政治参加を認め，ある程度の民意が反映可能になった。

2 国会開設運動

1877 年に立志社が，国会開設を要望する立志社建白を明治天皇に提出しようとしたが，政府に却下された。その後，士族を中心に始められた自由民権運動は一時的に下火となったが，活動停止していた愛国社の再興がはかられ，商工業者

や府県会議員などが運動に参加するようになるなど，再び盛り上がりをみせた。1880年には愛国社が発展して国会期成同盟となり，国会開設の請願書を政府に提出した。しかし，政府は受理せず，集会などを規制する集会条例を出して自由民権運動の盛り上がりを抑えようとした。

　1881年，国会期成同盟のメンバーを中心として，自由党（党首：板垣退助）が結成された。自由党はフランス流の急進的な自由主義をとなえ，地方の農村などを支持基盤としていた。

　一方政府内では，自由民権運動の盛り上がりのなか，国会開設について意見が分かれていた。木戸孝允や大久保利通が死去して以来，政府の中心には大隈重信，岩倉具視，伊藤博文らがいたが，イギリスを模範とした議院内閣制の早期成立を主張する大隈と，早期成立に慎重な岩倉と伊藤らは対立した。1881年に発生した開拓使官有物払下げ事件をめぐり民権派の政府批判が激しくなると，伊藤はこの世論の高まりに大隈が絡んでいるとして，大隈を政府から追放した。そして，政府は世論対策として払い下げを中止し，1890年の国会開設を公約する国会開設の勅諭を出した。この一連の動きを明治十四年の政変という。これによって政府は薩長藩閥の政権となり，ドイツを模範とする君主権の強い立憲君主制をめざすことになった。

3　私擬憲法と政党の成立

　自由民権運動では，各地で独自の憲法案（私擬憲法）が作成されたが，国会開設の公約はそれをさらに活発にした。著名なものに，福沢諭吉系の交詢社による「私擬憲法案」，植木枝盛による「東洋大日本国国憲按」，立志社の「日本憲法見込案」，農村青年らの学習グループによる「五日市憲法草案」などがある。

　また 1882 年には，新たな政党が誕生した。下野した大隈重信はジャーナリストや一緒に政府を去った官僚らとともに立憲改進党（党首：大隈重信）を結成した。立憲改進党は漸進的な立憲主義をとなえてイギリスを模範とする議院内閣制をめざし，都市の実業家や知識人を支持基盤としていた。自由党や立憲改進党の結成に対し，政府側の政党として立憲帝政党（党首：福地源一郎）が結成されたが，支持は広がらず，翌年には解散した。

🧍 KEY PERSON

大隈重信
1838 - 1922

　肥前出身，政治家。幕末には尊攘派として活動した。明治政府では大蔵卿などとして活躍したが，1881 年の明治十四年の政変で下野した。立憲改進党を設立し，東京専門学校（のちの早稲田大学）を創立した。政府に戻り外務大臣として活動し，1898 年には初の政党内閣である第 1 次大隈重信内閣を組織した。大正時代には第 2 次大隈重信内閣を組織し，任期中に生じた第一次世界大戦に対応した。

POINT

政党の誕生
☑ **自由党**　党首：**板垣退助**　政策：**フランス**を模範
☑ **立憲改進党**　党首：**大隈重信**　政策：**イギリス**を模範

🔍 この講のまとめ

自由民権運動はどのような結果を生んだのだろう。

☑ **政府は自由民権運動を取り締まろう**としたが運動は盛り上がり，政党などが設立され，憲法の私案も作成された。

72 | 自由民権運動の激化

🔍 この講の着眼点

自由民権運動はなぜ激化したのだろう。

1 自由民権運動の激化

1881年に大蔵卿となった松方正義は激しいインフレに対処するため，軍事費以外の行政費用を削減する緊縮財政と西南戦争で乱発された紙幣の整理を行った(松方財政)。インフレはおさまったが深刻な**不況・デフレ**となり，農民は大打撃を受けた。この負担に耐えられず困窮して，土地を売却して小作農となる農民も多く，地主は小作農から小作料を徴収したり貸金業を営むなどして資金を蓄え，さらに土地を集積した。土地を手放した農民には，労働者として都市に流入する者もいた。この農村の事情は自由民権運動に大きな影響を与えた。

1882年に自由党の板垣退助が暴漢に襲われ，「板垣死すとも自由は死せず」と発したとされる逸話が全国に広まったことなどから，板垣の名声はさらに高まった。政府は集会条例を改正して政党活動への圧迫を強める一方，自由民権運動を懐柔するため，板垣退助らをヨーロッパに外遊させ，その費用を援助した。それにより立憲改進党が自由党を批判し，自由民権運動の足並みが乱れた。このような状況もあり，急進的な地方の自由党員や重い負担に耐えかねた農民が，武装蜂起などの直接的な行動をおこした。激化事件の最初として，1882年には福島事件が発生した。さらに1883年には高田事件，1884年には**群馬事件**や**加波山事件**など，各地で自由党員が関連する蜂起が発生したが，それ

＼ これを聞きたい！／

Q どうして松方財政で農民は大打撃を受けたの？

A 松方財政の結果，デフレになって米などの価格が大きく下落しました。その結果，米などの販売を収益にしていた農民の収入は大幅に減りました。江戸時代の年貢と違い，地租は金銭の定額納付なので，農民にとって実質的な増税になったのです。

📖 KEY WORD

福島事件

1882年に福島県で発生した激化事件。福島県令の三島通庸が農民に労役を課した。農民は抵抗し，福島自由党は農民の訴訟などの手助けをした。これを口実に三島は河野広中らの福島自由党員を大量に検挙した。

ぞれ失敗した。特に1884年の秩父事件では，その鎮圧に軍隊が必要なほどであった。

政府高官の襲撃などをはかることもあったこれらの事件に対し，自由党の上層部は党員を統率することができず，加波山事件後に自由党は解党することになった。立憲改進党も大隈重信らが脱退したことなどで事実上の解党状態となった。このような自由民権運動の急進化などにより，運動は徐々に衰退していった。

民権運動の衰退や，1884年の朝鮮における甲申事変（→p.249）による日本の朝鮮への影響力の衰退を背景に，1885年には旧自由党左派の大井憲太郎らが朝鮮の保守的な政府を武力で打倒して改革をおこし，日本国内の改革の糸口にしようとはかったが，渡航前に大阪で検挙された（大阪事件）。

高田事件（1883年3月）

飯田事件（1884年12月）

福島事件（1882年11〜12月）

群馬事件（1884年5月）

加波山事件
（1884年9月）

秩父事件
（1884年10〜11月）

大阪事件（1885年11月）

▲自由党員などによる激化事件

2 三大事件建白運動

1886年，旧自由党系の星亨らが政党間の主義主張の小さな違いにこだわらず，民権派は団結して大きな勢力として近づく国会開設にそなえようとする**大同団結運動**を提唱した。1887年には，外務大臣井上馨の条約改正交渉の内容（→p.247）が判明したことがきっかけで**三大事件建白運動**がおこった。三大事件とは①**地租軽減**，②**言論・集会の自由**，③**外交失策の挽回**（不平等条約の撤廃）のことで，これらについて意見を訴える建白書を政庁に提出する運動が全国的に展開さ

れた。後藤象二郎も参加したこの運動によって大同
団結の動きは活発となった。この動きに対し，政府
は保安条例を公布して，運動にかかわった民権
派を東京から追放するなどして対処した。

3 政治思想の浸透

　大同団結運動や三大事件建白運動などの盛り上が
りはメディアの報道や論説に支えられていた。政治
を独自に評論する新聞（大新聞）が次々と創刊され，
国民に政治思想を浸透させた。民友社の徳富蘇
峰は雑誌『国民之友』を刊行して，国民の自由の
拡大などをめざすため，平民的欧化主義が必要だと
主張した。それに対し，政教社の三宅雪嶺は雑
誌『日本人』を刊行し，陸羯南は新聞『日本』を
創刊して，日本の伝統や国民性を重視する近代的民
族主義の立場から欧化主義を批判し，徳富蘇峰らと
論争した。

🔍 この講のまとめ

自由民権運動はなぜ激化したのだろう。

☑ 松方財政によるデフレによって，土地を手放すなど困窮した農民が増加
　して社会が不安定になり，急進的な行動をとる者が出てきたため。

☑ 政府の懐柔策によって自由党の指導部が不在となり，自由民権運動の統
　率がとれなくなったため。

73 | 憲法の制定と議会の成立

🔍 **この講の着眼点**

大日本帝国憲法の制定はどのような意味があったのだろう。

1 近代的国家機構の整備

明治十四年の政変後，君主権の強い憲法を制定しようと定めた政府は，憲法調査のため，1882年に**伊藤博文**らをヨーロッパに派遣した。伊藤は**グナイスト**(ベルリン大学)，**シュタイン**(ウィーン大学)に師事してドイツ流の憲法理論を学んだ。

帰国した伊藤は憲法制定と国会開設の準備に取り掛かり，1884年に華族を**公・侯・伯・子・男の5爵**に分類した**華族令**を制定し，公家・大名以外からも華族になれるようにして，貴族院の開設に備えた。1885年には太政官制を廃止し，**内閣制度**を設けた。内閣制度では，総理大臣(首相)を中心に各省の長である大臣らで内閣を構成して，国政にあたった。大臣は天皇に任命されるので，**各大臣は天皇に対してそれぞれ責任を負った**。内閣の外の役職として，宮内大臣と内大臣があった。宮内大臣は宮中(宮廷)の事務を統括し，内大臣は天皇を常侍輔弼(側近で天皇に進言し助けること)した。初代宮内大臣は伊藤博文が総理大臣と兼任したが，原則的に行政府と宮中は区別され，宮内大臣と内大臣は内閣の構成員にはならなかった。

憲法の草案は**伊藤博文，井上毅，伊東巳代治，金子堅太郎**らによって，顧問の**ロエスレル**(ドイツ人)の助言を得ながら作成された。作成された草案は1888年に設置された**枢密院**

👤 **KEY PERSON**

伊藤博文
1841 - 1909

長州出身，政治家，元老。幕末に吉田松陰に学び，尊攘派として活動した。大久保利通死後に政府の中心となり，初代内閣総理大臣に就任し，枢密院議長として大日本帝国憲法の制定に貢献した。生涯で4度の組閣を行い，立憲政友会を結成した。韓国支配にあたり初代統監を務めるが，退官後に韓国の民族運動家に暗殺された。

📖 **KEY WORD**

枢密院

当初は憲法草案の審議機関。初代議長は伊藤博文。憲法制定後は元大臣や政府高官で構成する天皇の最高諮問機関となり，重要国務を審議した。1947年に廃止された。

で審議された。そして1889年2月11日に天皇の定めた**欽定憲法**として**大日本帝国憲法**(明治憲法)が発布された。

　大日本帝国憲法の大きな特徴には，天皇が神聖不可侵の元首であり**統治権の総攬者**(三権の掌握者)とされたことと，その天皇には強大な**天皇大権**が付与されたことがあった。天皇大権は議会の関与なしに行使できるもので，そのなかでも陸軍と海軍の統帥権は，内閣にも属さない権限で，これを**統帥権の独立**とよんだ。

　司法・立法・行政の三権は天皇のもとで分立し，立法を担う**帝国議会**は，**貴族院**と**衆議院**により構成された。衆議院は選挙で選ばれた議員で構成され，貴族院は皇族や世襲の華族議員，天皇により任命される**勅撰議員**(学者や勲功者など)で構成された。国民は**臣民**と規定され，法律の範囲内において権利や自由が認められた。

　皇位の継承や摂政の制などを定めた**皇室典範**も大日本帝国憲法と同日に制定されたが，国民が関与すべきことではないとして公布されなかった。

　地方自治の制度も整備され，1888年に**市制・町村制**，1890年に**府県制・郡制**が公布された。これは顧問の**モッセ**(ドイツ人)の助言を得ながら**山県有朋**が中心となって制定した。

⊕ PLUS α

天皇大権

天皇が直接行使できる権能で，主なものは下記となる。

・統帥権…軍隊の指揮統率

・文官・武官の任命権…行政官や軍人の任命

・緊急勅令…法律のかわりに出す命令(議会の事後承認が必要)

・戒厳令…非常時に国民の自由を制限して軍事機関の支配下とする法令

・宣戦…戦争開始の表明

・条約の締結

⊕ PLUS α

官僚の養成

政府はこの時期に帝国大学を官僚の養成学校と位置づけ，官僚制度の基礎を整備した。

POINT

内閣と枢密院
- ☑ **内閣**　行政機関として総理大臣を中心に各省の大臣が国務を遂行
- ☑ **枢密院**　天皇の諮問機関で，重要な国務を審議

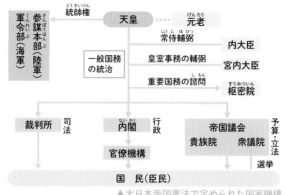

▲大日本帝国憲法で定められた国家機構

2 法典の編纂

　不平等条約改正を実現するためにも近代的な国家がめざされ，法学者の**ボアソナード**（フランス人）を顧問として，各種の法典の編纂も取り組まれた。1880年に刑法と治罪法が公布され，1890年には民法，商法が公布され，民事訴訟法と，治罪法にかわって刑事訴訟法が公布された。

　民法については日本の家族制度や道徳などに合わないという理由で**民法典論争**が発生し，帝国大学の**穂積八束**はボアソナードの民法を批判した。論争の結果，民法は施行延期となり，1896年と1898年に大幅な修正がなされて再度公布された。修正された民法は強い**戸主権**などによる**家父長制的な家制度**を支えるものとなった。

⊕ PLUS α

家父長制的な家制度

家庭内において，家長（戸主）が家族への支配権（戸主権）をもった家制度。家族の婚姻や居住場所の決定は家長の許可が必要で，女性は男性と対等とされておらず，選挙権も事実上，戸主に限定されているなどの特徴があった。

3 初期議会

　伊藤博文の次には**黒田清隆**が首相となった。黒田は，大日本帝国憲法発布直後に**超然主義**の立場をとることを表明した。これは**政府が政党の意向に左右されずに政策を遂行していく**ことの表明であった。

　1890年に初の衆議院議員総選挙が行われると旧民権派が勝利し，第1回帝国議会では旧民権派の自由党の流れをくむ**立憲自由党**（のちに自由党に名前を戻す）と**立憲改進党**の両党で衆議院の過半数となった。立憲自由党などの政府を批判する政党を**民党**とよび，政府を支持する政党を**吏党**とよんだ。

第一議会（第1回帝国議会）が開催され，**第1次山県有朋内閣**は「**主権線**」（国境のこと）・「**利益線**」（勢力範囲のことで，ここでは朝鮮）の防衛が必要として軍隊の増強を主張した。民党は地租軽減などを内容とする「**政費節減・民力休養**」を掲げ，政府と対立した。しかし政府は民党の一部を政府側につけることに成功し，予算を成立させた。

　第二議会で**第1次松方正義内閣**は，民党と対立して衆議院を解散することになった。これにより第2回総選挙となったが，政府は内務大臣**品川弥次郎**の指揮により**選挙干渉**を行った。しかしそれでも民党の優勢は変わらず，政府は政党の意向を無視して政策をすすめることはできなかった。第三議会後に松方内閣は総辞職した。

　次の「**元勲総出**」などとよばれる**第2次伊藤博文内閣**は，民党の自由党に接近して味方につけた。宮廷費などを節約するので議会は政府に協力するように，と求める天皇の詔勅が出たこともあり，海軍の軍備拡大の予算を成立させた。

　第五議会と第六議会でも，民党は分裂し，**立憲改進党**などは連合して政府と対立を続けた。1894年に日清戦争が始まるまでの，第一議会から第六議会までを**初期議会**という。

 POINT

第一議会の予算問題

☑ 政府　**第一次山県有朋内閣**は「**主権線・利益線**」防衛のための軍事予算の必要性を主張

☑ 民党　「**政費節減・民力休養**」を主張し行政費の削減を要求

🔍 **この講のまとめ**

大日本帝国憲法の制定はどのような意味があったのだろう。

☑ 天皇の地位や天皇大権，国民の権利などを定め，近代日本の国家の形を示した。

74 | 条約改正

🔍 この講の着眼点

条約改正交渉が成功した大きな理由は何だろうか。

1 井上馨の改正交渉

幕末に結ばれた不平等条約の改正は日本の重要な外交課題で，特に独立国家として**領事裁判権（治外法権）の撤廃**と**関税自主権の回復**がめざされた。

明治政府の成立当初に岩倉具視や寺島宗則が改正交渉に失敗していた。その後，外務卿・外務大臣となった井上馨は欧化主義による鹿鳴館外交を推進した。井上は，外国人を居留地に隔離しない内地雑居を許し，その引き換えとして領事裁判権を撤廃する案で交渉した。欧米諸国は，日本が欧米同様の法典を編纂すること，外国人を被告とする裁判で外国人判事を過半数にすることという追加条件の上で了承した。しかし，井上の推進する欧化主義や改正の条件には政府内外から批判の声が高まり，井上は外務大臣を辞任することになった。

2 大隈重信の改正交渉

井上の次に改正交渉を担当したのは外務大臣大隈重信であった。井上は各国の代表者を会議に集めて交渉を行ったが，大隈は改正交渉に取り組みやすい国から個別に交渉を開始した。その結果，アメリカなどと改正へ合意に至ったが，その条件が外国人判事を大審院（最高裁判所）に限定して任用することを認めていたものだったので，政府内外から反対された。1889 年に大隈は国家主義団体の玄洋社の青年に襲撃されて負傷し，交渉は中断となった。

🔖 **KEY WORD**

鹿鳴館外交

井上は改正交渉を有利に運ぶため，洋館の鹿鳴館を東京の日比谷に建設し，そこで西洋式の舞踏会を開催して外国の要人を接待した。その手法が極端な欧化主義だとして，批判が集まった。

⊕ **PLUS α**

ノルマントン号事件

1886 年に横浜から神戸へ航行中のイギリス汽船ノルマントン号が暴風雨で沈没した際，日本人乗客は救助されず全員死亡した。イギリス領事の海事審判では，船長の過失責任はないとされ，不平等条約への反感が高まった。

3 青木周蔵の改正交渉

　外務大臣青木周蔵が改正交渉を行った時期に
は，日本の近代化の進展やロシアがシベリア鉄道を
建設するなどして東アジアに進出しようとしている
国際情勢もあってイギリスが改正に前向きとなり，
条約の改正に応じようとした。しかし1891年に来
日中のロシア皇太子が日本人に襲撃される大津
事件が発生した。青木はこの責任を負って辞任し，
交渉は中止となった。

4 改正交渉の成功

　第2次伊藤博文内閣の外務大臣陸奥宗光が改正交渉を行い，1894年の日清
戦争の直前にイギリスと日英通商航海条約を結び，不平等条約の改正に成
功した。この条約では**領事裁判権の撤廃**，相互対等の最恵国待遇，**内地雑居**（外
国人の国内移動の自由）などを取り決めた。続けてほかの欧米諸国とも改正条約
を結んでいき，1899年，条約は同時に実施された。

　その後，日本は日露戦争で国際的な地位を向上させ，1911年に外務大臣小村
寿太郎は，アメリカなどと条約を更新し**関税自主権の回復**を達成した。

POINT

改正交渉の成功
- ☑ 陸奥宗光　**領事裁判権の撤廃**を達成
- ☑ 小村寿太郎　**関税自主権の回復**を達成

🔍 この講のまとめ

条約改正交渉が成功した大きな理由は何だろうか。
- ☑ **日本の近代化によって国際的な地位が向上したため。**

75 | 日清戦争と三国干渉

🔍 この講の着眼点

日本が清と対立し，日清戦争へと発展した理由は何だろう。

1 朝鮮問題

日朝修好条規を結んで以降の朝鮮では，国王である高宗の外戚閔氏一族が日本に接近した。日本も朝鮮への影響力を強めるため閔氏を支持していた。しかし1882年に高宗の父で保守派の大院君を支持する軍隊や，日本や閔氏に不満をもつ民衆が蜂起して，閔氏一族や日本公使館を襲撃した。これを壬午軍乱(壬午事変)という。しかし，宗主国である清が介入して鎮圧し，その後の閔氏政権は清に接近した。

これに対し，親日改革派の金玉均らが日本を頼り，1884年に日本の支援によって朝鮮でクーデタをおこした。しかしこれも清に鎮圧され，日本の朝鮮への影響力は大きく衰退した。これを甲申事変という。甲申事変で非常に悪化した日清関係を修復するため，1885年に日本の伊藤博文と清の李鴻章が交渉して天津条約を結んだ。天津条約では，日本と清は朝鮮にいるそれぞれの駐留軍を引き上げ，今後朝鮮に出兵する場合は互いに事前通告することを取り決めた。

壬午軍乱や甲申事変により，清や朝鮮に対する日本の世論は悪化した。福沢諭吉は自身の新聞『時事新報』で清や朝鮮などのアジアと連帯することを否定する脱亜論を発表して，清への反感の世論を助長した。

また，日本は経済的にも朝鮮へ進出しており，その取引で朝鮮側と争いになることもあった。

これらの東アジアの国際情勢を背景に，日本は軍備の拡張をすすめた。1878年には陸軍の作戦や動員を行う参謀本部を設置して軍の統帥を強化し，そして同年の近衛兵が蜂起した竹橋事件の影響を受けて，1882年には軍人の天皇への絶対的な忠誠を強調する軍人勅諭が出された。1888年には国内の治

⊕ PLUS α

防穀令

1889～90年の朝鮮の地方官が凶作のため穀物の輸出を禁止した法令。日本の商人はこれにより損害を負ったとして，日本は賠償金を要求し，1893年に最後通告を出して朝鮮に認めさせた。

安維持を目的にしていた従来の鎮台から，対外戦争を意識した師団に陸軍が再編された。

POINT

1880年代前半に朝鮮でおこった事件
☑ **壬午軍乱** 清が鎮圧 影響：**閔氏一族**が親日派→親清派に変化
☑ **甲申事変** 清が鎮圧 影響：日本と清が**天津条約**を締結

2 日清戦争

1894年，朝鮮で農民の反乱である**甲午農民戦争（東学の乱）**が発生した。その鎮圧のために朝鮮は清に派兵を要請し，日本は日本公使館の警備を名目に朝鮮に派兵した。日本の動きを見て，蜂起していた農民らは朝鮮政府とすぐに和解し事態はおさまったが，日本は出兵の成果を得るために軍を朝鮮にとどめて内政改革を要求した。これに反発する清と対立が深まり，**日清戦争**に発展した。日清戦争の直前にはイギリスと**日英通商航海条約**を結んでいたので，イギリスの援助が期待できたことも日本の開戦を後押しした。

⊕ PLUS α

東学
朝鮮ではキリスト教（西学）に反対する東学という民衆宗教があった。その東学が中心となり，朝鮮政府に減税や日本の排斥などを要求して，農民が蜂起する甲午農民戦争が発生した。

日清戦争が開始されると，日本の議会では民党も政府を支持して軍事関連の予算や法律案がすべて承認された。日本軍は陸戦や黄海海戦で清軍を圧倒し，日本が戦争に勝利した。

1895年に日本の**伊藤博文・陸奥宗光**，清の**李鴻章**が講和を交渉し，**下関条約**が結ばれた。下関条約では①清は朝鮮の独立を認める（宗主国の否定），②清は**遼東半島・台湾・澎湖諸島**を日本に割譲する，③清は日本に賠償金2億両（当時の日本円で約3億円の価値）を支払う，④清は沙市・重慶・蘇州・杭州を開港・開市することなどを取り決めた。なおこれにより，1896年には領事裁判権や協定関税制などを内容とする，日清修好条規にかわる日本有利の不平等条約（日清通商航海条約）を清と改めて結んだ。

下関条約の主な内容

☑ 交渉担当者　日本:**伊藤博文・陸奥宗光**　清:**李鴻章**

☑ 領土の割譲　**遼東半島・台湾**・澎湖諸島の割譲決定

3 三国干渉

　遼東半島が日本に割譲されることがロシアに伝わると，東アジアへ進出をはかっていたロシアはフランスとドイツによびかけ，**遼東半島**を清に返還するように日本へ勧告した。これを**三国干渉**という。3か国の圧力に対抗することが不可能だと判断した日本は，勧告を受け入れて遼東半島を清に返還した。この出来事は日本国民のロシアへの敵意を増大させ，「臥薪嘗胆」が標語にもなった。

4 日清戦争による台湾，朝鮮への影響

　日清戦争で領土となった台湾を統治するため，日本は台湾総督府を設置した。台湾の島民は日本の領有に抵抗したが，台湾総督に任命された海軍の**樺山資紀**は武力で鎮圧した。その後，台湾総督となった陸軍の**児玉源太郎**の下で**後藤新平**が土地調査事業をすすめ，土地の所有権を明確化するなど民政に力を入れた。そして，台湾銀行が設置され，製糖業を振興するために台湾製糖会社が設立されるなど，産業振興による経済発展がはかられた。

　日清戦争によって，朝鮮では大院君による親日政権が樹立した。しかし，閔妃ら親露派が政権を奪い，これに対して日本公使の**三浦梧楼**は王宮を占拠して閔妃を殺害した(**閔妃殺害事件**)。王妃を殺された国王の高宗はロシア公使館に逃げ込み，ロシアが支援する親露政権が成立した。1897年に朝鮮は国号を**大韓帝国(韓国)**に改称し，高宗は皇帝を称した。

この講のまとめ

日本が清と対立し，日清戦争へと発展した理由は何だろう。

☑ 朝鮮への影響を強めたい日本と，宗主国としてその影響力を維持しようとする清が争いとなったため。

76 | 政党内閣の成立

🔍 **この講の着眼点**

政府と政党の関係はどのように変わったのだろう。

1 思想界の変化と政府・政党の接近

日清戦争は日本の思想界や政界に大きな影響を与えた。雑誌『太陽』で高山樗牛が国粋的な日本主義をとなえ，平民的欧化主義を主張していた徳富蘇峰が大陸への進出をめざす対外膨張論をとなえるなど，海外進出をめざす国家主義の立場をとる思想家が増えていった。

第2次伊藤博文内閣が日清戦争で勝利すると，自由党は政府と提携するようになり，板垣退助が内務大臣となった。次の第2次松方正義内閣は，立憲改進党の流れをくむ進歩党と提携し，大隈重信が外務大臣となった。

2 政党内閣の成立

1898年，第3次伊藤博文内閣は地租増徴をはかり超然主義の立場を示したので，これに対抗しようと自由党と進歩党は合同して憲政党となって，衆議院の多数を占めた。その結果，伊藤内閣は退陣し，第1次大隈重信内閣が誕生した。この内閣は総理大臣大隈重信と内務大臣板垣退助の名字から隈板内閣ともよばれ，陸軍と海軍大臣以外の閣僚は憲政党出身となる日本史上初めての政党内閣だった。しかし尾崎行雄の共和演説事件などにより憲政党は内部分裂し，内閣は総辞職することになった。憲政党は，旧自由党系は憲政党，旧進歩党系は憲政本党へと分かれた。

第2次山県有朋内閣は憲政党と提携して選挙資格の納税条件を引き下げ（直接国税15円以上→10円以上），軍備拡張のため地租の増徴案を成立させた。

📖 **KEY WORD**

共和演説事件

文部大臣尾崎行雄の演説内容が問題となった事件。金権政治を批判しようとした尾崎は，ありえないことと断ったうえで，今の日本に共和政治が実現した場合，大統領候補は三井や三菱になるだろうという趣旨の演説をした。この演説が不敬だと宮中，枢密院，貴族院，さらには与党からも批判が集まり，尾崎は文部大臣を辞職した。

1899 年には**文官任用令**を改正して高級官僚の任用資格規定を設け，政党の力が官僚に及ぶことを防ごうとした。1900 年には**現役の大将・中将以外は陸軍大臣・海軍大臣**になれないようにする**軍部大臣現役武官制**を制定した。さらに政治や労働運動などへの取り締まりを強化するために**治安警察法**も公布した。このような政策から憲政党は内閣との提携を解消することになった。

3 立憲政友会の成立

　1900 年，憲政党は新しい政党の必要性を感じていた伊藤博文に接近し，政党結成をめざした。そして憲政党は解党して伊藤派の官僚などと**立憲政友会**（党首：伊藤博文）を新たに結成した。これにより立憲政友会を基盤とした**第 4 次伊藤博文内閣**が成立した。しかし貴族院の反対でこの内閣は短命に終わり，**第 1 次桂太郎内閣**が誕生した。

　山県や伊藤はその後，**元老**として天皇を補佐するようになった。立憲政友会はのちに伊藤からかわって**西園寺公望**が党首となり，山県派の桂太郎や軍部，官僚，貴族院勢力と拮抗するようになった。

1881 自由党	解党	1890 立憲自由党	1891 自由党	1898 憲政党	1898 憲政党	1900 立憲政友会
板垣退助		板垣退助	板垣退助	板垣退助・大隈重信	板垣退助	伊藤博文
1882 立憲改進党			1896 進歩党		1898 憲政本党	1910 立憲国民党
大隈重信			大隈重信		大隈重信	犬養毅ら

この講のまとめ

政府と政党の関係はどのように変わったのだろう。

☑ 政府は予算の成立などのために政党の力が必要となり，政党も政策しだいで政府と提携するようになった。

☑ 内閣のほとんどが政党員で構成される政党内閣も誕生した。

77 日露戦争

🔍 この講の着眼点

日露戦争がおこった理由は何だろう。

1 列強の中国進出

日清戦争の結果は欧米諸国に清の弱体化を印象づけ，欧米諸国は中国進出に積極的になった。1898年に，ドイツが膠州湾，ロシアが遼東半島の旅順・大連，イギリスが威海衛などを租借し，1899年にフランスが広州湾を租借した。租借とは，期限つきで領土の一部を借りて統治することである。

アメリカは1898年にハワイを併合し，スペインから得たフィリピンを植民地として領有するなど，アジアや太平洋への進出を強めた。対中国政策としては1899年に国務長官のジョン＝ヘイが通商の自由を求める**門戸開放・機会均等**を内容とする**門戸開放宣言**を発し，列強各国に対して自由な通商を求めた。

⊕ PLUS α

アメリカの方針変化

従来は，アメリカ大陸へのヨーロッパ勢力の介入を拒否するかわりに，アメリカもヨーロッパ情勢には介入しないという姿勢だった（モンロー宣言）。門戸開放宣言はアメリカの外交姿勢が変化したことを示した。

2 北清事変

清では，列強の中国進出を背景に，**義和団**が勢力を拡大し，「**扶清滅洋**」（清を援助して外国を倒すこと）をとなえる排外運動を展開し

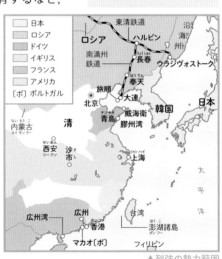

▲列強の勢力範囲

た。1900年に入ると運動が活発化し，外国人を襲撃して，北京にある列強各国の公使館を包囲した。清は義和団に同調して，列国に宣戦布告すると，日本・アメリカ・イギリス・ロシアなどの8か国は連合軍を派遣し，清・義和団に勝利し

た（義和団戦争・北清事変）。1901 年，日本などの列国は清と北京議定書を結び，賠償金の支払いや公使館守備を目的とした北京への守備兵駐留を認めさせた。

3 日英同盟

　義和団戦争・北清事変をきっかけに，ロシアは中国の東北部である満洲を軍事占領し，終結後も軍隊を駐留させ続けた。韓国と接する満洲がロシアの支配下となると，今後のロシア勢力のさらなる拡大で日本の韓国での権益がおびやかされる恐れがあったので，日本では２つの外交案が検討された。１つは伊藤博文らが主張した日露協商論で，ロシアが満洲に，日本が韓国に対してもつ優越的地位を相互に認めるようにする満韓交換の案だった。もう１つがロシアと対抗するために，南下をはかるロシアと対立していたイギリスと同盟する案であった。第１次桂太郎内閣はイギリスとの同盟を選び，1902 年に，日英同盟協約を締結した。

🔑 KEY WORD

日英同盟協約
日本とイギリスの同盟。日本とイギリスどちらかが他国と交戦した場合は一方の国は中立を守ること，さらに敵対国側に参戦する別国がある場合はもう一方の同盟国も参戦することなどが決められた。第２次，第３次と更新されて，その内容も変化したが，1921 年の四カ国条約（→ p.268）の締結で終了が決められた。

4 日露戦争

　日英同盟を背景に日本はロシアと交渉を継続したが，ロシアは満洲を占領し続けた。国内の世論はロシアと開戦するかどうかで大きく揺れたが，開戦論が多くなっていった。1904 年には日本は戦いが避けられないと判断し，日露戦争へと突入した。

　日本は満洲に進軍し，1905 年に旅順を陥落させ，奉天会戦でからくも勝利した。決定打となったのはロシアのバルチック艦隊を破った日本海海戦での勝利だった。日本はアメリカとイギリスから経済支援を受けていたが，大国ロシアとの戦いに国力が限界に達していた。そこで，日本海海戦の勝利をきっかけに有利に講和しようと

⊕ PLUS α

非戦論と開戦論
・主な非戦論者…キリスト教徒の内村鑑三，『平民新聞』を発行した社会主義者の幸徳秋水・堺利彦ら
・主な開戦論者…対露同志会，東京帝国大学などの７人の博士（戸水寛人ら），『国民新聞』を発行した徳富蘇峰，『万朝報』を発行した黒岩涙香ら

アメリカに調停を依頼した。ロシアでも 1905 年に国内で革命運動が発生し，戦争継続が困難になっていたという背景もあり，アメリカ大統領**セオドア=ローズヴェルト**に斡旋され，日本とロシアは講和することになった。

　講和会議はアメリカのポーツマスで開かれ，日本は**小村寿太郎**，ロシアは**ウィッテ**を全権として交渉がすすみ，**ポーツマス条約**が結ばれた。ポーツマス条約では①ロシアは**韓国への日本の指導・監督権を認める**，②ロシアは清から得ていた**旅順・大連**の租借権と，長春以南の鉄道とその付属の利権を日本に譲る，③ロシアは**北緯 50 度以南の樺太**（サハリン）を譲る，④ロシアは沿海州・カムチャツカ半島沿岸における漁業権を認めることなどを取り決めた。

　日露戦争は日本国民に非常に重い負担を強いたため，賠償金のない講和条件に対して国民の不満が噴出した。民衆による講和の反対集会も東京の日比谷公園で開かれ，集まった民衆が警察署などを襲う暴動に発展し，鎮圧に戒厳令が出されるほどであった（**日比谷焼打ち事件**）。

POINT

ポーツマス条約の主な内容
- ☑ 交渉担当者　日本：**小村寿太郎**　ロシア：**ウィッテ**
- ☑ 領土の割譲　**北緯50度以南の樺太**の割譲決定
- ☑ 利権の譲渡　**旅順・大連**の租借権，長春以南の鉄道の利権など
- ☑ 賠償金　なし（→**日比谷焼打ち事件**に発展）

この講のまとめ

日露戦争がおこった理由は何だろう。
- ☑ 列国の中国への進出がすすむなか，ロシアが満洲を占領した。このロシアによる満洲占領が，日本の韓国に対する権益の脅威になると判断されたため。

78 | 韓国併合と桂園時代

この講の着眼点

韓国の植民地化はどのようにすすめられたのだろう。

1 韓国の植民地化の進展

1904年に日露戦争が開始されると，日本は韓国と日韓議定書を結んで韓国における軍事行動の自由を獲得した。さらに**第1次日韓協約**を結んで日本が推薦する**財政・外交の顧問**を韓国政府に採用させ，韓国は重要な外交案件について日本と協議しなければならなくなった。

日本は1905年にはアメリカと**桂・タフト協定**を結び，イギリスとは**第2次日英同盟協約**を結んだ。これはどちらも韓国が日本の保護国であると認めたもので，韓国の支配を念頭にしたものだった。**ポーツマス条約**によりロシアも日本の韓国への指導・監督権を認め，日本は韓国と**第2次日韓協約**を結んだ。これは韓国から**外交権**を奪うもので，日本の代表機関として**統監府**(初代統監：**伊藤博文**)が韓国の**漢城**(現在のソウル)に設置された。

1907年，韓国皇帝**高宗**はこれに対抗するため，オランダのハーグで開催された万国平和会議に密使を送って第2次日韓協約の無効を訴えようとした。しかし公的な外交権がないとされて会議に参加できず，無効の主張も列国に無視された。これを**ハーグ密使事件**という。これをきっかけに，日本は皇帝高宗を退位させ，**第3次日韓協約**を結んだ。これは韓国の**内政権**を奪うもので，韓国の軍隊も解散させた。解散させられた軍隊の兵士が加わることにより，植民地化に抵抗する**義兵運動**が韓国各地で活発となった。1909年には，初代統監であった伊藤博文が韓国の民族運動家**安重根**に暗殺された。

2 韓国併合

1910年，日本は**韓国併合条約**を結び，韓国を日本領とした。この韓国の植民地化を**韓国併合**という。韓国の首都漢城は京城と改称され，そこに**朝鮮総督府**が設置された。初代総督には陸軍大臣で統監の**寺内正毅**が任命された。

土地からの徴税のため，測量や所有権を確認する**土地調査事業**が朝鮮全土で行われた。その際，所有者が不明とされた土地は接収され，日本の国有地となった。接収された土地は日本人や**東洋拓殖会社**（とうようたくしょく）に払い下げられ，朝鮮の多くの農民が土地をなくして**小作人**（こさくにん）となったり，一部は職を求めて日本本土に移住したりした。

POINT

日本による韓国支配の動き

☑ **第1次日韓協約**（きょうやく）　日本推薦の**財政・外交顧問**を設置

☑ **第2次日韓協約**　**外交権**接収→**統監府**（とうかんふ）設置（初代：**伊藤博文**（いとうひろぶみ））

☑ **ハーグ密使事件**　第2次日韓協約の無効を主張→列国は無視，**高宗**（こうそう）退位（ジョン）

☑ **第3次日韓協約**　**内政権**接収→韓国軍は解散，**義兵運動**本格化

☑ **韓国併合条約**（へいごう）　韓国を日本領化→**朝鮮総督府**（ちょうせんそうとくふ）設置（初代：**寺内正毅**）

3 日露戦争後の国際関係（にちろ）

日露戦争後，日本は満洲へ進出をはかった。ポーツマス条約で獲得した**旅順**（りょじゅん）・**大連**（だいれん）などのある**遼東半島**（りょうとうはんとう）南端の租借地（そしゃく）を**関東州**（ルーシュン／ターリエン）とよび，1906年にその統治機関として**関東都督府**（かんとうととくふ）を旅順に設置した。

同年には，半官半民である**南満洲鉄道株式会社（満鉄）**（まんてつ）が大連に設立され，ロシアから受け継いだ**長春**（ちょうしゅん）以南の鉄道やその沿線の炭鉱などの経営（チャンチュン）を行った。アメリカは南満洲に経済進出をはかったが達成できず，アメリカ国内での日本人移民の排斥（はいせき）運動が激しくなっていたこともあり，日米関係は不安定になった。

日本は満洲権益の確立のため，方針転換して日本に協調的となったロシアと1907年に日露協約を結んだ。

1911年には，清の政情が変化した。各地で武装蜂起が発生して辛亥革命へと発展し，1912年には共和政国家の中華民国（臨時大総統：孫文）が建国された。清の袁世凱は，孫文との交渉の結果，宣統帝（溥儀）を退位させて（清の滅亡），自身が中華民国の臨時大総統に就任した。

🔖 **KEY WORD**

日露協約

日本とロシアがそれぞれの勢力範囲を確認した合意。日本は満洲，ロシアは内蒙古（現在の中国：内モンゴル自治区）を勢力圏として相互に認め合った。内容を変えながら第4次まで更新されたが，第一次世界大戦中にロシアに革命が発生して，日露協約は消滅した。

4 桂園時代

第1次桂太郎内閣は1901年から政権を担って日露戦争を戦い，1905年の末に退陣を表明した。そして1906年，元老の推薦により立憲政友会の西園寺公望を首班とする第1次西園寺公望内閣が誕生した。この内閣は内政では軍備拡張を進め，**鉄道国有法**を成立させるなどした。外交では韓国と第3次日韓協約を結ぶなどしたが，景気の後退などもあって桂太郎に政権を渡した。この桂と西園寺は長期にわたって交互に政権を担当したので，この2人の政権期（桂が3度組閣，西園寺は2度組閣）は桂園時代とよばれている。

1908年，第2次桂太郎内閣は戊申詔書を発し，内務省を中心に**地方改良運動**を展開した。戊申詔書は勤勉と倹約を心構えとするように国民にいっそうの努力を要求するものであった。地方改良

▲桂太郎

▲西園寺公望

\これを聞きたい！/

Q どうして戊申詔書が出されたの？

A 日露戦争で国民の間に日本は列強に加わったという自負が広まりました。そして国家の近代化という大きな目標が達成されたことから，国民の意識に国家のような大きい問題から個人主義的な問題へ向いていく傾向が生まれました。桂内閣は改めて富国強兵に励む必要があると判断し，天皇の詔書で国民の気持ちを引き締めようとしたのです。

運動は日露戦争の不況で疲弊していた地方自治体(町・村)の財政強化を行い，青年会などの地方団体を組織化するなど，江戸時代以来の人々の村意識の刷新をはかり，地方を強化する政策だった。また，1911年には社会政策として工場法を公布した(→ p.279)。外交では韓国の併合や，関税自主権の回復などを果たし，桂は西園寺に政権を渡して第2次西園寺公望内閣が成立した。

5 社会主義の弾圧

　日清戦争後，労働運動や社会運動が活発となったことを背景に，1901年には日本最初の社会主義政党となる社会民主党が結成された。結成メンバーは安部磯雄，片山潜，幸徳秋水，木下尚江ら6名で，階級制度の廃止などを主張した。しかし社会民主党は第4次伊藤博文内閣によって治安警察法を適用され，即解散させられた。1906年には幸徳秋水らによって日本社会党が結成された。第2次西園寺公望内閣は，結成当初にはこの党の存続を認めていたが，党内部で議会よりもストライキなどの直接行動を重視する勢力が大きくなったことを受け，1907年には解散命令を出した。1910年には第2次桂太郎内閣は大逆事件をきっかけに，社会主義者らを強く弾圧した。さらに翌年，警視庁には思想警察である特別高等課(特高)が設置され，こののち日本ではしばらく社会主義が停滞する「冬の時代」とよばれる状態となった。

> **KEY WORD**
>
> **大逆事件**
>
> 1910年，桂内閣は天皇暗殺を計画した社会主義者の逮捕をきっかけに，全国で多数の社会主義者や無政府主義者を検挙した。翌年の非公開裁判で幸徳秋水ら12人が大逆罪で死刑判決を受け，処刑された。しかし，逮捕された者のほとんどに確証はなく，でっちあげであった。

🔍 **この講のまとめ**

韓国の植民地化はどのようにすすめられたのだろう。

☑ 日本は列強から韓国を支配する承認を得て，植民地化を推進した。

☑ 韓国から外交権，ついで内政権を奪って軍隊を解散させ，最後に併合を行った。

79 | 大正時代の始まり

🔍 この講の着眼点

時代が明治から大正に移り変わるなか，政治と国民の関係はどうなったのだろう。

1 2個師団増設問題

1912年，明治天皇が死去して**大正天皇**が即位し，改元されて大正時代となった。同年に刊行された『憲法講話』で美濃部達吉が**天皇機関説**や政党内閣論を提唱するなど，時代の変わり目に政治に対する国民の期待が高まっていた。

第2次西園寺公望内閣は，悪化する国家財政のなかで軍拡を求める陸・海軍（陸軍は師団の増設，海軍は新たな軍艦の建造）に悩まされていた。特に陸軍は中国における辛亥革命と清の滅亡を受け，朝鮮半島に駐留させる2個師団の新設を強く要求した。西園寺内閣が財政難を理由に陸軍の要求を拒否すると，陸軍大臣の**上原勇作**は単独で天皇に辞表を提出して内閣を去った。そして，陸軍は後任の大臣を推薦しなかったために，内閣は総辞職に追い込まれた。

\ これを聞きたい！ /

Q

😀 どうして陸軍大臣の辞職が内閣総辞職につながったの？

A

🙂 当時の首相には現在と異なり，大臣の罷免・任命権がありませんでした。そして陸軍・海軍大臣には軍部から現役の大将・中将を推薦してもらう必要がありました（軍部大臣現役武官制）。そのため，軍部大臣が辞職し，後任を軍部が推薦しなかった場合，内閣を維持できず総辞職せざるを得ない状況になったのです。

2 大正政変

西園寺内閣にかわって，元老の推薦により**第3次桂太郎内閣**が組閣された。しかし，藩閥・官僚勢力を背景としたこの内閣は政治意識の高まった国民から非難を浴び，立憲政友会の**尾崎行雄**，立憲国民党の**犬養毅**が中心となって，内閣の打倒をめざす**第1次護憲運動**が行われた。ジャーナリストや都市民衆も同調し，「閥族打破・憲政擁護」をスローガンに運動は全国に広がった。

桂は新党(のちの**立憲同志会**)を組織して対抗しよう
とした。しかし野党により内閣不信任案が提出され,
民衆が議会を包囲するなど逆風はおさまらず,桂内
閣は組閣後2か月もたずに退陣した(**大正政変**)。

3 第1次山本権兵衛内閣

　大正政変後には,薩摩閥で海軍大将の**山本権
兵衛**が立憲政友会を与党として組閣した(**第1次
山本権兵衛内閣**)。山本内閣は**軍部大臣現
役武官制**を改めて,現役でない大将・中将にま
で陸海軍大臣の就任資格を広げた。また文官任用令
を改正して政党員が高級官僚になる道を開いた。こ
れは軍部や官僚に対する政党の影響力を強めること
をめざしたものだった。しかし,1914年におきた
シーメンス事件の影響で,山本内閣は激しい
非難を浴びて退陣した。

4 第2次大隈重信内閣

　元老は**大隈重信**を首相に推薦し,**第2次大隈重信内閣**が成立した。大
隈は民衆に人気があったため,藩閥への非難を叫ぶ世論をおさめることを期待さ
れていた。大隈内閣は**立憲同志会**を与党として組閣された。1915年の総選挙
では立憲同志会が立憲政友会を抑えて衆議院第1党となり,大隈内閣は陸軍2個
師団増設と海軍拡張案を実現させた。

🔍 **この講のまとめ**

　時代が明治から大正に移り変わるなか,政治と国民の関係はどうなったの
だろう。

☑ **国民の政治への意識が高まった。藩閥や軍部への国民の非難の声は,内
閣が倒れるほどの大きな力となるようになった。**

80 | 第一次世界大戦と中国進出

🔍 この講の着眼点

第一次世界大戦のなか，日本ではどのような動きがあったのだろう。

1 第一次世界大戦

19世紀末以降，ヨーロッパではドイツが大規模な軍拡を推進して世界政策を進め，ロシア・フランス(1894年に**露仏同盟**を締結)と対立していた。一方，ドイツの進出に対抗したいイギリスは，1904年に**英仏協商**を，さらに1907年に**英露協商**を結んだ。ここに**三国協商**が成立して，ドイツの進出に対する包囲体制ができた。これに対してドイツは，イタリア・オーストリアと**三国同盟**(1882年締結)を結んでいた。

1914年，**バルカン半島**のサライェヴォを訪問中のオーストリア帝位継承者が反オーストリアを掲げるセルビア人青年によって暗殺された(**サライェヴォ事件**)。これをきっかけにオーストリアがセルビアに宣戦布告し，オーストリア側にはドイツが，セルビア側にはロシア・イギリス・フランスがそれぞれ参戦し，**第一次世界大戦**が始まった。

⊕PLUS α

ヨーロッパの火薬庫
バルカン半島には宗教や言語の違う多くの民族が暮らしており，ロシアはパン=スラヴ主義(スラヴ系諸民族の結集をはかる)，ドイツはパン=ゲルマン主義(ゲルマン系諸民族の結集をはかる)を掲げて，それぞれ勢力拡大をねらっていた。大国の利害や民族対立が複雑に絡み合うことから，バルカン半島はヨーロッパの火薬庫とよばれていた。

2 日本の中国進出

日本は**日英同盟**を理由に，ドイツに宣戦布告し，三国協商側(連合国陣営)で第一次世界大戦に参戦した。この参戦は第2次大隈重信内閣の加藤高明外相が主導したものだった。日本は，中国におけるドイツの拠点である山東省の**青島**や，赤道以北にあるドイツ領の南洋諸島の一部を占領した。のちには，イギリスの要請で地中海にも艦隊を派遣してドイツと戦った。

1915年，加藤外相は中国における日本の勢力拡大をめざし，山東省のドイツ権益の継承などを盛り込んだ**二十一カ条の要求**を北京の**袁世凱**政府に突

きつけ，その大部分を承認させた。中国ではこの要
求を受け入れた5月9日は**国恥記念日**とされた。ま
た袁世凱の死後には，**寺内正毅内閣は段祺瑞**
政権に経済的な支援（**西原借款**）を行い，中国に
おける影響力を拡大しようとした。

　こうした日本の中国進出は国内外からの批判をよ
び，欧米諸国は日本への警戒を強めていった。その
ため，日本は大戦終結後を見据えて講和会議対策を
すすめた。大隈内閣はロシアと第4次日露協約を締
結し，**寺内正毅内閣**はイギリス・フランスとの密約や，アメリカと**石井・
ランシング協定**（日本担当者：**石井菊次郎**，アメリカ担当者：**ランシン
グ**）を結んで中国における権益の確保をはかった。

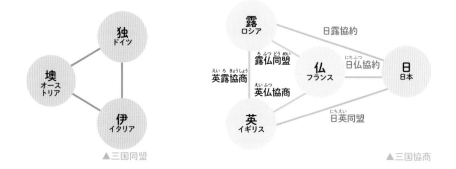

▲三国同盟　　　　　　　　　　　　　　　　　　　　　　　▲三国協商

3 ロシア革命とシベリア出兵

　ロシアでは日露戦争中から帝政への不満による革
命の気運が高まっていた。1917年，大戦の長期化
も重なり，苦しい生活に耐えかねた労働者や兵士に
よる**ロシア革命**がおこり，**レーニン**が率いる
ボリシェヴィキ（のちの共産党）により世界初の社会
主義国家（ソヴィエト政権）が建てられた。1918年，
ソヴィエト政権はドイツ・オーストリアと単独で講
和を結んだ（ブレスト＝リトフスク条約）。

　連合国はロシア革命の影響が広がることに危機感
をつのらせ，シベリアにいたチェコスロヴァキア軍

の救援を名目に，反革命勢力との内戦の続くロシアに干渉戦争をしかけた。アメリカから共同出兵を求められた日本はこれを機に大陸での権益拡大をはかり，寺内内閣は1918年にシベリアなどに軍隊を出動させた（シベリア出兵）。日本は大戦が終了して他国が兵を引いても駐兵を続けて国内外から非難され，十分な成果を上げることなく1922年に撤兵した。同年にはロシアやウクライナなどは連合してソヴィエト社会主義共和国連邦（ソ連）を結成した。

POINT

第一次世界大戦での日本の主な動き
- ☑ 対ドイツ　ドイツの中国租借地の青島などを占領
- ☑ 対中国　袁世凱政権に二十一カ条の要求，段祺瑞政権に西原借款を実施
- ☑ 対アメリカ　中国への特殊権益を認めさせる石井・ランシング協定締結
- ☑ 対ロシア　ロシア革命が発生→干渉のためシベリア出兵

4 寺内正毅内閣

大正政変以来，民衆の政治への関心は高まっていた。1916年に吉野作造が民本主義を提唱すると，政治の民主化を求める声はさらに強くなった。しかし，同年に大隈内閣が総辞職して，軍人の寺内正毅が「挙国一致」を掲げて組閣すると，立憲同志会の流れをくむ憲政会は対抗したが，1917年の総選挙では寺内を支持する立憲政友会に第1党の座を奪われた。

大戦中は好景気となり経済は発展したが，それに伴って物価の高騰がおこり，寄生地主制のもとでの生産の停滞も相まって，多くの民衆が生活に困窮した。そのような状況で，1918年にシベリア出兵を見越した米の買い占めがおこり，これが原因で米価が急騰した。これに抗議する富山県の漁村の住民らによる騒動が，全国各地で米商人や精米会社などが襲撃される大騒擾へ発展した（米騒動）。

KEY WORD

民本主義
吉野作造らが主張した政治思想。天皇主権においても政治の目的は民衆の福利で，吉野はその達成のため民衆の意向を反映する普通選挙の実現を主張した。デモクラシーの訳語である民本主義は，美濃部達吉の天皇機関説と共に大正デモクラシー（→p.271）の基本理念となった。

政府は軍隊を出動させてこれらを鎮圧したが，寺内内閣は騒動の責任をとって退陣した。

5 政党内閣の成立

　米騒動などの民衆の動きに影響を受けた元老山県有朋は次の首相として立憲政友会の原敬を推薦した。原は東北出身で藩閥政治家でも華族でもなかった。そして衆議院に議席をもつ初めての首相で，平民宰相とよばれて人気を集めた。原敬内閣は陸相・海相・外相以外の閣僚全員が立憲政友会の党員で構成されている本格的な政党内閣だった。

▲原敬

　原内閣は国際協調を軸とした外交や，鉄道の拡充・高等学校の増設などの積極政策を展開した。この時期，普通選挙を求める国民の声は非常に大きくなっていた。原は普通選挙制の導入には時期尚早と反対の立場で，小選挙区制の導入や納税資格の引き下げ（直接国税10円以上→3円以上）の変更を行うにとどまったが，1920年の総選挙では圧勝した。しかし，この頃には大戦中の好況（大戦景気）が終わり，反動で恐慌となった（戦後恐慌）。これに政府の積極対策は打撃を受け，立憲政友会党員が絡む汚職事件も発生した。1921年，政党政治の腐敗に怒った青年に，原は暗殺された。

　原の死後，蔵相の高橋是清が立憲政友会の党首を引き継ぎ，立憲政友会が与党となる高橋是清内閣が成立した。しかし，以後の加藤友三郎内閣，第2次山本権兵衛内閣，清浦奎吾内閣は連続して非政党内閣だった。

🔍 この講のまとめ

第一次世界大戦のなか，日本ではどのような動きがあったのだろう。

☑ 日本は三国協商側で参戦し，列強の関心がヨーロッパに向いている状況を背景に中国への進出を強化し，ロシア革命にも干渉した。

☑ 国内では政治の民主化を求める国民の声が高まり，本格的な政党内閣が成立した。

81 第一次世界大戦終結後の社会

🔍 この講の着眼点

第一次世界大戦の終結後，日本の国際的な立場はどうなったのだろう。

1 パリ講和会議

　1918年，アメリカ大統領**ウィルソン**が提唱した14カ条を基礎とした講和
をドイツが受け入れ，第一次世界大戦は休戦となった。翌年1月からパリで講和
会議が開かれ，日本は5大連合国(アメリカ・イギリス・日本・フランス・イタ
リア)の1つとなり，原敬内閣は**西園寺公望**・**牧野伸顕**らを全権とする代表団
を派遣した。同年6月にドイツと連合国との講和条約として**ヴェルサイユ条
約**が締結された。敗戦国ドイツはこの条約によって国土の一部の割譲，すべて
の海外植民地の放棄，巨額の賠償金支払い，軍備の大幅な縮小などを命じられた。
　また，ヴェルサイユ条約では**民族自決の原則**のもとに東ヨーロッパの国々
の独立が承認された。さらにウィルソンの提唱にもとづき，国際平和機関として
国際連盟の設立が決められた。ヴェルサイユ条約によってつくられたヨーロッ
パの国際秩序のことを**ヴェルサイユ体制**という。翌1920年に国際連盟が発
足し，**日本はイギリス・フランス・イタリアと並びその常任理事国となった**(提
唱国のアメリカは上院の反対により参加せず)。
　ドイツの植民地は連合国側の各国が国際連盟から**委任統治**することになり，
日本は赤道以北の旧ドイツ領南洋諸島の統治権を手に入れた。さらに，中国山東
省における旧ドイツ権益の継承も認めさせた。これに対し，中国では学生運動を
きっかけに反日運動がおこった(**五・四運動**)。このような国内の反対運動の
ため，中国代表はヴェルサイユ条約には調印しなかった。一方朝鮮でも1919年
3月，京城での集会を発端として，独立運動が朝鮮各地に広まった(**三・一独
立運動**)。当初朝鮮総督府はこれを武力で弾圧したが，原内閣は朝鮮や台湾の
総督に文官の就任を認めたり，朝鮮の憲兵警察を廃止したりと国際世論に配慮し
た宥和政策をとった。

パリ講和会議での日本
- ☑ 全権　**西園寺公望**（さいおんじきんもち），牧野伸顕（まきのぶあき）ら
- ☑ **ヴェルサイユ条約**　山東省（さんとう）の旧ドイツ権益，**赤道以北**の旧ドイツ領南洋諸島の委任統治権（いにんとうち シャントン）の獲得
- ☑ **国際連盟**（こくさいれんめい）設立　常任理事国：**イギリス・日本・フランス・イタリア**

② ワシントン会議

　日本が大戦中に中国進出をすすめ，国際連盟での地位を獲得したことは欧米諸国に警戒心を植えつけた。さらには，ソヴィエト政権が連邦制国家を形成しようとしており，中国では民族運動が活発化するなど，極東情勢は不安定な状態であった。そこでアメリカは1921年，日本の膨張（ぼうちょう）を抑え，あわせてアメリカ・イギリス・日本の海軍軍拡競争を抑制することを主な目的に国際会議を開催した（**ワシントン会議**）。日本の**高橋是清内閣**（たかはしこれきよ）は加藤友三郎（かとうともさぶろう）や**幣原喜重郎**（しではらきじゅうろう）らを全権として派遣した。

　そして同年，**アメリカ・イギリス・日本・フランス**は，太平洋の島々における領土・権益の現状維持と紛争の平和的解決を約束した（**四カ国条約**）。これにより，**日英同盟協約**（にちえいどうめいきょうやく）(→ p.255)は終了した。

　1922年には，上記4か国に加え**中国**と中国に利害関係をもつ**イタリア・ベルギー・オランダ・ポルトガル**が参加し，中国の領土や主権の尊重・経済上の門戸（もんこ）開放と機会均等を規定した（**九カ国条約**）。これにより，**石井・ランシング協定**(→ p.264)は破棄された。

　同年，アメリカ・イギリス・日本・フランス・イタリアの5か国間で**主力艦**の保有比率が定められた（**ワシントン海軍軍備制限条約**）。その比率は**米英**

🔒 **KEY PERSON**

幣原喜重郎
1872 - 1951

外交官，政治家。ワシントン・ロンドンの2つの海軍軍備制限条約締結にあたり，ワシントン体制下の国際協調につとめた。また，対中国政策では経済進出に重点を置いた（幣原外交）。外相を歴任したが，のちに戦時色が強まるとともに第一線から退いた。戦後に組閣し，新憲法草案の作成などをめぐりGHQとの交渉にあたった。

各5・日本3・仏伊各1.67で，さらに今後10年間主力艦を建造しないことも決められた。

　また，ワシントン会議では日本と中国の間に交渉の席が設けられ，その結果山東省の旧ドイツ権益は中国に返還された(山東懸案解決条約<ruby>懸案<rt>けんあん</rt></ruby>)。このワシントン会議によってつくられたアジア・太平洋の国際秩序を**ワシントン体制**という。

POINT

ワシントン会議
- ☑ 全権　加藤友三郎，**幣原喜重郎**ら
- ☑ **四カ国条約　アメリカ・イギリス・日本・フランス**が締結した太平洋諸島関連の条約(→**日英同盟協約**の終了決定)
- ☑ **九カ国条約　アメリカ・イギリス・日本・フランス・イタリア・中国・ベルギー・オランダ・ポルトガル**が締結した中国関連の条約(→**石井・ランシング協定**の破棄決定)
- ☑ **ワシントン海軍軍備制限条約　主力艦**保有比率∶**アメリカ5・イギリス5・日本3・フランス1.67・イタリア1.67**

---

3 協調外交の展開

　ワシントン会議以後，ほぼ1920年代を通じて，日本政府は国際協調に努力し，貿易の振興など経済外交を重んじた(**協調外交**)。ワシントン海軍軍備制限条約の締結にあたり，軍部の反対を押し切って加藤友三郎が条約に調印したのも協調外交の最たる例だった。高橋是清内閣はワシントン体制を積極的に受け入れ，続く加藤友三郎・第2次山本権兵衛<ruby>権兵衛<rt>やまもとごんべえ</rt></ruby>内閣もその方針を受け継いだ。

　さらに，1924年に成立した加藤高明<ruby>高明<rt>たかあき</rt></ruby>内閣の時代には，幣原喜重郎外相による協調政策(**幣原外交**)が展開された。1925年にはソ連との間に**日ソ基本条約**が結ばれ，国交が樹立された。

この講のまとめ

第一次世界大戦の終結後，日本の国際的な立場はどうなったのだろう。
- ☑ 日本は国際連盟の常任理事国となり，国際的な地位を高めた。
- ☑ ワシントン会議に参加するなど，国際協調を重視した外交を行った。

82 | 社会運動の高まりと普通選挙

普通選挙はどのようにして実現されたのだろう。

1 社会運動の高まり

　ヨーロッパでは第一次世界大戦を通じて，労働者の権利や国民の政治参加を主張する声が高まっていた。日本国内でもロシア革命や米騒動などの影響を受けて，社会運動が勃興した。吉野作造は 1918 年にデモクラシーの啓蒙団体である黎明会を組織し，時代の流れは平和と協調であると訴えた。これに影響を受けた学生たちは東大新人会などの団体を結成し，労働・農民運動と結びついていった。

　こうした時流のなか，大逆事件以後厳しい弾圧を受け「冬の時代」を過ごしていた社会主義者たちも動き出した。1920 年には労働運動家や学生運動家などが集まり日本社会主義同盟が結成された（翌年禁止）。この頃，社会主義勢力のなかでは無政府主義者と共産主義（マルクス・レーニン主義）者が対立していたが，ロシア革命の影響で共産主義勢力が優勢となり，1922 年には堺利彦や山川均らによって日本共産党が結成された。これは，レーニンが結成した国際共産党組織コミンテルンの日本支部として，非合法のうちに結成されたものだった。

　一方，新しい時代の風潮により，差別を受けてきた女性の地位向上をはかろうとする思想・運動も始まった。1911 年には平塚らいてう（明）を中心とする青鞜社がつくられた。さらに 1920 年には平塚や市川房枝を中心に新婦人協会が結成さ

👤 KEY PERSON

平塚らいてう
1886 - 1971

女性解放運動家。本名は明。1911 年に青鞜社を結成して文芸雑誌『青鞜』を創刊し，「元始，女性は実に太陽であった」に始まる創刊の辞を執筆した。1920 年には女性による社会改造をめざして新婦人協会を設立。第二次世界大戦後は平和運動と女性運動に力を注いだ。

⊕ PLUS α

社会主義研究への制限
東京帝国大学の助教授森戸辰男はロシアの無政府主義者クロポトキンの研究を行っていた。しかし，1920 年にこの研究が危険思想とされて，大学は森戸を休職処分とした。森戸は起訴され，有罪となった（森戸事件）。

れ，婦人参政権運動が行われるようになった。この結果 1922 年には**治安警察法**（ち あんけいさつほう）**が改正され，女性が政治演説会に参加可能**になった。

さらに，被差別部落の住民に対する社会的な差別を撤廃しようとする部落解放運動も本格的に展開されるようになり，1922 年に結成された**全国水平社**（設立者：**西光万吉**（さいこうまんきち））を中心に運動が推進された。

2 普選運動の高まり

第 1 次護憲運動の頃から，**大正デモクラシー**（たいしょう）**KEY WORD**とよばれる思潮や運動が続いており，そのなかで1919 〜 20 年にかけて男性普通選挙権を求める運動が盛り上がった。政府も**加藤友三郎内閣**（かとうともさぶろう）の時代に検討を始め，**第 2 次山本権兵衛内閣**（やまもとごんべえ）は導入の方針を固めていた。しかし，山本内閣は 1923 年におこった**関東大震災**（かんとうだいしんさい）**KEY WORD**の対応に追われた。東京や横浜に大きな被害が出て社会不安が高まるなか，民衆の自警団や軍隊などによって朝鮮・中国の人々や社会主義者が殺害される事件が多発し，無政府主義者の**大杉栄**（おおすぎさかえ）らも混乱に乗じて殺害された。同年末，これらの事件に怒った無政府主義者の青年**難波大助**（なんばだいすけ）により，摂政の**裕仁親王**（ひろひとしんのう）（せっしょう）が狙撃される**虎の門事件**（とら もんじ）（けん）がおこった。裕仁親王は無事だったが，事件の責任をとって山本内閣は総辞職した。

1924 年，山本のあとを受けて，枢密院議長だった**清浦奎吾**（すうみついん）（きようらけい ご）が貴族院議員を中心に内閣を組織した。すると，**立憲政友会・憲政会・革新倶楽部**（りっけんせいゆうかい）（けんせいかい）（かくしんくらぶ）はこれを超然主義の内閣と見なし，内閣の打倒をめざす**第 2 次護憲運動**を展開した。そして同年の衆議院議員総選挙で立憲政友会ら**護憲三派**（さんぱ）が圧倒的な勝利をおさめた結果，清浦内閣は総辞職した。選挙で第 1 党となった憲政会総裁の**加藤高明**（たかあき）が首相となり，護憲三派を与党とする連立内閣を組織した。

1925 年，加藤高明内閣により，**普通選挙法**（ふつうせんきょほう）が成立した。これによって**納税額による選挙権の制限が撤廃**され，**満 25 歳以上の男性**に衆議院議員の選挙権が与えられた。その一方，加藤内閣は**国体**（こくたい）（ここでは天皇制）**を変革**したり，**私有財**

産制度を否定したりする運動（社会主義運動）に加わった者を処罰すると定めた治安維持法も成立させた。これは，普通選挙の実施によって影響力を増すであろう労働運動や，日ソ国交樹立により活発化することが予想される共産主義者を取り締まるのが当初の目的であった。しかし，のちに治安維持法は拡大解釈され，反政府的とみなされた言動を弾圧する根拠に用いられた。

3 政党政治の展開

　1925年に田中義一が立憲政友会の党首に就任し，革新倶楽部を吸収すると護憲三派の提携は解消された。それにより，加藤内閣は憲政会単独の内閣となった。1926年に加藤高明が病死すると，憲政会の党首を継いだ若槻礼次郎が組閣した。同年大正天皇が死去し，裕仁親王が即位して昭和と改元された。1927年に金融恐慌の処理に失敗した若槻内閣が退陣すると，田中義一が後継の内閣を組織した。

　1924年の加藤高明内閣の成立から，1932年の犬養毅内閣崩壊に至る約8年間は，2大政党である立憲政友会と憲政会（のち立憲民政党）のうち，衆議院の多数党の党首が首相となって政権を担当する憲政の常道が続いた。

🔍 この講のまとめ

普通選挙はどのようにして実現されたのだろう。

☑ 第一次世界大戦後，さまざまな社会運動とともに普通選挙を求める声も高まった。政府は共産主義思想などの波及の防止に備えながら，普通選挙法を成立させた。

83 | 日本の産業革命

明治時代の日本ではどのように産業が発展したのだろう。

1 国立銀行の設立

　政府は 1872 年に国立銀行条例を定め，国立
銀行(国による設立ではなく国法にもとづき設立さ
れた民間銀行)に兌換銀行券の発行を認めた。しか
し，国立銀行は兌換義務を課され，発行した兌換紙
幣と交換できる金貨を用意しなければならなかった。
このため，国立銀行の設立はすすまなかった。政府
は 1876 年には兌換義務を廃止し，不換紙幣の発行

⊕ PLUS α

兌換紙幣と不換紙幣
・兌換紙幣
金貨や銀貨との交換が保障
されている紙幣
・不換紙幣
金貨や銀貨との交換が保障
されていない紙幣

を認めた。そのため次々と国立銀行が設立され，1879 年に打ち切りとなるまで
に 153 行が生まれた。西南戦争の戦費調達に政府による不換紙幣が大量に発行さ
れたこともあり，貨幣流通量が増えて国内の経済は活性化した。

　しかし一方で，国内経済の活性化にともなう輸入増加によって貿易赤字が拡大
して金・銀貨が国外に流出した。また，不換紙幣の増発は激しい**インフレ**を招い
た。地租が定額金納だったので，インフレにより紙幣価値が下落したことで，政
府収入が以前と同額だとしても実質的に減少する問題が発生した。

2 銀本位制・金本位制の確立

　インフレに対処するため，1881 年に大蔵卿となった松方正義は，官営事業
の払い下げや紙幣整理といった**デフレ政策**を行った(松方財政)。デフレが進
行すると不況となり，それに伴い輸入額が減少して貿易収支は黒字に転じた。翌
年には中央銀行の日本銀行が設立された。国立銀行については，銀行券の発
行権を取り上げ，普通銀行とした。1885 年からは日本銀行に銀兌換紙幣を発行
させ，翌年に政府紙幣の銀兌換を開始したことで銀本位制が確立された。

　銀本位制が確立したことで物価の安定や金利の低下がもたらされ，株式取引が

活発化し，会社設立ブームがおこった（最初の**企業勃興**）。しかし，株式への払い込み集中による金融機関の資金不足・凶作による米価上昇・生糸の輸出量減少が重なって，ブームは去った（1890年恐慌）。

　日清戦争後の1897年に第2次松方正義内閣は**貨幣法**を制定し，清から得た賠償金の一部を準備金に**金本位制**を確立した。再び企業勃興も始まり，繊維産業を中心に本格的な**資本主義**が成立した。しかし，1900年には過剰生産により再び恐慌が発生した。

　産業の発展に伴い貿易の規模は拡大したが，綿花や機械類などの輸入が増え，大幅な輸入超過となった。貿易業においては三井物産会社などの**商社**が貿易品を取り扱って利益を伸ばし，外国貿易金融を行う特殊銀行である**横浜正金銀行**が貿易の決済・金融にあたった。

3 鉄道業・海運業

　華族が中心となって1881年に設立された**日本鉄道会社**が成功したことで，鉄道業においても会社設立ブームがおこった。1889年には営業キロ数で**民営鉄道が官営を上回り**，その後も次々と建設がすすめられて，鉄道網は全国に広がった。しかし，日露戦争直後の1906年，第1次西園寺公望内閣は軍事的な必要性などから鉄道の統一的管理をめざし，**鉄道国有法**を制定した。これにより多くの**民営鉄道が政府に買収されて国有**となった。

　海運では1883年に半官半民の**共同運輸会社**が設立され，**三菱**と競った。しかし1885年に両社は合併し，**日本郵船会社**となった。日本郵船会社は1893年に綿花の輸

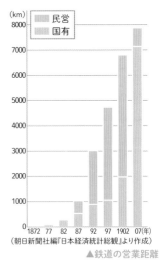

（朝日新聞社編『日本経済統計総観』より作成）

▲鉄道の営業距離

入先であったインドのボンベイへの航路を開いた。さらに日清戦争後には**造船奨励法・航海奨励法**を背景に，ヨーロッパ・アメリカ・オーストラリアといった国々への遠洋航路を開いた。

4 紡績業・製糸業

　幕末以来，イギリスから輸入される綿製品におされて綿織物業は衰退していた。しかし，1873年のウィーン万国博覧会を機に日本に紹介された**飛び杼**（イギリスのジョン＝ケイが発明した装置）をとり入れて改良された手織機を使うことで，農村の問屋制家内工業を中心に徐々に勢いをとり戻した。1900年代には**豊田佐吉**らが発明した小型の**国産力織機**が地方にも普及して生産効率を上げた。そのような背景もあり1909年には綿布の輸出額が輸入額を上回った。

　こうした綿織物業の回復は，綿糸を生産する**紡績業**を勃興させ，ともに発展した。1883年には**渋沢栄一**らが**大阪紡績会社**を開業し，イギリス製の紡績機を用いての大規模経営に成功した。これをきっかけに大阪を中心に**機械制生産**の紡績会社の数が増えていった。1890年には綿糸の生産量が輸入量を上回り，さらに**1897年には輸出量が輸入量を上回った。**

　綿糸や綿織物の輸出は増加したものの，原料となる綿花は輸入に頼っており，綿業貿易全体で見れば輸入超過はむしろ増加していた。そのため，国産の**繭**を原料として生糸をつくる**製糸業**は，貿易に大きく貢献していた。

　幕末以来，輸出産業として急速に発達した製糸業は，当初は手動装置による**座繰製糸**が普及したが，のちに輸入機械の技術をとり入れた**器械製糸**によって生産が行われるようになり，1894年には**座繰製糸より器械製糸の生産量が多くなった。**日清戦争後には生糸を原料とした絹織物業も発展し，さらに日露戦争後には生糸の輸出がさらに加速した。1909年には日本は中国を抜いて世界一の生糸輸出国となった。

豊田佐吉
1867 - 1930

発明家，実業家。1890年に人力の力織機を，1896年には動力の力織機を発明するなど，綿織物業界の発展に大きく寄与した。豊田が設立した会社はのちのトヨタ自動車の基礎となった。

渋沢栄一
1840 - 1931

元幕臣，政治家，実業家。豪農の出身で，一時は尊攘運動に傾倒したが，一橋家に仕えて，幕臣となって海外を見聞した。明治政府出仕後は，その知見により国立銀行条例制定などに携わった。退官後は第一国立銀行や大阪紡績会社など多くの企業の設立・経営に関与した。

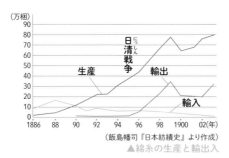

（飯島幡司『日本紡績史』より作成）
▲綿糸の生産と輸出入

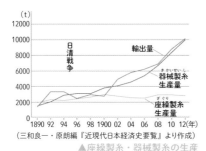

（三和良一・原朗編『近現代日本経済史要覧』より作成）
▲座繰製糸・器械製糸の生産

これを聞きたい！

Q
紡績業と製糸業の違いがよくわかりません。

A
紡績業とは綿花や羊の毛などの繊維から糸を生産する産業のことで, 特に日本では綿花から綿糸を生産することが盛んでした。綿糸は綿布などの綿織物の原料となります。
製糸業は蚕の繭から長い糸をたぐりよせ, その糸を複数より合わせて生糸を生産する産業です。生糸は絹織物の原料となります。なお, 蚕を育てて繭を生産することを養蚕といいます。

POINT

綿糸と生糸の変化
☑ **綿糸の輸出入**　1897年に**輸出量＞輸入量**
☑ **生糸の生産量**　1894年に**器械製糸＞座繰製糸**

5 重工業

　重工業では材料となる鉄鋼を輸入に頼っていた。そこで1897年, 政府は鉄鋼の国産化をめざして北九州に官営の製鉄所（**八幡製鉄所**）を設立した。八幡製鉄所は1901年に操業が開始され, 原料には北九州の筑豊炭田からとれた石炭と, 中国の大冶鉄山から輸入された鉄鉱石が使われた。
　日露戦争後には政府の保護のもと民間でも重工業が発達し始めた。民間の製鋼会社である**日本製鋼所**,

▲八幡製鉄所

高い精度をもつ旋盤（金属を削って機械部品をつくる機械）の国産化に成功した池貝鉄工所などがその代表である。この頃，水力発電の開始による電力事業の勃興により，都市部には電灯が普及した。

また，松方財政下で官営鉱山の払い下げを受けた三井・三菱・古河などの政商は，鉱工業を基盤に財閥に成長していった。これらの財閥は創業者の同族によって支配される持株会社を設立し，さまざまな分野の企業を傘下に置くコンツェルンの形態を整えた。

重工業の発達に伴う資材の輸入が増え，軍需品の輸入や，原料綿花の輸入が加わって，貿易収支はほぼ毎年大幅な赤字となった。

6 農業

農業は金肥の普及や品種改良によって単位面積あたりの米の収穫量こそ増えていたものの，工業にくらべると発展はにぶく，一方で工業の発展と貿易の増加により，農家も商品経済に取り込まれていった。安価な輸入品におされて綿・麻・菜種の生産が衰える一方，生糸輸出の増加から桑の栽培や養蚕が重視された。

松方財政のデフレ政策は深刻な不況を引きおこした。それによって農村での格差は拡大し，下層農民が没落して小作になる一方で，大地主は耕作をせず小作料（小作人が地主から借りた土地の使用料）の収入などで生活する寄生地主となっていった。都市部の人口増によって米が不足し米価が上昇すると，収入が増えた寄生地主はそれを元手に起業や投資を行い，資本主義との結びつきを深めていった。一方小作農たちは高い小作料に苦しみ，子女の出稼ぎや副業によってなんとか日々の暮らしを営んでいた。地主が，小作農に貸し付けた農地から得られる小作料収入に依存する関係を寄生地主制という。

🔍 この講のまとめ

明治時代の日本ではどのように産業が発展したのだろう。

☑ 銀本位制・金本位制や鉄道・海運など，産業発展の基礎が築かれた。

☑ 軽工業では，機械制の導入で紡績業が，器械製糸の導入で製糸業が発展した。

☑ 鉱山業などの重工業が発展し，経営した事業家は財閥となっていった。

☑ 農業は発展し，養蚕も盛んだったが，小作は負担に苦しんだ。

84 産業革命の影響と社会運動

産業が発展するなか，どのような問題がおこったのだろう。

1 労働問題の発生

　工場制工業の普及に伴い，賃金労働者が増加した。繊維産業に従事する労働者の多くは女性労働者(工女，女工)だった。また，鉱山業や運輸業では多くの男性労働者が従事していた。こうした労働者のなかには苦しい家計を助けるために出稼ぎに来た小作農の子女も多く，劣悪な労働環境で，低賃金での長時間労働を強いられていた。

　日清戦争前後には，労働者たちは団結して待遇改善や賃金引き上げを訴え，資本家に対抗するようになった。1886年には山梨県の雨宮製糸場で日本初とされるストライキがおこり，1888年には雑誌『日本人』で長崎県の高島炭鉱の労働者の惨状が報じられた。ほかに，1899年に**横山源之助**が著した『**日本之下層社会**』や，農商務省が編纂し1903年に刊行された『**職工事情**』にも，労働者たちの厳しい実態が記されている。これらを受けて労働運動は高まり，各地でストライキが多数発生した。1897年には高野房太郎・片山潜らが結成した労働組合期成会の指導により，鉄工組合や日本鉄道矯正会などの労働組合が組織された。

　また労働問題以外にも社会運動がおこった。1891年に栃木県の足尾銅山の鉱毒が渡良瀬川に流れ出て流域の農業や漁業に壊滅的な打撃を与えた公害事件(足尾鉱毒事件)に対し，田中正造らが指導する抗議活動が続けられた。

足尾鉱毒事件

1877年に足尾銅山を買いとった古河市兵衛は，産銅量を大幅に増加させた。一方で鉱山から排出される有害物質を含んだガスや廃水は，付近の環境に深刻な被害を与えた。衆議院議員の田中正造は地元住民とともに被害を訴えたが，政府は積極的な対策を取らず，長きにわたる社会問題となった。

こうした社会の動きを受け，**第2次山県有朋内閣**は1900年に**治安警察法**を制定し，労働者の団結権とストライキ権を制限した。一方で，労働者の生活状態の悪化が将来的な国家の軍事力に悪影響を及ぼす（兵士の質が低下する）ことへの危機感を背景に，政府は労働者を保護する法律を制定し，労資の対立をやわらげようとした。こうして1911年に**工場法**が制定されたが，資本家の反対があったために施行は1916年まで待たなければならなかった。

■ KEY WORD

工場法

日本初の労働者保護法。年少者や女性に対して労働時間の規制や深夜労働の禁止などを定めた。しかし，業種によっては規制を超える長時間労働や深夜労働が例外的に認められているなど，内容的に十分なものではなかった。

2 第一次世界大戦頃の労働運動

第一次世界大戦の頃には産業がさらに発展して工場労働者が増えた。さらに物価の高騰もあって，賃金引き上げを求める労働争議が急増した。

1912年に**鈴木文治**は労働者団体**友愛会**を組織した。当初友愛会は，労働者自身の生活態度を改めることで社会的な地位の向上をめざす団体だったが，徐々に労働組合としての性格を強めていった。友愛会は1919年に**大日本労働総同盟友愛会**と改称し，翌年には**第1回メーデー**を行った。さらに1921年には**日本労働総同盟**と改称し，資本家と労働者の融和をはかる労資協調主義から，ストライキなどの直接行動で資本家に対抗する階級闘争主義に方針を変更した。

この頃，農村でも小作料の引き下げを訴える**小作争議**が増加した。1922年には**杉山元治郎・賀川豊彦**らによって**日本農民組合**が結成され，各地の小作争議を指導した。

🔍 この講のまとめ

産業が発展するなか，どのような問題がおこったのだろう。

☑ 劣悪な環境のもとで働かされる労働者が増えたことで，労働運動の気運が高まった。

☑ 全国で労働組合がつくられ，労働者の地位向上をめざして資本家に立ち向かった。

☑ 農村では小作料の引き下げを求める小作争議が増えた。

85 | 明治時代の生活と文化①

近代化がすすむなかで，思想や学問はどのように発展したのだろう。

1 文化的特徴

　明治時代初期，政府は西洋文明を移植して上からの近代化をすすめたが，しだいに教育や出版の発達などで知識をつけた国民自身が近代化をリードするようになった。一方，農村部では都市部と比べて近代化が遅れたことなどから，従来の日本的文化や生活様式は残り続けた。明治時代の文化は，近代的な西洋文化と伝統的な東洋文化が混在したものだった。

2 宗教

　明治時代初期には国民への神道による教化がめざされたが成功しなかった。政府は憲法で信教の自由を認めたが，神社神道について宗教ではなく儀礼的な国家祭祀として保護した。民衆には，教派神道(政府公認の神道系宗教)がその平易な教えにより浸透した。廃仏毀釈で打撃を受けた仏教は，島地黙雷らの活動により復興した。

　キリスト教は，クラークやジェーンズといった外国人教師らの教えにより広まり，内村鑑三・海老名弾正・新渡戸稲造らの思想家が出た。キリスト教会は人道主義の立場から，教育，福祉，廃娼運動(公認娼婦の廃止運動)なども行った。

3 教育

　1872年公布の学制のもと義務教育が始められたが，学制による地方財政や人々の生活の実情を考慮しない画一的な政策には批判の声もあった。1879年には学制を廃止し，アメリカの制度を参考にした教育令が公布された。これによって町村が小学校の設置単位とされ，学校の管理運営は地方に任された。加えて就学義務が大幅に緩和されたが，急激な方針転換は混乱を生み，翌年には改正教育令が出され，政府による小学校の監督責任が強化された。

1886年に第1次伊藤博文内閣(文部大臣：森有礼)により学校令が公布され，小学校・中学校・師範学校・帝国大学などから構成される体系的な教育制度がつくられた。1890年には小学校の義務教育が3〜4年間とされ，1907年には6年間に延長された。なお就学率は1902年に9割を超えた。

また1890年，忠君愛国を教育の基本とした教育勅語(「教育に関する勅語」)が発布され，1903年には小学校教科書は文部省著作の国定教科書に限ることとされた。これにより国家主義的な教育方針が明確化された。

また，高等教育機関も増え，官立では東京帝国大学に加え京都・東北・九州に帝国大学が，民間では慶応義塾・同志社に続き，大隈重信による東京専門学校(のちの早稲田大学)などの私立学校が設立された。

⊕ PLUS α

内村鑑三不敬事件
学校で教育勅語が奉読される際は，拝礼すべきとされた。1891年にキリスト教徒の内村鑑三は，講師として勤めていた学校での教育勅語奉読で，拝礼を拒否した。これが不敬とされ，内村は職を追われることになった。

4 科学

大学が発足するとフェノロサ，モース，ダイアー，ベルツら多くの外国人教師が招かれ，さまざまな学問分野を教授した。そしてドイツで破傷風の血清療法を確立した北里柴三郎や，アメリカでタカジアスターゼの発明やアドレナリンの抽出に成功した高峰譲吉など，海外で成果を上げる科学者もあらわれた。国内でも原子構造の研究を行った長岡半太郎，地震学を研究した大森房吉などが科学の発展に寄与した。

⊕ PLUS α

科学と伝統思想の衝突
帝国大学で科学的に歴史を研究する久米邦武は，「神道は祭天の古俗」とした論を発表したが，これを神道家などに批判されて職を辞すことになる事件が発生した。

🔍 この講のまとめ

近代化がすすむなかで，思想や学問はどのように発展したのだろう。

☑ 神道の国教化が挫折し，仏教の復権やキリスト教などの普及がすすんだ。

☑ 学校制度の整備により就学率が上がる一方，教育の場で思想統制が行われた。

☑ 科学の分野で優れた成果を上げ，海外からも評価を受ける研究者があらわれた。

86 | 明治時代の生活と文化②

🔍 この講の着眼点

明治時代の文学や美術をとりまく状況はどうだったのだろう。

1 文学

　明治初期の文学では江戸時代以来の大衆文芸である戯作文学の人気が健在で，仮名垣魯文の『安愚楽鍋』などがある。自由民権運動が発展してくると，政治運動家たちによって自由民権論や国権論を宣伝するための政治小説も書かれた。

　明治時代中期には，坪内逍遥が『小説神髄』を著し，社会や人間の内面をありのままに描く写実主義を提唱した。二葉亭四迷は言文一致体（話し言葉に近い文章）で『浮雲』を著した。新聞への連載で小説を大衆化させた尾崎紅葉と，理想主義的な作品を著した幸田露伴は，当時の文壇において高い地位を確立した。

　日清戦争前後には，人間の内部にある自我や感情の動きを重視するロマン主義文学が盛んになった。小説では北村透谷や樋口一葉，詩歌では島崎藤村や与謝野晶子などが活躍した。また正岡子規は俳句の革新と万葉調和歌の復興をめざした。そして俳句雑誌『ホトトギス』や，のちに短歌雑誌『アララギ』が創刊され，歌壇がにぎわった。

　日露戦争前後には，フランスやロシアの文学作品に影響を受け，社会の暗い現実を映し出そうとする自然主義が隆盛し，国木田独歩・田山花袋・徳田秋声などが活躍した。一方で自然主義に批判的な立場をとったり，まったく違った独自の立場に立ったりした作品も書かれた（反自然主義とよばれることもある）。夏目漱石の作品や森鷗外の歴史小説がその代表とされる。

🏛 **KEY PERSON**

与謝野晶子
1878 - 1942

歌人・詩人。自身の経験をもとに，女性の恋愛感情を情熱的に歌い上げた短歌を多く発表し，それらを集めて歌集『みだれ髪』を出版した。日露戦争の際には，従軍した弟の無事を祈る詩「君死にたまふこと勿れ」を夫（与謝野鉄幹）が主催する雑誌『明星』で発表し，反戦をとなえた。

② 芸術

　演劇では江戸時代以来より歌舞伎が人気を集めており，明治時代中期には**市川団十郎・尾上菊五郎・市川左団次**が活躍する**団菊左時代**が訪れた。また，**川上音二郎**らは時事的な題材に民権思想をとりこんだ壮士芝居を演じた。日清戦争前後には，壮士芝居が発展して小説などを劇化した大衆演劇となり，歌舞伎（旧派）と対比されて**新派劇**とよばれ，人気となった。日露戦争後には，坪内逍遥・島村抱月が創始した**文芸協会**や，小山内薫らが結成した**自由劇場**などが西洋の劇作品を上演し，これらは歌舞伎や新派劇と対比されて**新劇**とよばれた。

　音楽では，伊沢修二によって小学校教育に唱歌が採用され，1887 年には**東京音楽学校**が設立されて専門的な音楽教育が実施され，**滝廉太郎**などが出た。

　美術では伝統美術と西洋美術がそれぞれ発展した。西洋美術を教える**工部美術学校**が政府により設立されたが，数年で閉鎖された。1887 年には**フェノロサ**や**岡倉天心**の影響のもと，伝統美術の育成をめざす**東京美術学校**が設立された。岡倉は校長をつとめて人材育成に励み，校長辞任後は**日本美術院**を創立し，伝統美術の発展に寄与した。西洋画は，工部美術学校を出た**浅井忠**らによる**明治美術会**の結成や，フランスで学んだ**黒田清輝**（作品：「湖畔」など）の帰国によって盛んになった。1896 年，黒田は洋画団体**白馬会**を結成し，東京美術学校に新設された西洋画科の教授にもなった。

　彫刻分野では伝統的な木彫に**高村光雲**（作品：「老猿」など）や，西洋風の彫塑に**荻原守衛**（作品：「女」など）らが出た。

KEY WORD

東京美術学校

1887 年に設立された美術の専門学校。当初は日本の伝統美術のみを教えていたが，のちに西洋美術も教えるようになった。東京音楽学校とともに，現在の東京芸術大学の前身となった。

▲「湖畔」

文部省は1907年に日本画・西洋画・彫刻の3部門からなる文部省美術展覧会(文展)を開設した。文展によって伝統美術と西洋美術は共通の発表の場を得ることになった。

▲「老猿」

▲「女」

 POINT

明治時代の美術学校の主な分類
- ☑ 西洋画　**工部美術学校，明治美術会，白馬会**
- ☑ 日本画　**東京美術学校**(のちに西洋画も扱う)，**日本美術院**

3 生活様式の変容

　明治の人々の生活様式は日本式と西洋式が入り混じっていた。都市部を中心に洋服の着用，机・椅子の使用，時刻通りの行動などの西洋式の生活習慣が根づき始めた。大都市ではガス灯，ついで電灯が実用化され，鉄道以外にも鉄道馬車や路面電車が開通した。また近代的な水道の導入もなされた。都市部の人口も徐々に増加していった。

　地方では，石油ランプ・人力車が見られるなど西洋化の傾向はあったが，実際の日常生活にはほとんど変化がなく，暦も農作業などのために旧暦が用いられ，太陽暦と旧暦が併用された。

🔍 この講のまとめ

明治時代の文学や美術をとりまく状況はどうだったのだろう。
- ☑ 文学ではさまざまな作風が流行し，多くの文学作品や文芸雑誌が発表された。
- ☑ 音楽や美術を教える学校が設立され，多くの芸術家が育成された。

87 | 大正時代の生活と文化

大正時代の日本の生活や文化にはどのような変化がおきたのだろう。

1 大戦景気

大正時代，第一次世界大戦で戦場とならなかった日本は好景気を享受することになった。日本は，イギリス・フランス・ロシアなどに軍需物資や食料，アメリカに生糸を輸出した。また，ヨーロッパの列強が撤退したあとのアジアには綿織物などを輸出した。日本はこの大戦景気

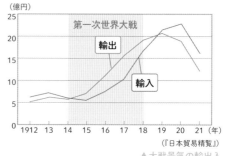

(億円)

第一次世界大戦

輸出

輸入

(『日本貿易精覧』)

▲大戦景気の輸出入

とよばれる好況のなかで大幅な**輸出超過**となり，数年で債務を完済し，逆に債権国となった。さらに，世界的な船舶不足から海運業・造船業が大幅に成長し，**海運国として世界第3位に到達した**(上位3か国：イギリス・アメリカ・日本)。その背景から**船成金**とよばれる富豪も生まれた。ほかにも中国に現地工場をもつ紡績業(**在華紡**)，水力発電事業を展開する電力業などさまざまな産業が一気に発展した。

工業の労働人口は農業の労働人口の半分以下であったが，工業の発展で**工業生産額は農業生産額を上回った**。

しかし，好景気のなかで**成金**が生まれる一方，多くの民衆が急激なインフレに苦しむ問題や，都市化によって農村の人口が都市部に流出するなどの問題も存在した。

大戦景気
- ☑ 海運業・造船業の活況 **船成金**の誕生，日本は**海運国**として**世界第3位**に上昇
- ☑ 輸出入の変化 輸入超過→**輸出超過**に変化
- ☑ 農業・工業の変化 **工業生産額**が農業生産額を上回る

2 都市化と生活文化

　大戦景気による経済発展は日本に都市化の進展をもたらし，東京や大阪などの大都市を中心に，近代的な鉄筋コンクリート造のオフィスビルが盛んに建てられた。こうしたビルで会社員などとして働いたのが**俸給生活者**(サラリーマン)であった。また，**職業婦人**とよばれた女性の労働者が，タイピストや電話交換手などとして活躍した。

　都市部を中心に市民の衣食住の洋風化もすすんでいった。流行の先端となったのが，洋風の髪型や装いを楽しむ**モボ**(モダンボーイ)や**モガ**(モダンガール)とよばれる人々だった。住居としてはアパートや和洋折衷の**文化住宅**が建てられ，水道やガスの供給も本格的に始まった。**電灯**はこの頃にはすでに農村部にまで普及していた。ほかにも東京と大阪における**地下鉄**などの交通機関の発達，洋食の普及など，日常の生活風景にも変化がおきていた。百貨店も発達し，私鉄経営の大型な**ターミナルデパート**も出現した。特に阪神急行電鉄(現在の阪急電鉄)の**小林一三**は鉄道経営のほかに沿線開発を行った。住宅地開発以外にも遊園地・温泉・**宝塚少女歌劇団**のような娯楽を提供することで乗客の増加をはかり，大阪梅田にデパートも開業した。

3 成長する大衆文化

　明治時代の終わり頃には，日本の国民のほとんどは文字が読める教育水準となっていた。各学校の生徒数が増加していき，1918年には原敬内閣により**大学令**が出されて帝国大学以外に公立・私立大学や単科大学の設置が認められた。教育水準の高さを背景に，昭和時代初期にかけて新聞・雑誌・映画・ラジオなどマスメディアが急激に発達した。これは一般の労働者を担い手とする**大衆文**

化を誕生させる原動力となった。

　新聞の発行部数が増加し，朝日新聞系列（『東京朝日新聞』・『大阪朝日新聞』）や，毎日新聞系列（『東京日日新聞』・『大阪毎日新聞』）は，大正末期に発行部数が100万部を超えた。雑誌では『**中央公論**』や『**改造**』といった総合雑誌，『サンデー毎日』や『週刊朝日』といった週刊誌，女性向けの『**主婦之友**』などさまざまなジャンルのものが刊行された。大日本雄弁会講談社による大衆雑誌『**キング**』は，発行部数100万部を超えた。昭和に入ると**円本**（1冊1円の文学全集）や文庫本などの低価格の書籍も普及した。

　活動写真とよばれた映画は大正期に発展した。当初は無声映画を弁士の解説つきで上映していたが，1930年代には**トーキー**とよばれる有声映画も上映されるようになった。1925年には**ラジオ放送**が始まり，翌年には東京・大阪・名古屋の放送局の統合により**日本放送協会（NHK）**が設立された。

4 学問と芸術

　大正デモクラシーの風潮はさまざまな学問や芸術の発展にもつながった。

　学問では，**西田幾多郎**が『**善の研究**』を著して独自の哲学思想をつくり上げ，**柳田国男**は民間伝承を研究し日本の**民俗学**の祖となった。自然科学の分野でも，黄熱病を研究した**野口英世**や，KS磁石鋼を発明した**本多光太郎**など，優れた研究者があらわれた。

　欧米からの影響で急進的な自由主義が叫ばれる一方，**マルクス主義**も思想的な影響力をもった。都市・農村の格差や労働者間での格差も拡大しており，貧困とその原因をとり上げた**河上肇**の『**貧乏物語**』は多くの人に読まれた。マルクス主義は学問や社会運動に影響を及ぼしたが，反戦や労働者の解放を訴える**プロレタリア文学運動**にも大き

⊕ PLUS α

学生野球人気

1915年には，現在の全国高校野球選手権大会につながる全国中等学校優勝野球大会が始まった。1925年には東京六大学野球が発足して人気となるなど，スポーツを観戦する文化が浸透した。

⊕ PLUS α

小日本主義

『**東洋経済新報**』の**石橋湛山**らの主張。石橋は第一次世界大戦における日本の青島占領を批判するなど，自由主義的な考え方のもと，領土拡大ではなく，平和的な経済発展による繁栄を主張した。

🔑 KEY WORD

マルクス主義

ドイツのカール＝マルクスの学説やそれに基づく思想。マルクスは『資本論』などで資本主義での労働者への搾取を批判し，社会主義・共産主義的な社会への移行の必然性を主張した。ロシア革命の思想的な支柱になり，日本では1920年代に『資本論』の翻訳が出版された。

く影響した。文芸誌の『種蒔く人』(1921年創刊)や全日本無産者芸術連盟(ナップ)の機関誌『戦旗』(1928年創刊)といった社会主義的な雑誌が生まれ，小林多喜二の『蟹工船』，徳永直の『太陽のない街』などが掲載された。しかし，この文学運動は政府の弾圧にあい，衰退していった。

　このほか，大正時代の文学にはそれまで隆盛していた自然主義にかわるいくつかの潮流が生まれた。雑誌『白樺』で，有島武郎・武者小路実篤・志賀直哉らが理想主義的な作風の白樺派として活躍した。一方，雑誌『新思潮』では，芥川龍之介・菊池寛らが理知的な作風の新思潮派として名をはせた。さらに，永井荷風・谷崎潤一郎らは，耽美派として官能的な美を重視する作品を残した。新聞や大衆雑誌の紙面上では，中里介山・吉川英治・江戸川乱歩などの大衆文学が人気だった。

　美術では，1907年に開設された文部省美術展覧会(文展)に対抗する在野勢力が生まれた。日本画家の横山大観らは日本美術院による院展を開き，洋画家の梅原龍三郎や岸田劉生らは二科会や春陽会を開いた。安井曽太郎も「金蓉」を描くなど，洋画で活躍した。

▲「金蓉」

　建築では，辰野金吾が東京駅の設計に携わるなど活躍した。

　演劇では，近代的なヨーロッパ風の演劇を日本に導入しようとする新劇運動がおこり，小山内薫らが創立した築地小劇場がその中心となった。

　音楽の分野では，小学校の唱歌や童謡が広くうたわれただけでなく，オペラ歌手の三浦環や，交響曲など多くの楽曲を作曲した山田耕筰の活躍もあり，洋楽が発展した。

🔍 この講のまとめ

大正時代の日本の生活や文化にはどのような変化がおきたのだろう。

☑ 大戦景気の影響で都市化がすすみ，市民生活の洋風化がすすんだ。

☑ マスメディアの発達により，大衆文化が成立した。

☑ 大正デモクラシーの風潮のなか，さまざまな学問や芸術が発展した。

定期テスト対策問題④

解答は p.351

1 開国後の日本について，あとの問いに答えなさい。

(1) 貿易の開始によっておこった物価の高騰を抑えるため，生糸など5つの品目の輸出を江戸の問屋を通じてするよう命じた法令は何か。

(2) 公武合体を推進し，将軍徳川家茂への和宮の降嫁を実現したが，坂下門外の変で失脚した老中は誰か。

(3) 1867年に徳川慶喜が朝廷へ政権の返上を申し出たことを何というか。

(4) 王政復古の大号令後におこった旧幕府軍と新政府軍の一連の内戦を何というか。

2 明治から大正にかけての政党について，あとの問いに答えなさい。

議会の開設当初，政府は①政党の意向に左右されないという姿勢をとっていたが，衆議院で多くの議席をもつ政党の影響力は徐々に強くなり，1898年には大隈重信が首相を務める②初の政党内閣が誕生した。大正時代には政党勢力とそれを支持する国民によって内閣が退陣に追い込まれる③大正政変がおこった。

(1) 下線部①に関連して，この姿勢を何というか。

(2) 下線部②に関連して，この内閣で与党となった政党は何か。

(3) 下線部③に関連して，大正政変で退陣させられた内閣は次のうちどれか。

(a)第2次西園寺公望内閣 　　(b)第3次桂太郎内閣
(c)第1次山本権兵衛内閣 　　(d)第2次大隈重信内閣

(4) 1918年に首相に就任して本格的な政党内閣を組織し，その出自から平民宰相とよばれたのは誰か。

3 第一次世界大戦における日本について，あとの問いに答えなさい。

(1) 大戦中の1916年に首相に就任し，シベリア出兵を行ったのは誰か。

(2) 大戦中に日本とアメリカの間で結ばれた，日本の中国に対する権益を認める協定を何というか。

(3) 大戦景気のなか，海運業や造船業で大きな財を築いた人々のことを何というか。

(4) 大戦終結後にウィルソンの提唱によって設立され，日本も常任理事国として加盟した国際平和機構は何か。

ヒント
3 (2) 交渉にあたった日米両国の担当者の名が冠されている。

4 日本が外国と結んだ不平等条約とその改正について，あとの問いに答えなさい。

(1) 1858年に井伊直弼が無勅許でアメリカと結んだ不平等条約は何か。

(2) 1871年に条約改正をめざしてある人物を中心とする使節団が欧米に派遣されたが，この人物とは誰か。

(3) 外国の要人を接待して条約改正交渉を有利に進めるため，井上馨が日比谷に建設した洋館は何か。

(4) 領事裁判権の撤廃や内地雑居などが取り決められた，1894年にイギリスとの間に結ばれた条約は何か。

(5) 1911年に関税自主権の回復を成しとげた外務大臣は誰か。

5 日本の産業革命とそれに伴う社会問題について，あとの問いに答えなさい。

19世紀の終わり頃には日本にも産業革命が訪れた。紡績業では渋沢栄一らが開業した [(a)] の大規模経営が，綿織物業では [(b)] による小型の国産力織機の発明が繊維産業の発展に大きく寄与し，綿糸や綿布の輸出が増加した。重工業では日清戦争の賠償金などを元手に官営の [(c)] が設立され，鉄鋼の国産化がめざされた。産業が発展する一方，さまざまな社会問題が発生した。工場では劣悪な環境での低賃金・長時間労働が横行しており，各地で①労働運動が展開された。また，鉱山業では労働問題のほかに，鉱山から排出される②鉱毒による環境問題も発生した。

(1) [(a)]，[(b)]，[(c)] に当てはまる語句を答えなさい。

(2) 下線部①に関連して，高野房太郎らが結成し，各地の労働運動を指導した組織は何か。

(3) 下線部②に関連して，栃木県の渡良瀬川流域に深刻な鉱毒被害をもたらした鉱山は何か。

(4) 労働運動などを取り締まるために，政府が1900年に制定した法律は何か。

6 大正時代の文化について，あとの問いに答えなさい。

(1) この時代の文化の発展につながった，言論や出版の自由などを求める社会風潮のことを何というか。

(2) 小林多喜二の『蟹工船』などのように，労働者の解放や反戦思想を訴えた文学作品のことを何というか。

(3) 民間伝承を研究し，日本で民俗学を確立した学者は誰か。

(4) 小山内薫らが創立した築地小劇場がその中心地となった，ヨーロッパ風の演劇を日本に取り入れようとする運動を何というか。

ヒント
4 (3) 井上馨の外交はこの施設の名から○○○外交といわれ批判を受けた。

第 **5** 章　近代・現代：
昭和〜平成

軍部が政治の主導権をとり，大陸への進出を加速させ，日本は太平洋戦争へとすすんでいきました。敗戦後は日本国憲法が制定され，民主国家として再出発します。冷戦という世界秩序のなかで高度経済成長をとげ，一時は経済大国となりました。しかし，バブル崩壊に続く不況や大災害を経験し，多くの課題のなかにあります。

88 | 戦後恐慌と金融恐慌

この講の着眼点

昭和初期の国内や対外政策はどのように変化したのだろう。

1 戦後恐慌と関東大震災

第一次世界大戦が終わりヨーロッパ諸国の経済が復興すると，ヨーロッパの製品に押されて日本の製品が売れなくなった。大戦景気は去り，1919年には貿易収支が輸入超過に転じた。1920年，株式市場の暴落を契機に**戦後恐慌**となり，綿糸・生糸の価格が急落した。結果，紡績業・製糸業を中心に日本経済は大きな打撃を受けた。さらに，1923年の**関東大震災**は甚大な人的・経済的被害をもたらした。

2 震災手形と金融恐慌

関東大震災で被災した企業の多くが資金繰りに困り，定めた期限までに支払いできない手形が大量に発生した。この関東大震災により決済不能となった手形を**震災手形**という。この手形は不良債権になり，多くの銀行が経営難となった。政府は日本銀行から多額の特別融資を行ってその場をしのいだが，1926年になっても未決済の震災手形が大量に残っていた。このような状況から，人々の間には銀行の経営破綻への懸念が広がっていた。

1927年，**第1次若槻礼次郎内閣**の**片岡直温**大蔵大臣の失言をきっかけに，一部の銀行の経営状況への不安が高まり，預金者が**預金を引き出そうと銀行に殺到する取付け騒ぎ**がおこった。銀行側はこれに対応できず，休業する銀行が続出した（**金融恐慌**）。多くの銀行が経営に苦労していたが，

＼ これを聞きたい！／

Q

手形が不良債権になったとはどういうこと？

A

企業の商取引においては直接現金で取引せず，①商品の買い手が支払い期日や金額を記した手形を出して商品を入手し，②売り手は銀行に手形を渡して現金化し，③買い手は期日までに銀行に入金していました。関東大震災で企業が③の入金をできなくなり，銀行は現金にならない手形（不良債権）を大量に保有することになったのです。

特に台湾銀行は総合商社鈴木商店に対し，巨額の不良債権を抱えていた。若槻内閣は緊急勅令を出して台湾銀行を救済しようとしたが，枢密院の反対にあい，総辞職した。若槻内閣のあとを受けて，立憲政友会与党の田中義一内閣が誕生した。田中内閣は，3週間のモラトリアム（支払猶予令）と日本銀行からの巨額の融資によって金融恐慌を収拾した。

金融恐慌によって中小の銀行の整理や合併がすすみ，預金は三井・三菱・住友・安田・第一の五大銀行に集中した。これにより銀行を経営する各財閥は金融資本として成長し，産業支配をすすめていくと同時に政党とのつながりも深めていった。

3 社会主義運動の高まり

普通選挙法の成立後，社会主義勢力は議会を通じて社会の変革をめざした。1926年，合法的な無産政党（社会主義政党）である労働農民党（労農党）が組織された。共産党系の傾向が強まった労農党は内部の勢力争いにより3つに分裂したが，1928年に普通選挙制による初の総選挙では，これらを含む無産政党勢力から合計8人の当選者を出した。そして選挙後には日本共産党が公然と活動を開始した。田中内閣はこれに衝撃を受け，選挙直後の3月15日に共産党員の一斉検挙を実施した（三・一五事件）。さらに，同年に治安維持法の改正（最高刑を死刑・無期に変更）や，全国の警察に思想警察である特別高等課（特高）の設置を行うことにより，社会主義運動の取り締まりを強化した。そして，1929年にも共産党員の大規模な検挙を行った（四・一六事件）。

4 積極外交

中国では孫文の死後，国民政府の蒋介石率いる国民革命軍が全国統一をめざして中国南部から北上しながら戦闘を繰り広げた（北伐）。これに対し田中内閣は強硬的な積極外交の方針により，1927年に満洲の日本権益を実力で守る方針を決めた（東方会議）。そしてこの年から翌年にかけて3度にわたり北伐に干渉する山東出兵を行い，満洲の軍閥である張作霖を支援した。第2次出兵では日

⊕ PLUS α

中国の政治状況

中華民国は軍閥が互いに抗争する統一されていない状態だった。1924年，孫文率いる中国国民党は中国共産党と手を組み，国内を統一することをめざしていた（第1次国共合作）。孫文の死後の1926年，後継者の蒋介石は南京に国民政府を樹立した。

本軍は国民革命軍と衝突した（済南事件）。しか
し，1928年に張作霖が国民革命軍に敗北すると，
満洲の直接支配をもくろむ関東軍は独断で張作
霖を奉天郊外で謀殺した（張作霖爆殺事件）。日
本では事件の真相は国民に公表されず，満洲某
重大事件とよばれた。田中首相は関東軍への厳
重な処分と真相の公表を決め，昭和天皇にも上奏し
たが，閣僚や陸軍から反対にあい，首謀者の河本大
作に軽い処罰を課しただけに終わった。これを知っ
た天皇は田中を叱責し，田中内閣は総辞職した。

　張作霖の死後，息子の張学良は国民政府と合流
し，国民政府の中国全土の統一がほぼ完了した。

▲北伐と山東出兵

🔖 KEY WORD

関東軍

大日本帝国陸軍の部隊の1
つ。中国からの租借地である
関東州と南満洲鉄道の警備
を行っていたが，日本の大陸
侵出を先頭に立ってすすめ
る存在となった。

⊕ PLUS α

田中内閣の欧米外交

田中内閣は欧米に対しては
これまで通りの協調外交を
続け，1927年にはジュネー
ヴで海軍軍縮会議に参加し
（合意に至らず不成立），1928
年にはパリで不戦条約に調
印した。不戦条約では期限
の定めなく国際紛争解決の
戦争を否定して戦争の放棄
を取り決め，「其ノ各自ノ人
民ノ名ニ於テ」宣言していた。
日本政府はこの文言が天皇
大権に抵触するとして，この
部分は日本に適用されない
とした。

🔍 この講のまとめ

昭和初期の国内や対外政策はどのように変化したのだろう。

☑ 関東大震災などの影響により金融恐慌がおき，その混乱のなかで銀行の
　整理がすすんで大銀行に預金が集中するようになった。

☑ 普通選挙制度の導入により，社会主義勢力が動き出したが弾圧された。

☑ 中国に対し，軍事的に干渉する積極外交が行われるようになった。

89 | 金解禁と昭和恐慌

浜口内閣の経済政策は国内にどのような影響を与えたのだろうか。

1 金解禁の失敗

第一次世界大戦中，欧米諸国は**金本位制**（金兌換・自由な金の輸出入）を停止した。1917 年，日本も同様に金本位制を停止した。大戦が終わると，欧米諸国は金本位制に復帰していった。日本は戦後恐慌と金融恐慌に対応するため，紙幣を増発する必要があり，金の保有量で紙幣の発行量を縛られる金本位制への復帰は遅れていた。しかし 1930 年，**為替**を安定させることと，国際競争力のない企業を淘汰して抜本的な経済再建をするため，**井上準之助**を蔵相とする**浜口雄幸内閣**（与党：**立憲民政党**）は，遂に金本位制に復帰する**金輸出解禁**（**金解禁**）を行った。そして，**緊縮財政**の実施と**産業合理化**によって，日本の国際競争力を高めようとした。

ところが，1929 年のアメリカニューヨーク株式市場での株価暴落をきっかけに世界的な恐慌（**世界恐慌**）がおこっていた。そして，この世界恐慌の影響が金解禁後の円高に重なり，**昭和恐慌**とよばれる深刻な恐慌がおきた。日本の輸出は大幅に減少し，金は国外に激しく流出した。

▲浜口雄幸

⊕ PLUS α

旧平価と新平価

金解禁実施において為替相場を金本位制停止前の相場（旧平価）で解禁するか，現状に見合った相場（新平価）で解禁するか意見が分かれた。旧平価の場合，日本は円高となってデフレになると予想されたが，あえて経済再建のために浜口内閣は旧平価を選択した。

2 昭和恐慌の展開

昭和恐慌では，物価や株価の下落が急速にすすみ，企業の操業短縮や倒産が頻

発した。そして，恐慌を乗り切るために賃金の切り下げや人員の解雇が行われ，失業者が激増した。浜口内閣は1931年，重要産業統制法を制定し，恐慌に対策した。

　昭和恐慌の影響は農村にも及び，東北地方を中心に農業恐慌となった。農産物の価格は暴落し，なかでもアメリカ向けの生糸が売れなくなったことは農村の養蚕業に打撃となった。さらに不況によって農村から都会に出稼ぎに出ていた労働者の多くが失業したうえ，1930年の豊作で米価が下落したところに，翌年には東北や北海道が大凶作となった。東北の農村では困窮のあまり身売りをする子女や欠食児童が増え，大きな社会問題となった。

重要産業統制法

特定産業（紡績や製鋼など）のカルテルの形成を促進する法律。カルテルとは企業の連合のことで，カルテルを形成する企業は，価格の維持や引き上げ，生産量の制限などの協定を結ぶことで，価格競争を避けて利益を得ることができた。

③ 浜口内閣の外交

　浜口内閣は外相に幣原喜重郎をすえ，協調外交の方針をとった。1930年には日中関税協定を結んで，日清戦争後に結んだ条約で認めていなかった中国の関税自主権を認め，ロンドン海軍軍備制限条約を結んでアメリカ・イギリスと軍縮をすすめることになった。

　このロンドン海軍軍備制限条約では，ワシントン海軍軍備制限条約で定めた主力艦の建造禁止を5年間延長し，駆逐艦や潜水艦などの補助艦の保有量の比率（日本はアメリカ・イギリスに対し約7割）も取り決めた。しかし，この決定が日本国内で問題視された。海軍軍令部が条約内容に反対していたにもかかわらず，浜口内閣が条約に調印して兵力量を決定したことは統帥権の干犯だと，海軍の強硬派や野党などは強く批判した。浜口内閣は枢密院の同意を得て条約を批准したが，浜口首相は憤激した右翼青年に東京駅で撃たれた。翌1931年に浜口首相は容体が悪化して内閣総辞職し，その後死去した。

🔍 **この講のまとめ**

　浜口内閣の経済政策は国内にどのような影響を与えたのだろうか。

☑ 金解禁は経済の再建をはかった政策だったが，世界恐慌と重なったことで日本は想定以上の大不況となり，特に東北を中心に農村が困窮した。

90 | 満洲事変の勃発

🔍 この講の着眼点

満洲事変があった時期の日本に，どのような変化があったのだろう。

1 満洲事変

国民政府による北伐後，中国では他国に奪われた利権を取り戻そうとする国権回収運動が盛んになった。中国満洲における権益を重視していた日本の軍部などは，この動きに懸念を抱き「満蒙の危機」のような切迫感のあるスローガンを掲げていた。

1931 年 9 月，奉天郊外の柳条湖で，南満洲鉄道の線路が爆破される事件がおきた(柳条湖事件)。これは石原莞爾らを中心とする関東軍のしわざであったが，関東軍はこの事件を中国軍によるものと主張し，満洲の主要都市に進軍した。

浜口雄幸内閣の次に組閣された第2次若槻礼次郎内閣(与党：立憲民政党)は，この事件を拡大させない方針の声明を出したものの，関東軍の軍事行動は止まらず，翌年までに満洲の主要地域を占領した。この満洲での一連の戦争を満洲事変という。若槻内閣は事態を収拾できず，1931 年末に総辞職した。また 1932 年 1 月には，上海でも中国軍と日本軍が衝突する第 1 次上海事変がおきた。

⊕ PLUS α

「世界最終戦論」
関東軍参謀石原莞爾の構想。石原は将来，東洋文明と西洋文明の盟主(日本とアメリカ)による世界の覇権をめぐる世界最終戦争が行われるので，その戦いのために満洲が必要だとしていた。

▲満洲事変

2 恐慌対策

　1931年12月，犬養毅内閣（与党：立憲政友会）が組閣され，蔵相高橋是清は就任後すぐに金輸出再禁止と円と金の兌換停止を実施した。これによって，日本は，金の保有量に関係なく中央銀行が通貨の発行量を管理する制度に事実上移行した（管理通貨制度）。この政策転換によって大幅な円安となり，さまざまな製品の輸出を急回復に導いた。特に綿織物の輸出はイギリスを抜いて世界第1位になった。イギリスなどの列国は，この円安や労働者の低賃金などの劣悪な社会条件によって価格をおさえ輸出を拡大する日本をソーシャル=ダンピングと批判した。高橋蔵相は赤字国債を積極的に発行し，軍事費と農村救済費への支出を拡大して景気を刺激した。その結果，1933年頃に日本の工業生産は世界恐慌の前の水準までに回復した。

　この時期の重工業の発展はめざましく，新興財閥も発展し，日本の工業の中心は軽工業から重工業へと移った。また，八幡製鉄所などが合同して国策会社の日本製鉄会社が誕生した。

　農業恐慌への対策としては，時局匡救事業を実施し，農民を公共土木事業に従事させて農村の救済をはかった。また，農民らの自力更生を旨とする農山漁村経済更生運動により，産業組合を拡充するなどした。

3 政党政治の終了

　満洲を占領した関東軍は清の最後の皇帝であった溥儀を執政（のち皇帝）に擁立し，1932年3月に満洲国を成立させた。この頃，国内では政党内閣や財閥に不満をもつ軍人や右翼らの間で，軍部を中心とする政権をめざす国家改造運動がおこった。1931年には陸軍青年将校によるクーデタ未遂事件や，1932年には急進的な右翼団体の血盟団が，元蔵相の井上準之助や，三井合名会社理事長の団琢磨を暗殺する血盟団事件がおきた。さらに，満洲国の承認に

消極的な犬養内閣に不満を抱いた海軍青年将校たちが首相官邸を襲い，犬養毅首相を射殺した（五・一五事件）。テロによる要人暗殺があいつぎ，政府は軍部との融和をせまられ，元老の西園寺公望の推薦により，海軍大将斎藤実を首相とする非政党内閣が成立した。これにより憲政の常道（→ p.272）が続いていた政党政治は終了した。

▲犬養毅

 POINT

テロ事件の発生

☑ **血盟団事件**　元蔵相の**井上準之助**，三井合名会社理事長の**団琢磨**の暗殺

☑ **五・一五事件**　首相**犬養毅**の暗殺（→**政党政治**の終了）

4 国際連盟からの脱退

　1932 年 9 月，斎藤内閣は**日満議定書**を締結し満洲国を承認したが，中国は満洲事変を日本の侵略行動として国際連盟に既に提訴しており，満洲国の独立を認めていなかった。1932 年 10 月，国際連盟が派遣した**リットン調査団**の報告書が発表された。報告書は，日本の権益を認める一方，満洲国の成立を自発的な民族独立運動の結果ではなく，満洲事変での日本軍の行動は自衛の措置とは認められないとした。報告書を踏まえ，1933 年 2 月の国際連盟臨時総会で，満洲国を承認しない旨を勧告する決議案が可決された（反対したのは日本のみ）。**松岡洋右**を首席とする日本全権団は，この議決を不服として臨時総会を退場し，3 月に**日本は国際連盟脱退を通告した**。そして 5 月，日中両軍により**塘沽停戦協定**が結ばれ，満洲事変は終了した。

🔍 この講のまとめ

　満洲事変があった時期の日本に，どのような変化があったのだろう。

☑ **【政治面】**軍部が独断で行動した。国外では満洲事変の結果，国際連盟を脱退して国際的に孤立し，国内では首相の暗殺事件の結果，政党政治が終了した。

☑ **【経済面】**高橋是清の金輸出再禁止などの政策により，恐慌から脱した。

91 | 軍国主義化する日本

🔍 この講の着眼点

満洲事変をきっかけに日本では軍国主義化が進展したが，それはどのような形であらわれたのだろう。

1 高まるナショナリズム

満洲事変を契機に，日本ではナショナリズム（国家主義）の気運が高まり，個人の権利や自由を主張する思想への弾圧が強まっていった。これによって社会主義運動は大きな打撃を受け，多くの人々が圧力に耐えかねて社会主義・共産主義思想を放棄した（転向）。1933 年に，日本共産党の最高指導者であった佐野学と鍋山貞親が獄中から転向声明を発表したことは，大量転向のきっかけとなった。無産政党も，その多くが国家の社会政策で資本主義の弊害を取り除こうとする国家社会主義へと転じた（赤松克麿を中心とする日本国家社会党など）。

思想や言論への取り締まりは自由主義・民主主義的な学問にも及んだ。1933 年，自由主義的な刑法学説をとなえていた京都帝国大学教授の滝川幸辰が休職処分を受ける滝川事件がおきた。さらに1935 年，これまで正統学説とされてきた美濃部達吉の天皇機関説が，軍出身の貴族院議員菊池武夫の非難をきっかけに政治問題となった（天皇機関説問題）。天皇機関説への排撃運動は陸軍や右翼によって全国的に展開され，岡田啓介内閣は圧力に屈して国体明徴声明を出し，天皇機関説を否定した。これによって政党政治や政党内閣制の理論的支柱の一つが失われ，政治の場において軍部はさらに発言力を強めることとなった。

📖 KEY WORD

天皇機関説

美濃部達吉が提唱した大日本帝国憲法における天皇の地位に関する学説。統治権は法人である国家にあり，天皇は国家の最高機関であるとする。この説に対し，統治権は国家ではなく天皇に無制限に属しているという上杉慎吉による批判もあった。天皇機関説問題で美濃部の学説は，「神聖不可侵」・「万世一系」の天皇による統治が日本のあり方（国体）であり，その絶対性に反するとされ，排撃の名目となった。

2 二・二六事件

　ナショナリズムの高まりと政党の後退とともに軍部の政治への発言力が強まるなか，陸軍内部では皇道派と統制派という2つの派閥の対立が激化していった。青年将校を中心とする皇道派は天皇による親政を，中堅幕僚将校を中心とする統制派は軍部が統制する総力戦体制の樹立をめざしていた。

　1936年2月26日，北一輝の思想に影響を受けた皇道派の青年将校たちが，約1400の兵を率いて首相官邸や警視庁などを襲撃した（二・二六事件）。青年将校らによって高橋是清大蔵大臣・斎藤実内大臣・渡辺錠太郎教育総監らが殺害され，国会などが4日間にわたり占拠された。これは将校たちが軍部政権の樹立と天皇親政をめざして行ったものだったが，天皇は厳罰を命じ，彼らは反乱軍として鎮圧された。

　二・二六事件により皇道派が排除され，**統制派**が陸軍のなかで勢力を強めた。事件後，岡田内閣のあとを受けて広田弘毅内閣が成立したが，これは閣僚人事や軍拡・財政政策において軍部の要求を受け入れた結果成立した内閣だった。

3 軍国主義への歩み

　1936年にワシントン・ロンドン両海軍軍備制限条約が失効することに伴い，陸海軍による帝国国防方針の改定が行われた。そのなかで陸軍はソ連を意識した北進論，海軍は東南アジアへの進出をめざす南進論を主張した。広田内閣は「国策の基準」にそれらを併記した上で，大規模な軍拡を推進した。また，陸軍の意向を反映して軍部大臣現役武官制を復活させた。

　しかし，軍部は国内改革が不徹底だとして不満を抱き，一方で政党からも大軍拡への反対の声が上

KEY PERSON

北一輝
1883 - 1937

国家社会主義者。私有財産の制限や華族制度の廃止などの内容をもつ，天皇を中心とした国家改造について論じた『日本改造法案大綱』を執筆して，右翼運動家や陸軍の皇道派青年将校に多大な影響を与えた。二・二六事件には直接関与しなかったが，事件の首謀者と目されて処刑された。

KEY WORD

軍部大臣現役武官制
1900年に第2次山県有朋内閣により確立された，陸軍・海軍大臣となる資格を，現役の大将・中将に限る制度。1913年，第1次山本権兵衛内閣が現役規定を削除していたが，1936年，広田弘毅内閣によって現役規定が復活された。

がった。双方からの反発を受けた広田内閣は 1937 年 1 月に総辞職し，元老の推薦で昭和天皇は陸軍穏健派の宇垣一成に内閣の組織を命じた。しかし陸軍は穏健派の宇垣を嫌い，組閣を阻止しようと現役の大将・中将を陸軍大臣として推挙しなかったので，やむなく宇垣は組閣を断念することになった。その後，陸軍大将の林銑十郎が組閣し，軍部と財界の協力による戦時体制をつくろうとしたが（軍財抱合），短命に終わった。同年 6 月，貴族院議長を務めていた近衛文麿が内閣を組織した（第 1 次近衛文麿内閣）。

🔍 この講のまとめ

満洲事変をきっかけに日本では軍国主義化が進展したが，それはどのような形であらわれたのだろう。

☑ 思想や言論を弾圧された人々の多くが社会主義思想を放棄した。

☑ 自由主義・民主主義的な学問や学説も取り締まりを受けた。

☑ 二・二六事件の結果，軍部がより直接的に政治介入するようになった。

92 | 日中戦争

この講の着眼点

日中戦争はどのようにすすんでいったのだろう。

1 ヴェルサイユ・ワシントン体制の動揺

世界恐慌によって経済が停滞すると，世界秩序に綻びが見え始めた。ヴェルサイユ体制打破をとなえるドイツは，1933年に全体主義体制(ナチズム)を樹立して国際連盟から脱退した。イタリアは一党独裁を確立し(ファシズム)，1936年に両国は連帯して枢軸(ベルリン=ローマ枢軸)を形成した。

ソ連は第1次五カ年計画の実行で急速に国力をつけ，1934年には国際連盟に加入した。1936年，広田弘毅内閣はソ連に対抗すべく，ドイツと日独防共協定を結んだ。翌年にはイタリアもこれに参加し(日独伊三国防共協定)，ここに反ソ連で結束した日本・ドイツ・イタリアによる枢軸陣営が成立した。

2 日中戦争

中国では，関東軍が華北を国民政府から切り離して支配しようとする華北分離工作が行われた。1935年，国民政府が中国国内の経済的統一をすすめると，関東軍は華北に傀儡政権(冀東防共自治委員会)を樹立した。中国国民の間では危機感が高まり，張学良が蒋介石に国共内戦の停止と抗日を要求する西安事件をおこした。これにより国民政府は国共内戦を停止した。

翌1937年7月，北京郊外にある盧溝橋付近で日本軍と中国軍が衝突した(盧溝橋事件)。現地では停戦協定が成立し，第1次近衛文麿内閣も当初不拡大方針をとったが，軍部の圧力により派兵を決定した。これに国民政府は断固抗戦の姿勢をと

KEY WORD
西安事件
シーアン

中国では北伐の頃から国民政府が中国共産党と対立し，内戦となっていた。日本の侵略に対し，共産党は抗日をよびかけた。しかし蒋介石は内戦を継続した。この背景から，張学良が蒋介石を西安で監禁し，内戦の停止と一致抗日を要求した。共産党の仲介で蒋は釈放されて内戦は停止し，のちの第2次国共合作につながった。

り，戦いはのちに全面戦争化していった（日中戦争）。

戦線は宣戦布告のないまま徐々に拡大していき，8月には上海での戦闘が始まり（第2次上海事変），年末には国民政府の首都南京を日本軍が占領した。日本から次々に大軍が派遣される一方，中国では国民党と共産党が協力し合う第2次国共合作によって形成された抗日民族統一戦線が抵抗を続け，国民政府は拠点を漢口，ついで重慶へと移して抗戦姿勢を崩さず，戦争は泥沼化した。なお，共産党は1934〜36年の長征により延安を根拠地としていた。

戦争が予想を超えて長期化したため，日本は中国に傀儡政権を樹立して戦争をおさめようとした。1938年，近衛は「国民政府を対手とせず」と声明を出し，国民政府との和平の機会を自ら断った。さらに同年末，近衛は日中戦争を東亜新秩序の建設が目的と声明して，国民政府の汪兆銘を重慶から脱出させ，1940年には南京に汪を中心とする親日政権の新国民政府を樹立させた。しかし，重慶の国民政府は援蒋ルートを通じてアメリカ・イギリスなどの援助を受けて抗戦を続けたため，戦争を終結させることはできなかった。

⊕ PLUS α

南京事件

日本軍が南京占領時に引きおこした事件。捕虜や一般民衆に対して略奪・暴行・虐殺などを行った。被害者の数は数万人とも20万人以上ともされる。

⊕ PLUS α

3度の近衛声明

1度目は国民政府との和平機会を断ち切り，2度目は日・満・華による東亜新秩序の建設を戦争の目的として示し，3度目は近衛三原則（3国間の善隣友好・共同防共・経済提携）をうたった。

▲日中戦争

🔍 **この講のまとめ**

日中戦争はどのようにすすんでいったのだろう。

☑ 盧溝橋事件をきっかけに戦闘が始まり，全面戦争へと発展し，泥沼化した。

☑ 日本は汪兆銘政権樹立などの和平工作を行ったが，うまくいかなかった。

93 | 戦時統制と戦時下の文化

戦争が長引くなかでの国民の生活はどのようなものだったのだろう。

1 産業への統制

日中戦争が始まると，第1次近衛文麿内閣は巨額の軍事予算を編成した。軍需産業に資金や資材を集中的に割り当てられるよう法律（臨時資金調整法・輸出入品等臨時措置法など）を制定し，経済統制を強化した。戦争が拡大して軍事費は膨らみ，多額の公債の発行や紙幣の増発でインフレがおこった。

1938 年には**国家総動員法**が制定され，政府は戦争のために必要な物資や労働力を議会の承認なしに動員できるようになった。同時に制定された電力管理法などのもと，民間の電力会社は国が管理する国策会社に統合され，政府の民間企業介入の先駆けとなった。翌年には**国民徴用令**が制定され，国民は軍需工場に動員されるようになった。1938 年度からは企画院によって物資動員計画が作成されて軍需品が優先的に生産され，生産を行った財閥系の大企業は莫大な利益を得た。

> 🔑 **KEY WORD**
>
> **企画院**
>
> 1937 年に設置された，戦時統制を強めるために動員計画の立案・調整などを任務とした内閣直属の機関。国家総動員法の制定など，国家統制に大きな役割を果たした。1943 年に新設された軍需省に吸収・合併された。

また，労働者の統制・動員のため，1938 年に産業報国連盟，1940 年に連盟をもととした**大日本産業報国会**が結成され，各職場に設置された**産業報国会**のもとに全労働者を組織した。これに伴い，すべての労働組合は解散させられた。

農村では，1940 年から米を政府が強制的に買い上げる**供出制**が始まった。政府は生産を奨励するために，小作料の制限など，生産者への優遇措置をとったが，労働力や資材不足のために農業生産量は落ち込んでいった。

2 生活・思想への統制

軍需品の生産が拡大する一方で，綿製品など民需品の生産・輸入は厳しく制限

された。政府は1939年に価格等統制令により公定価格制を導入し，1940年に七・七禁令（7月7日に施行）により高級衣料や装飾品などをぜいたく品として，その製造・販売を禁止した。さらに生活必需品や消耗品は配給制や切符制で支給されるようになり，市民生活への統制が強まった。

　国体論にもとづく思想統制も行われ，第1次近衛内閣は1937年から国民に戦争協力を促す国民精神総動員運動を行い，文部省は『国体の本義』を発行して国民思想の教化をはかった。これに伴って社会主義・自由主義などへの思想弾圧も厳しさを増した。1937年には植民地政策を研究していた東京帝国大学教授の矢内原忠雄が，政府の大陸政策を批判したことで辞職に追い込まれ，著書も発禁となった（矢内原事件）。翌年には，同じく東京帝国大学教授である大内兵衛らが反戦や社会主義的な活動を行おうとしたとして検挙された（人民戦線事件）。

3 戦時下の文化

　文学の分野では，横光利一・川端康成らの新感覚派が活躍し，政府の弾圧下で社会主義思想を放棄した中野重治・島木健作らの転向文学も生まれた。一方，島崎藤村の『夜明け前』や谷崎潤一郎の『細雪』のような有名作家による大作も書かれた。日中戦争下では，火野葦平が従軍体験をもとに執筆した『麦と兵隊』などの戦争文学が人気を博した。一方，兵士の実情を描いた石川達三の『生きてゐる兵隊』は発禁処分を受けた。

　1940年に設置された内閣情報局は，出版物・演劇・ラジオ・映画などのマスメディアを統制した。1942年には日本文学報国会が結成され，文学者たちも国の統制下に置かれることとなった。

🔍 この講のまとめ

戦争が長引くなかでの国民の生活はどのようなものだったのだろう。
- ☑ 国家総動員法や国民徴用令などの制定により，国民は戦争への協力を強いられた。
- ☑ 物資の支給が配給制や切符制となり，生活が制限された。
- ☑ 国家主義の気運が高まり，思想・文化・マスメディアの統制が強力に行われた。

94 | 第二次世界大戦の勃発

第二次世界大戦の勃発後，日本ではどのような動きがあったのだろう。

1 第二次世界大戦の勃発

　ナチス゠ドイツは 1938 年にオーストリアを併合，さらにチェコスロヴァキアへと侵攻し，勢力を広げていた。このなかでドイツは，日本との防共協定を強化し，ソ連・フランス・イギリスを仮想敵国とする軍事同盟の締結を提案してきた。1939 年初めに成立した平沼騏一郎内閣は，前内閣の第 1 次近衛文麿内閣からこの問題を引き継いで議論を重ねていた。しかし，同年 8 月にドイツはソ連との間で独ソ不可侵条約を締結した。この頃満洲国の国境付近で日本軍とソ連軍との戦闘があいついで発生し（張鼓峰事件・ノモンハン事件），独ソの条約締結はまさにノモンハン事件の最中の出来事で

> ⊕ PLUS α
>
> ### 張鼓峰事件と
> ### ノモンハン事件
>
> 張鼓峰事件は 1938 年に朝鮮付近の満洲国とソ連の国境不明確地帯で日ソが戦った事件。ノモンハン事件は 1939 年に満洲国とモンゴルの国境地帯でおきた日本とソ連・モンゴルが戦った事件。どちらも日本軍は大きな損害を出しており，独ソ不可侵条約締結は衝撃的な出来事だった。

あった。国際情勢への対応に自信を失った平沼内閣は，「欧州情勢は複雑怪奇」と声明して総辞職した。

　ドイツが 1939 年 9 月 1 日，ポーランドへの侵入を開始すると，これを受けたイギリス・フランスは同月 3 日にドイツに宣戦を布告し，ここに第二次世界大戦が始まった。平沼内閣のあとを受けた阿部信行・米内光政両内閣は，ドイツとの軍事同盟やヨーロッパの戦争への介入には消極的だった。

2 大東亜共栄圏

　日中戦争の開戦以来多くの軍需物資を必要としていた日本だが，本土や植民地，満洲や中国の占領地からなる経済圏（円ブロック）ではそれらを賄いきれなかった。そのため多くの資材は，欧米やその勢力圏にある国や地域からの輸入に

頼っていた。しかし，日本が**東亜新秩序**を提唱した頃からアメリカは日本に警戒心を抱き，日本との貿易量を減らしていた。そして，日本がドイツとの軍事同盟へ動き始めたことが伝えられると，1939年7月にアメリカは**日米通商航海条約の廃棄**を通告した。翌年条約は失効し，日本が軍需物資を入手することは非常に難しくなった。

　一方欧州では，ドイツがフランスを降伏させるなど進撃を続けて優勢であった。その勢いから，陸軍を中心にドイツとの関係強化や，欧米の支配を脱した**大東亜共栄圏**の建設が叫ばれるようになった。立憲民政党の斎藤隆夫など議会や政界には反対意見の者もいたが，軍部の圧力で握りつぶされた。

3 新体制の成立

　1940年，日本ではドイツのナチ党やイタリアのファシスト党のような強力な一大政党を樹立し，その指導のもとで全国民の戦争協力への動員をめざす**新体制運動**が，**近衛文麿**を中心に展開された。立憲政友会など既成の政党や団体は徐々に解散して，この運動に加わっていった。7月には**第2次近衛文麿内閣**が成立し，10月には新体制運動の結実として近衛を総裁とする**大政翼賛会**が結成された。ただ，天皇の統治権に抵触することへの配慮から，大政翼賛会は当初めざされた政党組織ではなく，総理大臣を総裁としてさまざまな団体を傘下に置く上意下達組織となった。

　1941年には小学校が**国民学校**に改められ，教育の場での国家主義の浸透がはかられた。また，植民地の朝鮮・台湾では**皇民化政策**がとられ，日本語教育の徹底や**創氏改名**の強制が行われた。

KEY WORD

日米通商航海条約

1894年に日本とアメリカで結ばれた通商条約。同年に結ばれた，領事裁判権の撤廃などを達成した日英通商航海条約（→ p.248）に類する内容。条約の期限を迎える1911年に改めて新条約が結ばれ，これにより関税自主権も回復した。1940年に失効したことは，アメリカからの物資の輸入に依存していた日本に大きな痛手となった。

KEY WORD

大東亜共栄圏

中国や東南アジア諸国を欧米の支配から解放し，共存共栄をめざすとした日本のスローガン。しかし実際は，日本が資源の豊富な東南アジア地域へ進出することを正当化するためのものに過ぎなかった。現地では戦争遂行のための搾取や強制動員が行われ，各地で抗日運動がおこった。

▲近衛文麿

4 日独伊三国同盟

　第2次近衛内閣の成立に先立ち，近衛と陸軍・海軍・外務各大臣の就任予定者との間で会談が行われた。そのなかで，ヨーロッパの戦争への不介入方針の転換，ドイツ・イタリア・ソ連との提携強化，積極的な南進の方針が決められた。南進にはすでにドイツに降伏したヨーロッパ諸国の植民地に勢力を伸ばすほか，援蔣ルートの遮断により中国との戦局を好転させるねらいがあった。1940年9月，日本軍は北部仏印（フランス領インドシナ）進駐を開始し，ほぼ同時にアメリカを仮想敵国とする日独伊三国同盟を締結した。一方，アメリカは日本への経済制裁を本格化させ，日本への航空機用ガソリンや屑鉄の輸出を禁止した。

POINT

アメリカの対応
- ☑ 日独の軍事同盟の動き→**日米通商航海条約**の廃棄（軍需品が入手困難に）
- ☑ 日独伊三国同盟締結→日本への**航空機用ガソリン，屑鉄**の輸出禁止

🔍 この講のまとめ

第二次世界大戦の勃発後，日本ではどのような動きがあったのだろう。
- ☑ 軍需物資が不足し，大東亜共栄圏の建設を名目に東南アジアへの進出がめざされた。
- ☑ 強力な一大政党の樹立をめざす新体制運動が展開され，既存の政党などは解散した。
- ☑ 日独伊三国同盟の締結などから，アメリカとの関係が悪化した。

| 95 | 太平洋戦争

太平洋戦争はどのようにすすんでいったのだろう。

1 日米交渉の行き詰まり

　第2次近衛文麿内閣は，関係が悪化していたアメリカとの衝突を回避するため，駐米大使野村吉三郎にアメリカの国務長官ハルとの間で日米交渉を開始させた。一方，松岡洋右外相は1941年4月にソ連のモスクワで日ソ中立条約を結び，南進政策をすすめるために北の憂慮を取り除くとともに，日ソの提携を背景にアメリカとの関係調整をめざした。

　しかし，同年6月にドイツは突如独ソ不可侵条約を破って独ソ戦を開始した。これを受けて7月2日の御前会議では，軍部の強い主張で対米英戦を覚悟しての東南アジア進出と，情勢しだいでソ連と戦争する方針が決定された。

　その状況下でも近衛首相は日米交渉による解決を諦めず，対米強硬論者の松岡外相を除いた第3次内閣を組織して，交渉を続けさせた。しかし，第3次内閣成立直後の7月末，南部仏印（フランス領インドシナ）進駐が実行されると，アメリカは在米日本資産の凍結と日本への石油輸出禁止措置をとり，対立姿勢を明らかにした。政府や軍部は，アメリカに同調するイギリスやオランダに中国を加えた4か国が「ABCD包囲陣」（America・Britain・China・Dutch）を形成して対日経済封鎖を強化していると，国民の間に危機感をあおった。また，これまで開戦に消極的だった海軍のなかにも，国内の石油備蓄が尽きる前に開戦すべきという論調が生まれた。

　9月6日の御前会議で，日米交渉が10月上旬までにまとまらなければ，アメリカなどと開戦するという帝国国策遂行要領を決定したが，交渉の妥協点を見出せないままに10月半ばをむかえた。閣内ではあくまで日米交渉にこだわる近衛首相と，開戦を急ぐ東条英機陸軍大臣が対立し，10月16日に第3次近衛内閣は総辞職した。木戸幸一内大臣は，9月6日の御前会議の内容を白紙に戻すという条件つきで東条を首相に推挙した。東条内閣は日米交渉を継続させたが，

11月26日にアメリカは満洲事変以前の状態への復帰を要求をし（**ハル＝ノート**），日本がこれを受け入れることは難しかった。

KEY WORD

ハル＝ノート

日米交渉において日本が最後通牒と認識したアメリカの提案。中国と仏印からの撤退・汪兆銘政権の否認・日独伊三国同盟の実質的廃棄などを日本に求めた。

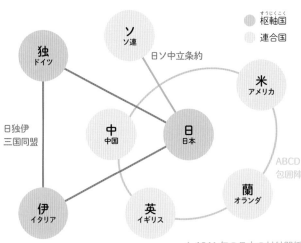

枢軸国
連合国

独 ドイツ

ソ ソ連

日ソ中立条約

米 アメリカ

日独伊
三国同盟

中 中国

日 日本

ABCD
包囲陣

伊 イタリア

英 イギリス

蘭 オランダ

▲ 1941 年の日本の対外関係

▲東条英機

2 太平洋戦争

　12月1日の御前会議で，アメリカとの交渉は不成功に終わったと判断され，アメリカ・イギリスとの開戦が決定された。そして12月8日，日本陸軍は**イギリス領マレー半島**に上陸し，海軍はハワイの**真珠湾**を奇襲した。その後，アメリカ・イギリスへの宣戦布告もなされ，**太平洋戦争**が幕を開けた。これに伴い，日本と同盟するドイツ・イタリアもアメリカへ宣戦布告し，アメリカ・イギリス・ソ連などの**連合国**と，日本・ドイツ・イタリアなどの**枢軸国**の戦争は全世界へと拡大した。開戦後約半年のうちに，日本は東南アジアから南太平洋にかけての広範な地域を制圧し，国民はその勝利に大いに沸き立った。

　しかし1942年6月，**ミッドウェー海戦**で主力空母4隻を失うなど日本は大敗を喫し，これを機に戦局は劣勢になっていった。1943年，東条内閣は占領

PLUS α

真珠湾への奇襲攻撃

太平洋戦争の幕開けとなった日本軍の奇襲作戦。アメリカ太平洋艦隊の主力に大きな被害を与えた。宣戦布告前の攻撃にアメリカ世論は「Remember Pearl Harbor（真珠湾を忘れるな）」というスローガンのもと，日本への強い敵対心で一致した。

地域の代表者を東京に集めて大東亜会議を開き，その結束を固めようとした。しかし，占領地では戦争遂行のために圧政を敷く日本軍への反対運動がおこり，中国では共産党らが華北の農村地帯を舞台にゲリラ戦を展開した。1944年にはサイパン島が陥落したことで絶対国防圏とされた防衛ラインが崩れ，その責任をとって東条内閣は総辞職した。後任には陸軍大将の小磯国昭を首相とし，海軍大将の米内光政がそれに協力する，陸軍と海軍の連立内閣が成立した。

▲大東亜会議

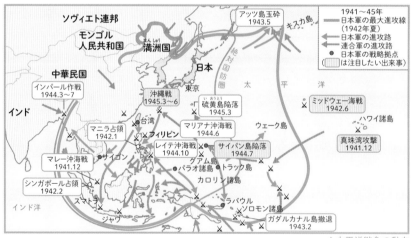

▲太平洋戦争の動向

3 戦時中の国民生活

　太平洋戦争の開戦後，国民の生活はさらに厳しいものとなった。1942年から

衣類では**総合切符制**が敷かれたが，軍需生産優先による資源不足のために生産がままならず，切符があっても入手できなくなっていた。軍事動員に伴う労働力不足で食料生産量も減少し，配給量が減少し闇取引が横行した。

1943年には大学・高等学校・専門学校に在学中の文系学生を軍隊に徴集する**学徒出陣**や，女学生などを軍需工場で働かせる**勤労動員**が行われるようになった。さらに，国内の労働力不足を補うため，朝鮮人や中国人が連行されて鉱山などの強制労働に従事させられた。

1944年後半には，サイパン島が陥落したことでそこを拠点に日本を攻撃可能となり，アメリカ軍による**本土空襲**が激化した。空襲は初め軍需工場を標的としていたが，徐々に都市の無差別爆撃へと変わっていき，都市では**防空壕**の掘削や**学童疎開**が行われた。1945年3月の**東京大空襲**ではアメリカのB29爆撃機による焼夷弾の投下で，一晩で約10万人ともされるおびただしい人数が死亡するなど，その被害は凄惨であった。

▲東京大空襲後の東京

4 敗戦

1945年3月に硫黄島を占領したアメリカ軍は，翌月ついに沖縄本島へ上陸した。**沖縄戦**で日本側は軍人・民間人ともにおびただしい数の死者を出しながらも戦いを続けたが，6月にアメリカ軍により沖縄は占領された。ヨーロッパでは1943年に連合国側が攻勢に転じていた。1943年9月にイタリアが，1945年5月にはドイツがすでに降伏しており，日本は完全に孤立していた。

また，1943年11月には，アメリカの**ローズヴェルト**大統領・イギリスの**チャーチル**首相・中国の**蔣介石**国民政府主席がエジプトのカイロで会談し，日本の無条件降伏まで戦い抜くことや，台湾・満洲・澎湖諸島の中国返還など，戦後の日本領の処分を決めていた（**カイロ宣言**）。

敗戦濃厚の状況下，小磯内閣のあとを受けて1945年4月に成立した**鈴木貫太郎内閣**はソ連に和平交渉の仲介を頼もうとした。しかし，1945年2月にローズヴェルト・チャーチルとソ連の**スターリン**はクリミア半島のヤルタでドイツの戦後処理について会談し（**ヤルタ会談**），そこで南樺太の返還などと引き換えにソ連がドイツ降伏の2〜3か月後に対日参戦することを極秘に取り決めていた。さらに，7月にベルリン郊外のポツダムにアメリカの**トルーマン**大統領・

チャーチル(のちにアトリー)・スターリンがドイツの戦後処理問題で会談した。そのなかで日本軍への無条件降伏勧告と日本の戦後処理方針が決められ、アメリカ・イギリス・中国の3か国の名でそれらを盛り込んだ**ポツダム宣言**を発表した。日本はそれに対して「黙殺する」と声明した。ポツダム宣言を日本が拒否したと判断したアメリカは、8月6日に**広島**、8月9日に**長崎へ原子爆弾**を投下して、推定20万人以上の死者を出した。さらに、8月8日には**ソ連が日ソ中立条約を破って日本に宣戦布告**し、満洲・朝鮮などに侵攻した。

　この状況においても陸軍は本土決戦を主張したが、昭和天皇の「聖断」により日本はポツダム宣言受諾を決め、8月14日に連合国側に受諾を通知した。8月15日正午には国民に終戦を知らせる天皇のラジオ放送が流された。そして、9月2日に東京湾に来航したアメリカの軍艦**ミズーリ号**において、降伏文書への調印が行われた。これにより太平洋戦争は終結した。

写真：GRANGER.COM/アフロ

▲ミズーリ号での降伏調印

POINT

対日処理に関する会談出席者
☑ **カイロ会談**
　米：**ローズヴェルト**，英：**チャーチル**，中国：**蔣介石**（チアンチエシー）
☑ **ヤルタ会談**
　米：**ローズヴェルト**，英：**チャーチル**，ソ連：**スターリン**
☑ **ポツダム会談**
　米：**トルーマン**，英：**チャーチル**（のちにアトリー），
　ソ連：**スターリン**→宣言発表はアメリカ・イギリス・**中国**の名義

この講のまとめ

太平洋戦争はどのようにすすんでいったのだろう。
☑ 日本は**ハル=ノート**の内容を受け入れられず、日米交渉は決裂した。
☑ 初めは優勢だった日本軍だが、**ミッドウェー海戦**大敗後は徐々に劣勢になった。
☑ イタリア・ドイツの降伏や原爆投下、ソ連参戦を受け、日本は連合国に降伏した。

96 | 戦後の占領政策

この講の着眼点

占領下の日本でどのような改革が行われたのだろう。

1 国際連合

第二次世界大戦後の新しい世界秩序の構築にあたっては大戦の再発を防ぐことが求められた。そこで，アメリカ・イギリス・ソ連の3か国は，国際連盟にかわる組織として，国際連合を設立することに合意した。国際連合は1945年10月に発足し，米英ソに加えフランスと中国の5大国を常任理事国とする安全保障理事会が設けられた。安全保障理事会には，平和の破壊が行われた際は軍事行動を含む強制措置を発動できる強い権限が付与された。

敗戦国への処理については，ヴェルサイユ条約のように巨額の賠償金を課すのではなく，占領を通じて国家や社会を平和的につくりかえる方針をとった。

これにより安定した秩序が構築されるかと思われたが，アメリカとソ連が利害対立を深めたことで，戦後秩序は両国を中心に揺らいでいくこととなった。また，大戦後，もともと植民地だった地域では独立運動が盛んになった。朝鮮もそうした地域の1つだったが，北緯38度線を境に北はソ連，南はアメリカが占領統治を行っていたため，統一的な独立はならなかった。その他の地域では大戦の終結とともに，かつての宗主国と戦闘に発展したところもあった。

2 占領の開始

ポツダム宣言受諾後，日本の占領はマッカーサーを最高司令官とする連合国（軍）最高司令官総司令部（GHQ/SCAP）の指導のもとで日本政府が統治を行う，間接統治の方法がとられた。連合国による日本の占領政策決定の機関としては，ワシントンに極東委員会，東京に対日理事会が置かれていたが，大きな影響力はなく，事実上アメリカ軍の単独占領だった。このような待遇となった理由は，日本の降伏がアメリカの軍事力によってもたらされたところが大きかったからである。

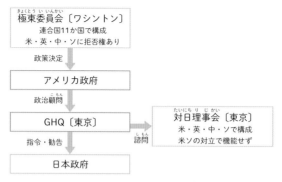

▲連合国による日本統治

　ポツダム宣言受諾後に鈴木貫太郎内閣は総辞職し，皇族の**東久邇宮稔彦王**が1945年8月17日に組閣した。東久邇宮内閣は軍隊の武装解除・連合国軍の進駐受け入れなどを行ったが，「一億総懺悔」・「国体護持」をとなえて従来の体制の維持をめざし，GHQの占領政策と対立した。そして，GHQが特別高等警察(特高)や治安維持法の廃止，政治犯の釈放などの民主化を求める**人権指令**を出し，これに天皇制批判などの思想や言論の自由も含まれたので，同内閣は実行することができず総辞職した。

3 軍国主義国家からの脱却

　その後，大戦前の協調外交で知られた**幣原喜重郎**が首相に就任した。GHQは幣原内閣に対して憲法の自由主義化・政府による神社や神道への支援の禁止(神道指令)・国家神道の解体(国家と神道の分離)，そして**五大改革**などを指示した。
　戦時中の政府首脳や軍関係者は戦争犯罪人として次々と逮捕され，そのうち28人は「平和に対する罪」をおかしたA級戦犯として起訴された。1946年から彼らの裁判が始まり(**東京裁判**)，1948年，途中病死などした者以外の全員に有罪判決が下った。首相経験者では東条英機と広田弘毅が死刑となった。

1946年1月，GHQは，陸海軍軍人や大政翼賛会の有力者をはじめとした，戦時中に軍国主義をすすめた人々に対して公職追放を指令した。これに伴い各界の指導的地位にあったあわせて20万人以上が戦時中の責任から職を失った。

天皇に対しても戦争責任を問う声があったが，GHQは天皇制廃止に伴い予想される国内の大きな混乱を避け，むしろ占領に天皇制を利用しようと考え，昭和天皇を戦犯に指定しなかった。1946年元旦，昭和天皇は天皇の「現御神」としての神格を自ら否定する詔書を出した（人間宣言）。

写真：AP/アフロ

▲マッカーサーと昭和天皇

4 民主化政策

幣原内閣は五大改革の指令にもとづき，民主化政策をすすめた。

1945年に三井・三菱・住友・安田の4大財閥の解体を命じ，翌年発足した持株会社整理委員会を通して財閥家族などがもつ株式を一般へ売り出し，財閥の企業支配を弱めようとした（財閥解体）。1947年には独占禁止法による持株会社・カルテル・トラストの禁止や，過度経済力集中排除法による巨大企業の分割も行われた。1948年に325社がこの法律による分割の指定を受けたが，占領政策の変化により実際には**11社のみの分割**で終わった。

また，寄生地主制の解体のため農地改革がすすめられた。1946年にGHQの勧告にもとづいて公布された改正農地調整法・自作農創設特別措置法による第2次農地改革の一連の政策で，小作地は激減して農家の大半が零細な自作農になり，小作料も公定の定額金納と定まり，**寄生地主制は解体された。**

農地改革

軍国主義の温床の1つとされた寄生地主制を除くために行われた一連の改革。1945年12月に日本政府が策定した第1次農地改革は内容が不十分とGHQに拒否され，翌年GHQの勧告にもとづいて第2次農地改革が始まった。各地方自治体に設置された農地委員会（地主3，自作農2，小作農5の割合で構成）が農地の買収・売却を担当した。対象となった農地は，不在地主については全小作地，在村地主については都府県で平均1町歩（北海道では4町歩）の面積以上の小作地だった。これを強制的に国が買い上げて，小作人に安価に売却した。

労働者に対しての政策では，1947年までに**労働組合法・労働関係調整法・労働基準法**の労働三法を制定し，労働省を設置した。これによって労働基本権が確立し，官公庁や各企業では労働組合の設立があいついだ。1946年には右派の**日本労働組合総同盟（総同盟）**，左派の**全日本産業別労働組合会議（産別会議）**といった労働組合の全国組織も結成された。

　教育においては軍国主義的な教員の追放や，従来の国定教科書の内容から一新した新教科書の刊行が行われた。また，**修身・日本歴史・地理の授業が一時禁止**された。1947年には**教育基本法**や**学校教育法**が制定され，男女共学，9年の義務教育，六・三・三・四制（小学校6年，中学校3年，高校3年，大学4年）の学校体系など，現在へつながる学校制度が整えられた。1948年には各都道府県・市町村に教育委員会が設けられた。

 POINT

財閥解体と農地改革

☑ **財閥解体**　**過度経済力集中排除法**で巨大企業の分割実行（実際はほぼ分割されず）

☑ **農地改革**　第1次農地改革はGHQに内容が**不徹底**とされ，**第2次農地改革（改正農地調整法・自作農創設特別措置法）**で農家の大半が自作農となり，小作料も公定された（→**寄生地主制**の解体）

🔍 **この講のまとめ**

占領下の日本でどのような改革が行われたのだろう。

☑ 東久邇宮内閣のもとで，軍隊の武装解除や連合国軍の受け入れが行われた。

☑ 戦争犯罪人の逮捕や公職追放によって，軍国主義からの脱却がめざされた。

☑ 財閥解体・農地改革・労働三法の制定など，五大改革指令にもとづく民主化政策が行われた。

97 | 日本国憲法の制定と占領下の社会

🔍 この講の着眼点

国の民主化がすすむなかで何が変わっていったのだろう。

1 政党政治の復活

　民主化政策がすすめられるなかで政党の復活・結成もあいついだ。人権指令によって出獄した徳田球一らが，合法政党として**日本共産党**を始動させた。そして旧立憲政友会系の**日本自由党**，旧立憲民政党系の**日本進歩党**，ほかにも**日本社会党**や**日本協同党**などが結成された。

　1945 年 12 月には**女性参政権**を認めた新選挙法が制定された。1946 年 4 月に行われた戦後初の総選挙では，**満 20 歳以上の男女**に選挙権が認められたため有権者数はこれまでの 3 倍近くに増え，選挙の結果 39 人の女性議員が誕生した。選挙で第 1 党となったのは日本自由党だったが，党首の鳩山一郎は公職追放処分を受けたため組閣できず，かわって親英米派外交官だった**吉田茂**が日本進歩党の協力も得て，内閣を組織した。

2 日本国憲法

　1945 年 10 月，マッカーサーは幣原喜重郎内閣に憲法の改正を要請した。これを受けて**松本烝治**を委員長とする憲法問題調査委員会が発足した。しかし，翌年に提出された委員会の作成した改正試案は，天皇の統治権を認めるなど旧態依然としたものであった。このため GHQ は新たに改正草案を作成し，完成した草案(**マッカーサー草案**)を政府に提示した。政府はこれにやや手を加えたものを政府原案として発表し，大日本帝国憲法を改正するという形で衆議院・貴族院での修正可決が行われた。こうして作成された新憲法は**日本国憲法**として 1946 年 11 月 3 日に公布され，翌 1947 年 5 月 3 日に施行された。

　日本国憲法は**主権在民・平和主義・基本的人権の尊重**の 3 原則を盛り込んでおり，特に「国際紛争を解決する手段」としての**戦争の放棄**と，それを達成するための戦力の不保持・交戦権の否認を定めた画期的なものだった。また，「国

権の最高機関」は国民の直接選挙で選ばれた議員からなる国会とされ，天皇は政治的権力をもたず，「日本国民統合の象徴」とされた（象徴天皇制）。

新憲法の精神にもとづき，多くの法の制定や改正が行われた。1947年に改正された新民法では戸主制度を廃止し，男女平等の新しい家族制度（財産の均分相続・婚姻や家族関係における男性優位制度の廃止など）を定めた。同年には地方自治法が成立して都道府県知事や市町村長が住民による投票で選ばれるようになり，国家地方警察や自治体警察をつくることを定めた警察法も公布された（翌年施行）。そして明治以来，地方行政や警察を所管していた内務省は廃止された。

❸ 国民生活の窮乏と大衆運動の高揚

戦争は人々の生活を破壊し，空襲で多くの家屋が焼失した都市部では，バラック小屋での生活が営まれていた。鉱工業の生産額は戦前の3分の1以下になっており，海外各地にいる軍人の任務を解く復員や居留民の引揚げによって国内人口が急増した。そこへ記録的な凶作が重なって深刻な食料不足が引きおこされ，配給の遅配・欠配が続いた。人々は農村への買出しや闇市の利用で何とか食料を手に入れるなどして，日々の生活をしのいでいた。

物不足が深刻化する一方，終戦処理のために通貨が増発され，激しいインフレが発生していた。1946年2月，幣原内閣は預金の封鎖・旧円の流通禁止・新円の引き出し制限を行うことで貨幣流通量を減らし（金融緊急措置令），インフレを抑え込もうとしたが一時的にしか解決できなかった。

幣原内閣の次に成立した吉田内閣は，経済安定本部を設置して経済復興をはかった。1946年12月に石炭・鉄鋼などの重要な産業に資金・資材を集中させる傾斜生産方式を閣議決定し，1947年1月に復興金融金庫（復金）を創設して基幹産業へ

⊕ PLUS α

シベリア抑留

1945年8月にソ連が満洲などに侵攻し，現地の居留民（満蒙開拓移民）らの多くは死亡した。捕虜となった軍人などの多くは，ソ連により極寒のシベリアに送られ，強制労働させられた。また，中国残留孤児として中国に残れる子らもいた。

■ KEY WORD

闇市

公定価格によらず，ものを売る市で，多くは露店だった。売られている品物は農村から直接持ち込まれた食料や，占領軍からの横流し品などであった。ものによっては公定価格の100倍以上の価格で取り引きされる商品もあったが，生活に窮する多くの人でにぎわった。

の資金供給を行った。これにより産業の復興はすすめられたが，復金による巨額の資金供給などを背景に，インフレはさらに進行していった。

　生活が苦しくなるなかで大衆運動が激しさを増し，特に労働運動が活発だった。官公庁労働者たちは，1947年2月1日に吉田内閣の打倒をめざした大規模なゼネラル=ストライキ（ニ・一ゼネスト）を実施することを計画した。しかし，この計画は決行の前日にGHQの命令で中止させられた。

　1947年4月，新憲法下において初めて，衆議院・参議院両議員の選挙が行われた。結果は大衆運動の盛り上がりから日本社会党が勝利し，衆議院第1党となった。日本社会党の片山哲が首相となり，民主党・国民協同党との連立内閣を組織した。しかし，片山内閣は与党内での対立などにより，翌年2月に総辞職した。続いて，同じ3党の連立で民主党の芦田均による内閣が成立したが，元閣僚らに多額の贈収賄があったことが発覚し，退陣に追い込まれた（**昭和電工事件**）。

占領期前半の経済政策
- ☑ 幣原内閣　金融緊急措置令により**インフレ阻止**をはかる（→インフレは収束せず）
- ☑ 吉田内閣　**傾斜生産方式**により**石炭**や**鉄鋼**などの基幹産業へ資金を集中投下

🔍 **この講のまとめ**

国の民主化がすすむなかで何が変わっていったのだろう。
- ☑ 女性が参政権を獲得し，戦後初めての総選挙では女性議員が誕生した。
- ☑ 主権在民・平和主義・基本的人権の尊重を原則とする日本国憲法が施行された。
- ☑ 日々の食料もままならない苦しい生活のなかで，大衆運動が高揚した。

98 | 占領政策の転換

占領政策の転換は日本にどのような影響を与えたのだろう。

1 冷戦と東アジア

　第二次世界大戦後，アメリカは世界で指導的地位を築き，ソ連も東ヨーロッパ各国にその影響力を強めていた。アメリカのトルーマン大統領は，1947年にソ連「封じ込め」政策を提唱し（**トルーマン゠ドクトリン**），マーシャル゠プランによる西ヨーロッパ諸国への復興援助を行い，共産主義勢力と対立した。1949年，西側（資本主義・自由主義）陣営は，アメリカを盟主に共同防衛組織の**北大西洋条約機構（NATO）**を結成した。一方，ソ連は同年に原爆の開発に成功した。続けて，1955年に東側（社会主義・共産主義）陣営はソ連を盟主に**ワルシャワ条約機構**を結成した。この対立構造は「冷たい戦争」（**冷戦**）とよばれた。

　東アジアでは，冷戦による東西対立が顕著となった。中国では，アメリカの支援を受けた国民党は共産党に敗れ，1949年に**毛沢東**を主席とする**中華人民共和国**が成立し，翌年には東側陣営に加わった。台湾へ逃れた国民党は，この地で中華民国（総統：蒋介石）を存続させた。朝鮮半島では1948年，ソ連占領地に金日成を首相とする**朝鮮民主主義人民共和国（北朝鮮）**が，アメリカ占領地に李承晩を大統領とする**大韓民国（韓国）**が成立し，2か国に分かれた。

2 占領政策の転換

　中国で共産党が優位となった情勢から，1948年にはアメリカが日本を西側陣営とするよう**占領政策を転換**した。GHQは，占領目的の非軍事化・民主化はすでに達成されたとして，**経済復興を推進する方針**をとった。日本の諸外国への賠償は軽減され，財閥解体による**企業分割は緩和**された。1948年にはGHQの命令（**政令201号**）で国家公務員法が改正され，労働運動の中心にあった官公庁労働者は争議権を失い，翌年以降**公職追放が解除**されていった。

3 経済復興政策

　1948年12月，GHQはインフレを解消して経済復興をめざすべく，民主自由党の**第2次吉田茂内閣**に**経済安定九原則**の実行を命じた。翌年にはこの指令を実施するべく銀行家の**ドッジ**が派遣された。ドッジの要求した施策（**ドッジ＝ライン**）に沿って，第3次吉田内閣は赤字を許さない予算により財政支出を削減し，日本経済を国際経済に直結させるべく**1ドル＝360円**の**単一為替レート**を設定した。1949年には**シャウプ**率いる税制専門の使節団が来日し，彼らの勧告にもとづき**直接税中心主義**や**累進所得税制**の採用などの税制改革が行われた。

　ドッジ＝ラインでインフレは収まったが，1949年後半からは深刻な不況になり，企業の倒産や人員整理による失業者が増大した。労働者らは人員整理に抵抗したが，**下山事件・三鷹事件・松川事件**の影響で労働運動は打撃を受け，抵抗はかなわなかった。

POINT

占領期後半の経済政策
- ☑ **ドッジ＝ライン**　緊縮財政（→インフレは収束，不況に），**1ドル＝360円**の単一為替レートの設定
- ☑ **シャウプ勧告**　**直接税**中心主義，累進所得税制の採用

🔍 **この講のまとめ**

　占領政策の転換は日本にどのような影響を与えたのだろう。
- ☑ 企業分割は緩和され，公職追放の解除がすすんだ。
- ☑ 経済復興が重視され，それを実施するために専門家が日本に派遣された。

99 | 講和と安保条約

🔍 **この講の着眼点**

日本の独立の回復はどのようにしてなされたのだろう。

1 朝鮮戦争

1950 年 6 月，北朝鮮が中華人民共和国の成立に影響されて韓国へ攻め入り，**朝鮮戦争**となった。北朝鮮軍はソウルを占領し，さらに朝鮮半島南部へと進撃した。これに対しアメリカ軍は，マッカーサーを総司令官に国連軍として介入し，北朝鮮軍を押し返した。さらにアメリカ軍は北緯 38 度線を越えて中国国境へ迫ったが，今度は中国人民義勇軍の参戦により北緯 38 度線付近へ押し戻された。ここで戦線は膠着状態におちいり，1951 年から休戦会談が行われ，1953 年に板門店で休戦協定が結ばれた。

在日アメリカ軍が朝鮮戦争に多数動員されたため，GHQ の指令で**警察予備隊**が創設され，アメリカ軍の日本での不在を埋めることになった。旧軍人は公職追放が解除されて警察予備隊に採用された。一方，日本共産党幹部や共産主義者が公職追放の対象となった（**レッド゠パージ**）。これに伴い労働運動の一翼を担ってきた左派の産別会議は勢力が弱まり，かわって 1950 年に反産別派の組合が結成した**日本労働組合総評議会（総評）**が労働運動の中心となった。

2 サンフランシスコ平和条約

アメリカは朝鮮戦争を経て日本の戦略的価値を改めて認識し，日本の占領を早期に終わらせ，日本を西側陣営に引き入れようと考えた。アメリカのダレス外交顧問らは，講和後もアメリカ軍を駐留させることなどを条件に，ソ連などを除いた西側諸国との**単独講和**の準備をすすめた。日本国内ではソ連・中国を含むすべての交戦国との**全面講和**をめざすべきとする意見もあったが，第 3 次吉田茂内閣は**単独講**

⊕ **PLUS α**

全面講和の主張
南原繁・大内兵衛などの知識人層や，日本社会党・日本共産党は全面講和を主張した。また，日本社会党は党内対立を起こし，全面講和を望む左派と，単独講和を認める右派に分派した。

和を選択した。この選択には，まず講和を結ぶことによって独立を回復し，そのうえでアメリカ軍の駐留を認めることで，再軍備の負担を避けて経済復興に集中するというねらいがあった。しかし自らの軍備をもたない以上，安全保障についてアメリカに依存する選択でもあった。

1951 年 9 月，アメリカのサンフランシスコで開かれた講和会議にて，日本はアメリカなど 48 か国とのあいだで**サンフランシスコ平和条約**に調印した。**ソ連などは講和会議に参加していたが，条約には調印しなかった。中華人民共和国・中華民国は両国とも会議に招かれなかった。**翌年 4 月にこの条約は発効し，**日本は独立国としての主権を回復した。**この条約では，日本の交戦国への賠償責任が軽減された。領土については，朝鮮の独立，台湾・南樺太・千島列島の放棄などが定められた。

⊕ PLUS α

中華民国との講和
台湾を拠点とする中華民国とは，1952 年に日華平和条約を結んで講和した。しかし，1972 年に日本が中華人民共和国と日中共同声明を出したことで，この条約は終了した。

3 安保条約

サンフランシスコ平和条約の調印と同日，日米安全保障条約（安保条約）も調印され，独立後も日本にアメリカ軍が駐留することが決められた。しかしこの条約には**アメリカ軍の日本防衛義務の明示がない**といった問題点もあり，今後への課題が残った。1952 年には日米行政協定が結ばれ，日本は駐留軍への基地の提供と，駐留費用の分担をすることになった。

太平洋戦争前の日本領
サンフランシスコ平和条約による日本の領域
1960 年代以降の日本復帰の地域
年 日本への返還の年

ソ連
樺太
択捉島
国後島
色丹島
歯舞群島
中華人民共和国
朝鮮民主主義人民共和国
大韓民国
竹島
対馬
尖閣諸島
奄美大島
沖縄
奄美群島 1953年
琉球諸島 1972年
小笠原諸島 1968年
硫黄島 1968年
南鳥島 1968年
台湾（国民政府）
沖ノ鳥島 1968年
太平洋

▲独立後の日本の領土

 POINT

サンフランシスコ平和会議
☑ **中華人民共和国・中華民国　会議に招かれなかった**
☑ **ソ連　会議に参加したが，条約に調印しなかった**

4 占領期の文化

　占領期の改革で思想や言論に対する国家の抑圧がなくなり，従来の価値観は大きく変化した。個人の解放や民主化の理念が広まり，アメリカ的な生活様式や大衆文化があこがれとともに受け入れられていった。多くの雑誌や新聞が創刊されたほか，『中央公論』や『改造』などが復刊した。また象徴天皇制がとられたことにより，これまで天皇批判として取り締まられてきたマルクス主義が復活をとげるとともに，各学問で発展が見られた。人文・社会科学分野では政治学の丸山真男・経済史学の大塚久雄など独自の学説を打ち立てる学者が活躍した。自然科学分野では**湯川秀樹**が 1949 年に**日本人として初めてノーベル賞（物理学賞）を受賞**し，同年には学術の発展をめざすあらゆる科学者の代表機関として**日本学術会議**が設立された。

　文学では**太宰治**や**坂口安吾**が既存の社会常識などに挑戦する作品を著し，**大岡昇平**と**野間宏**は戦時体験を題材として戦後派文学（アプレゲール）を構築した。

　1949 年に**法隆寺金堂壁画**が焼損したのをきっかけに文化財保護の重要性が認識され，翌年には**文化財保護法**が制定された。

　戦争から解放された一般民衆の間では，生活の苦しさに逆行するように明るい大衆文化が広がった。「リンゴの唄」がヒットした**並木路子**や，**美空ひばり**が歌う歌謡曲が大流行し，**溝口健二**や**黒澤明**の映画は国際的にも高い評価を得た。日本放送協会（NHK）のラジオ放送はドラマやスポーツ中継で人気を博し，1951 年には民間のラジオ放送も始まった。

🔍 **この講のまとめ**

日本の独立の回復はどのようにしてなされたのだろう。

☑ 米ソの対立構造を背景とした朝鮮戦争により，日本の戦略的価値が再認識された。

☑ 全面講和と単独講和の選択があるなかで，日本は西側陣営に属する単独講和を選んだ。

100 | 55年体制と自主外交

この講の着眼点

独立した日本の政治ではどのような動きがあったのだろう。

1 冷戦下の世界情勢

　冷戦下，米ソは水爆・大陸間弾道ミサイル(ICBM)の開発や宇宙進出で激しい競争を繰り返した。しかしソ連では，1953年のスターリンの死去を契機に，1950年代半ばには後継のフルシチョフが東西の平和共存路線を打ち出し，対立緩和の動きが出始めた(**雪どけ**)。1960年代には核軍縮がすすめられ，米ソが圧倒的であった国際情勢も変化し，多極化の傾向となった。西側陣営では1967年にヨーロッパ共同体(EC)が組織されるなど，西ヨーロッパ諸国は経済的な自立を志向した。フランスは独自の外交を展開し，西ドイツもめざましい経済成長を遂げた。東側陣営では中華人民共和国がソ連と対立するようになり，核実験も成功させた。

　また，1955年に，戦後独立した新興国家の結集をめざす**アジア＝アフリカ会議**(バンドン会議)が開かれた。1960年代には国連加盟国の過半数をアジア・アフリカ諸国が占めるなど，第三勢力の台頭も始まっていた。

　ベトナムではフランスからの独立戦争が1954年の**インドシナ休戦協定**によって終了したが，北ベトナムと南ベトナムに分断され，内戦が続いていた。1965年には南ベトナムを支援するアメリカが北ベトナムへ爆撃(**北爆**)を行うなど大規模な軍事介入を行うようになり，**ベトナム戦争**が本格化していった。

2 独立回復後の日本

　1952年の日本の独立回復後，**吉田茂内閣**は労働運動や社会運動を抑えるための法整備をすすめ，デモ隊が警官隊と衝突する**血のメーデー事件**がおこったことを契機に，内乱などの破壊活動の規制のための**破壊活動防止法**(破防法)を成立させた。また，破壊活動を行ったり，そのおそれのあったりする団体の調査を行う公安調査庁を設置した。

　再軍備に関しても大きな動きがあった。平和条約発効後，**海上警備隊**(のち警

備隊)の新設や，警察予備隊の**保安隊**への改組が実施された。アメリカの再軍備の要求は強まり，1954 年に日米で締結された MSA 協定で，日本はアメリカから兵器などの援助を受けるかわりに，自衛力を増強するよう義務づけられた。**防衛庁**も新設され，その統括のもとで保安隊・警備隊を統合した**自衛隊**が組織された。同年に警察組織では，各市町村の自治体警察が廃止され，警察庁の指揮下の都道府県警察による国家警察に一本化された(**新警察法**)。

　こうした動きを見た左右両派の社会党・共産党・総評などの革新勢力は，これを占領期の改革に逆行する**逆コース**であると非難し，反対運動を展開した。特に石川県の**内灘**や東京都の**砂川**などでの米軍基地反対闘争や，**第五福竜丸事件**をきっかけにおこった**原水爆禁止運動**が大きな盛り上がりを見せた。

KEY WORD

第五福竜丸事件

1954 年，アメリカが太平洋のビキニ環礁で水爆実験を行った。この際，付近にいた日本の漁船第五福竜丸が「死の灰」を浴び，乗組員が被爆した(1 人死亡)。これをきっかけに，翌年には広島で第 1 回原水爆禁止世界大会が開催された。

3 55 年体制

　公職追放の解除により政界に復帰した鳩山一郎・石橋湛山・岸信介らの有力政治家が，自由党内での吉田首相への反対勢力となっていった。1954 年，造船疑獄事件が発生し吉田内閣への批判が強まると，自由党内の反吉田派は，**鳩山一郎**を党首として**日本民主党**を結成した。同年末には吉田内閣は退陣し，**鳩山一郎内閣**が成立した。鳩山首相が憲法改正や再軍備を改めて推進するなか，1955 年の総選挙では社会党が左右両派をあわせて憲法改正阻止に必要な 3 分の 1 の議席を確保し，両派の統一がなされた。一方，保守勢力でも自由党と日本民主党が合流し，鳩山を党首とする**自由民主党(自民党)** が結成された(**保守合同**)。1955 年に成立した議席の約 3 分の 2 を占める**自民党**(保守勢力)と，約 3 分の 1 を占める**社会党**(革新勢力)の 2 大政党が対立する政治体制を **55 年体制**という。

KEY PERSON

鳩山一郎
1883 - 1959

政治家。戦前には立憲政友会の議員として活動し，犬養毅・斎藤実内閣の文部大臣を務め，滝川事件にも関与した。戦後には組閣寸前に公職追放処分を受けたが，1951 年に追放解除となった。その後首相となり，保守合同で自由民主党を結成して，ソ連との国交回復や国連加盟などを実現した。

1900 立憲政友会 伊藤博文	1945 日本自由党 鳩山一郎	1948 民主自由党 吉田茂	1950 自由党 吉田茂	1953 日本自由党 三木武吉		1955 自由民主党 鳩山一郎
1927 立憲民政党 浜口雄幸	1945 日本進歩党 町田忠治	1947 民主党 芦田均	1950 国民民主党 苫米地義三	1952 改進党 重光葵	1954 日本民主党 鳩山一郎	
1940 大政翼賛会 近衛文麿	1945 日本協同党 山本実彦	1947 国民協同党 三木武夫				
	1945 日本社会党 片山哲		1951 右派・左派に分裂		左右統一	1955 日本社会党 鈴木茂三郎

POINT

55年体制の成立

☑ 保守勢力　自由党と日本民主党の合流 (保守合同) で**自由民主党**が誕生

☑ 革新勢力　分裂していた左派と右派の**日本社会党**が統一される

4 自主外交

　保守合同後，鳩山内閣は防衛力強化や憲法改正の動きをすすめる一方，「**自主外交**」の名のもとにソ連との国交回復を推進した。1956年10月に鳩山首相自らソ連のモスクワを訪問し，**日ソ共同宣言**に調印して国交を回復した。これまで日本の国連加盟を拒否してきたソ連が支持にまわり，日本は**国連加盟**を果たし，これを機に鳩山首相は退陣した。また，東南アジアのフィリピン・インドネシア・ビルマなどとも1950年代後半に国交が樹立された。

⊕ PLUS α

北方領土の行方

日ソ共同宣言において，領土問題についてはまとまらなかった。ソ連は北方領土の択捉島と国後島を自国領として譲らなかった。歯舞群島と色丹島の返還については約束し，その引渡しは平和条約の締結時とされた。しかし，現在も平和条約の締結には至っていない。

この講のまとめ

独立した日本の政治ではどのような動きがあったのだろう。

☑ 国内では自衛隊の設立など，占領期の改革に逆行する政策が展開され，保守合同で生まれた自民党と統一された社会党の対立構図による55年体制が成立した。

☑ 外交面ではソ連との国交回復や国連加盟が実現した。

101 | 新安保条約と沖縄返還

1960 年代前後に日本の外交はどのように変わったのだろう。

1 新安保条約

鳩山内閣の退陣後，自由民主党の党首となった石橋湛山が組閣したが，就任直後に病気となり，短期で退陣した。次の 1957 年に成立した岸信介内閣は「日米新時代」をスローガンに安保条約の改定をはかった。そして 1960 年に日米相互協力及び安全保障条約（新安保条約）が調印された。

しかし，条約の批准（国内での最終手続き）をめぐり，反対する世論が沸騰した。この条約は軍事同盟の性格があることから，アメリカの政策しだいで戦争に巻き込まれる危険があるとして，社会党や共産党などが参加する安保改定阻止国民会議，一般市民や学生らが反対の声を上げた。国会を包囲するかつてない巨大デモが連日実施された。これを 60 年安保闘争という。このため，来日予定だったアメリカのアイゼンハワー大統領は来日を断念したが，結局条約は国会で批准された（衆議院で強行採決され，参議院では議決がされず条約は自然承認）。そして条約発効後に，岸内閣は退陣した。

**日米相互協力及び
安全保障条約
（新安保条約）**

安保条約を改定し，アメリカの日本防衛義務を明記した。また，在日アメリカ軍の軍事行動について日本と事前協議することも定められた。有効期間は 10 年で，期間経過（1970 年）以降に締約国のどちらかが終了の意思を通告すれば，1 年後に終了できるが，締結以来継続している。

▲国会を囲むデモ

2 所得倍増

1960 年に成立した池田勇人内閣は「寛容と忍耐」をとなえて対抗勢力との政治的対立を避け，「所得倍増」のスローガンを掲げて高度経済成長の促進をはかっ

た。池田内閣は**LT 貿易**を取り決め，開放経済体制（→ p.334）にも移行するなど，経済政策を重視した内閣であった。1970 年までに国民総生産（GNP）などを 2 倍にする国民所得倍増計画が立てられたが，経済が急成長して 1967 年にはその目標が達成されるほどの成果であった。

3 外交の進展

　1964 年の東京オリンピック後には池田内閣は退陣し，**佐藤栄作内閣**（さとうえいさく）が成立した。佐藤内閣は戦後の外交課題の解決をはかり，1965 年に**日韓基本条約**を結んで，韓国との国交を樹立した。

　また 1965 年以降，ベトナム戦争にアメリカが本格的に参戦すると，沖縄の米軍基地は前線基地として活発に利用され，沖縄の住民による祖国復帰の機運が高まった。佐藤内閣は**非核三原則**（ひかくさんげんそく）（核兵器を「もたず，つくらず，もち込ませず」）を掲げたうえで，返還を果たせていない領土の問題に取り組み，1968 年に**小笠原諸島の日本復帰**（おがさわら）を実現した。そして 1971 年に**沖縄返還協定**を結び，1972 年の**沖縄の日本復帰**を実現した。しかし沖縄の米軍基地はそのまま継続して存在することになり，課題は残った。

🔍 **この講のまとめ**

1960 年代前後に日本の外交はどのように変わったのだろう。

☑ 新安保条約によってアメリカといっそう緊密な関係になり，小笠原諸島や沖縄が返還された。

☑ 韓国とは国交を開き，国交のない中華人民共和国とも貿易体制を整備した。

102 | 高度経済成長期

経済が大きく成長するなか，日本の産業はどのように変わったのだろう。

1 独立回復後の日本経済

1949 年に来日したドッジの政策（ドッジ=ライン）により，日本ではインフレが収束したが，デフレとなって深刻な不況に発展した。しかし，1950 年に始まった朝鮮戦争によるアメリカ軍向けの物資の需要などにより，好況（特需景気）となった。復興が加速し，1951 年には工業生産などが戦前の水準まで回復した。

1952 年に独立を回復した日本は IMF（国際通貨基金）に加盟，1955 年には GATT（関税及び貿易に関する一般協定）にも加盟して，国際経済の枠組みに加わった。

政府は積極的な産業育成をはかり，輸出振興のための日本輸出銀行や長期資金を融資する日本開発銀行が設立された。政府の主導で造船業の復興がはかられ，1956 年には日本の造船量がイギリスを抜いて世界第 1 位になるほどだった。

占領期にはアメリカからの援助で占領地行政救済資金（ガリオア資金）による食料輸入が行われるなど，深刻な食料不足の状態だった。農地改革後は農業生産が向上し，米の自給が可能になって，1955 年には食料不足もほぼ解決した。

2 高度経済成長

日本は 1955 年から 1973 年まで，高度経済成長とよばれる，高い経済成長が継続する時代に突入した。特に 1955 年〜 1957 年には神武景気，1958 年〜 1961 年には岩戸景気，1966 年〜 1970 年にはいざなぎ景気とよばれる大型の好況が続いた。1956 年度の『経済白書』には「もはや戦後ではない」と記されるなど，日本経済は戦後の復興の段階から，技術革新による経済成長をめざす段階となった。著しい経済成長により 1968 年にはイギリスや西ドイツを抜いて資本主義国で世界第 2 位の国民総生産（GNP）を達成するなど（1 位：アメリカ），高

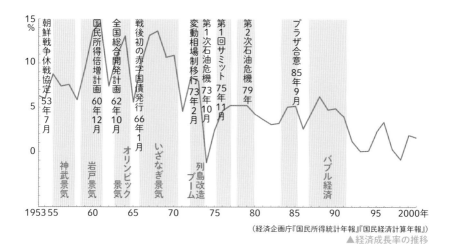

グラフ上部の縦書きラベル（左から右）：
朝鮮戦争休戦協定 53年7月 ／ 国民所得倍増計画 60年12月 ／ 全国総合開発計画 62年10月 ／ 戦後初の赤字国債発行 66年1月 ／ 変動相場制移行 73年2月 ／ 第1次石油危機 73年10月 ／ 第1回サミット 75年11月 ／ 第2次石油危機 79年 ／ プラザ合意 85年9月

グラフ下部のラベル：神武景気 ／ 岩戸景気 ／ オリンピック景気 ／ いざなぎ景気 ／ 列島改造ブーム ／ バブル経済

縦軸：15% ／ 10 ／ 5 ／ 0
横軸：1953 55　60　65　70　75　80　85　90　95　2000年

（経済企画庁『国民所得統計年報』『国民経済計算年報』）
▲経済成長率の推移

い経済力をもつようになった。

　この経済成長の基盤となったのは民間企業による設備投資や技術革新だった。鉄鋼・造船・自動車・電気機械・化学などの重化学工業の分野が発展した。また，企業では生産性の向上がはかられ，品質管理，労務管理，流通，販売などが見直され，さらに終身雇用・年功賃金・労使協調による日本的経営が確立されたこともこの時代の特徴だった。

　第二次産業や第三次産業の比率が高まる一方，第一次産業は比率が下がり，産業構造は変化した。産業間の格差の是正のため，1961年には農業の経営規模の拡大などをめざす農業基本法が成立した。農業の技術進歩や兼業農家の増加などもあり，農家所得は増大した。労働面においては労働者不足や，各産業の労働組合が賃上げをいっせいに要求する春闘などにより，賃金は上昇した。

　産業の動力となるエネルギーでは，石炭から石油へ転換されるエネルギー革命が急速に進行した。高度経済成長は安価な原油の供給によって支えられた。

⊕ PLUS α

戦後の電力事情

戦前の1938年に電力は国家管理となったが，戦後の1951年に発電と配電を行う9つの電力会社に再編された。主な発電形式はこれまで水力であったが，1960年代以降は火力が主流となった。のちに原子力が重視されて発電所などが設置されていったが，原子力関連の重大な事故が1990年代以降何度か発生し，この発電技術については議論がなされている。

⊕ PLUS α

斜陽の石炭

従来，石炭はエネルギーの中心であったが，石油が安価に輸入されるようになって斜陽産業となった。三井鉱山の三池炭鉱で労働者が大量解雇となり，それに反対する三池争議もおきた。日本の炭鉱はどんどん閉鎖していった。

貿易では鉄鋼や船舶，自動車などの重化学工業による製品の輸出が中心となった。1ドル＝360円の固定相場制にも支えられ，1960年代後半以降は貿易黒字となった。

3 開放経済体制への移行

日本経済は急速な成長をとげたが，その保護的な貿易体制に批判もあり，**開放経済体制**へ移行することになった。1963年に国際収支を理由に輸入制限をすることができない**GATT 11条国**に移行し，1964年には国際収支を理由に為替管理ができない（為替の自由化が義務付けられる）**IMF 8条国**に移行した。そして1964年に**OECD（経済協力開発機構）**にも加盟した。OECDへの加盟により，日本は**資本の自由化**が義務づけられ，外資を受け入れることになった。

開放経済体制への移行によって外資による買収や国際競争が激しくなることから，産業界はそれに備えた。財閥解体で3社に分割された三菱重工は再合併し，八幡製鉄と富士製鉄が合併して新日本製鉄となるなど，企業の大型合併がなされた。また，銀行が中心となって系列企業を融資で支え，系列企業が互いの株をもち合い，市場の寡占をめざす**企業集団**も形成された。特に都市銀行の**三井，三菱，住友，富士，三和，第一勧銀**の6行を中心とする企業集団は**6大企業集団**とよばれた。

POINT

開放経済体制への移行
- ☑ **GATT 11条国**への移行　国際収支を理由に輸入制限ができない
- ☑ **IMF 8条国**への移行　国際収支を理由に為替管理ができない
- ☑ **OECD**への加盟　資本の自由化（外資の受け入れ）

3 高度経済成長期の社会問題

高度経済成長により日本は経済的に急成長したが，地方の過疎化と都市の過密化や騒音，交通問題などの社会問題も発生した。特に公害が深刻な問題となり，企業が工場などからたれ流した汚染物質による環境破壊が深刻な公害を引きおこし，多くの人々を苦しめた。

この問題に対し，**佐藤栄作内閣**は1967年に**公害対策基本法**を制定し，1971年には**環境庁**を設置して，公害対策と環境保護に取り組んだ。公害被害に関する訴訟も始まったが，特に**水俣病**，**新潟水俣病**，**四日市ぜんそく**，**イタイイタイ病**の被害をめぐり，被害者が企業の責任を訴えた訴訟は**四大公害訴訟**とよばれた（どれも被害者である原告が勝訴）。

⊕ PLUS α

公害病の原因
・水俣病：有機水銀
・新潟水俣病：有機水銀
・四日市ぜんそく：石油化学コンビナートの大気汚染
・イタイイタイ病：工場廃液に含まれるカドミウム

社会問題の発生を背景に，大都市などでは公害の規制や福祉政策に重点を置く**革新自治体**が登場した。東京都では1967年に日本社会党や日本共産党が支援した**美濃部亮吉**が首長となった。

▲四大公害病

🔍 **この講のまとめ**

経済が大きく成長するなか，日本の産業はどのように変わったのだろう。

☑ **各産業で膨大な設備投資が行われ，さまざまな技術革新によって工業が発展した。**

☑ **開放経済体制への移行に伴い，企業の大型合併や企業集団の形成がおこった。**

☑ **産業発展の陰で環境破壊や公害病などの社会問題が続発した。**

103 | 大衆消費社会の到来

🔍 この講の着眼点

高度経済成長期の人々の生活はどのようなものだったのだろう。

1 大衆消費社会

高度経済成長によって日本の経済は急成長したが，同様に日本社会も大きく変化し，**大衆消費社会**となった。重化学工業地帯(京葉・京浜・中京・阪神・瀬戸内・北九州)が形成され，そこに産業や人口が集中するようになって都市化がすすんだ。農村から都市へ人口が流出し，都市部では**核家族**が増加した。

> ⊕ PLUS α
>
> **全国総合開発計画**
>
> 産業と人口の地域間格差を是正しようとした，地域の開発計画。15地区が指定されたが，京浜・中京・阪神・北九州などに工業が集中する傾向に変化はなかった。

テレビの登場により大衆の消費傾向に大きな変化が生じた。1953 年に**テレビ放送**が開始されたが，民間テレビ局も開局してテレビの広告(ＣＭ)が人々の購買意欲を誘い，消費を促進した。特に**三種の神器(白黒テレビ・電気洗濯機・電気冷蔵庫)**や，新三種の神器とされる**３Ｃ(カー・クーラー・カラーテレビ)**が時代に応じて広く普及していった。

また，消費者の大量消費のニーズに合わせて，流通のしくみも変化した。流通機構の変革などで安価に多くの商品を提供する**流通革命**により，大量消費のニーズに応えたスーパーマーケットなどが台頭した。

食生活面では，洋風化が進み，外食文化も発達した。食生活の変化のなかで米は過剰供給となり，1970 年には米の生産調整のため，作づけを減らす**減反政策**が開始された。

交通手段として自動車が普及する**モータリゼーション**がおき，名神高速道路や東名高速道路などの高速道路がつくられて交通網も発展した。鉄道では，1964 年に**東海道新幹線**が開通した。

POINT

高度経済成長期に特に普及した耐久消費財
☑ 三種の神器　白黒テレビ・電気洗濯機・電気冷蔵庫
☑ 新三種の神器（３Ｃ）　カー・クーラー・カラーテレビ

2 大衆文化の隆盛と中流意識の形成

　新聞・雑誌・書籍の出版が増加し，大衆文化が隆盛した。文学では，社会派推理小説の**松本清張**，歴史小説の**司馬遼太郎**などが人気を博し，ほかにも**大江健三郎**，**三島由紀夫**らも活躍した。漫画週刊誌も発行部数を大きく増やした。特に**手塚治虫**が日本のストーリー漫画やアニメーション文化の基礎をつくったことで，それぞれの分野は大きく隆盛していった。また，人々の意識にも変化がおきた。マスメディアの広い情報伝達により人々の生活様式は画一的となり，人々のなかで，自身が「社会の中層にいる」と信じる中流意識が形成された。

　教育では，高校や大学への進学率が高まり，学歴志向の高まりとともに受験競争が激化していった。大学などでは学生が学校の民主化を求めて学校当局と争う学園紛争もおこった。

　科学においては，1965 年に**朝永振一郎**が，1973 年には**江崎玲於奈**がそれぞれノーベル物理学賞を受賞するなど，世界に評価される研究者が出た。

　この時期には大きな国家的イベントも開かれた。1964 年には東京でアジア初のオリンピックとなる**東京オリンピック**が開催され，1970 年には大阪で**日本万国博覧会（大阪万博）**が開催された。

▲東京オリンピック

この講のまとめ

高度経済成長期の人々の生活はどのようなものだったのだろう。
☑ 流通革命やモータリゼーションなどにより，生活様式が大きく変化した。
☑ マスメディアの発達により，人々のなかに中流意識が形成された。

| 104 | 高度経済成長の終わり

この講の着眼点

ドル危機や石油危機といった国際的問題は，日本にどのような影響を与えたのだろう。

1 変動相場制への移行

戦後の世界経済を支えたのはドルと金を結びつける**IMF（ブレトン゠ウッズ）体制**であったが，それをゆるがす出来事が発生した。ベトナム戦争の軍事費の膨張（ぼうちょう）などで，アメリカの国際収支は悪化し続け，アメリカの保有する金が海外に流出し，減少してきていた。この**ドル危機**に対し，1971年にアメリカ大統領**ニクソン**は**金とドルの交換停止**などの新経済政策を発表して，日本などに為替（かわせ）レートの変更を要求した（**ニクソン゠ショック**）。

固定相場制を維持したい日本であったが，西欧諸国が変動相場制に移行したので日本も変動相場制に変更して，円高が一気にすすんだ。1971年に**1ドル＝308円**とする固定相場制の維持（**スミソニアン体制**）がはかられた。しかしその維持は難しく，1973年以降は完全に**変動相場制**に移行することになった。なお，1973年にアメリカと北ベトナムなどは**ベトナム和平協定**を結んで講和した。

2 石油危機の発生

1973年にイスラエルとエジプトなどが争う**第4次中東戦争**（ちゅうとう）がおこった背景から，**アラブ石油輸出国機構（OAPEC）**（オアペック）はイスラエル寄りの日本や欧米への石油輸出を制限して原油価格も引き上げていった。これで安価に原油を入手することが難しくなり，**第1次石油危機**が発生した。特に日本は原油の輸入の多く

KEY WORD

IMF（ブレトン゠ウッズ）体制

金と交換性をもつドルを基軸通貨として，そのドルと各国の通貨の交換比率を固定し（日本の場合は1ドル＝360円），世界経済を安定させる通貨体制。戦後，この体制を維持するために，IMF（国際通貨基金），IBRD（国際復興開発銀行，世界銀行）が創設され，GATT（関税及び貿易に関する一般協定）（ガット）が結ばれた。

を中東地域に依存していたので，受けたダメージは大きかった。

第1次石油危機の影響などで世界経済は大きな打撃を受けた。その対応として1975年にはフランスで日本や欧米6か国の首脳が経済問題などを協議する先進国首脳会議（サミット）が開かれた。

KEY WORD

先進国首脳会議

経済問題や政治問題を話し合う国際会議。1975年に日本，アメリカ，イギリス，フランス，西ドイツ，イタリアの6か国で始まった。翌年以降はカナダなども参加し，毎年場所を変更しながら開催されている。

3 田中角栄内閣

1972年に佐藤栄作内閣は退陣し，田中角栄内閣が成立した。外交面では，1971年に国連の中国代表権が中華民国から中華人民共和国に移り，1972年にアメリカが中華人民共和国と関係改善したことなどを背景に，田中首相が中華人民共和国を訪問して，日中共同声明を発表した。これにより日本と中華人民共和国の国交は正常化した。この合意は中華人民共和国を「**中国で唯一の合法政府**」とするものだったので，戦後に回復した日本と**台湾の中華民国政府（国民政府）との外交関係は断絶**した。しかし，民間レベルでの交流は継続している。

内政面では，田中角栄は「**日本列島改造論**」を掲げて，公共投資を拡大してさらなる経済成長を追求した。しかしこの政策は，土地や株式への投機を引きおこし，地価が暴騰した。そしてこれに第1次石油危機の影響が重なり，激しいインフレとなった（**狂乱物価**）。これで商社は投機的に商品の買占めを行い，品不足によって民衆はパニックとなってスーパーマーケットに日用品の買いだめに走るなど，市民生活に大きな混乱を引きおこした。インフレと深刻な不況が重なるスタグフレーションとなり，1974年に日本経済は戦後初のマイナス成長となって**高度経済成長は終了**した。そして，田中首相は自身の政治資金の調達に関する疑惑から退陣した。

4 ロッキード事件とその後

1974年に田中内閣が退陣し，三木武夫内閣が成立した。三木首相は「クリーンな政治」をスローガンにしていたが，1976年に田中角栄がロッキード事件で逮捕されると，同年の総選挙で自由民主党は大敗し，三木内閣は退陣した。

KEY WORD

ロッキード事件

1976年に判明した汚職事件。アメリカのロッキード社が日本への航空機売り込みの際に政界・財界・官界に巨額の贈賄を行っていたことが発覚した。さらに調査の結果，田中角栄前首相の関与が判明し，世間に強い衝撃を与えた。

次に成立した福田赳夫内閣は内需拡大などをめざし，外交では1978年には日中共同声明にもとづいて日中平和友好条約を結んだ。

　1978年末に成立した大平正芳内閣は翌年のイラン゠イスラーム革命をきっかけにおこった原油価格の引き上げ(第2次石油危機)に対処した。1980年には衆議院と参議院の同時選挙が実施され，選挙運動期間中に大平首相は急死した。この選挙で自由民主党は圧勝して，鈴木善幸内閣が成立した。

POINT

石油危機
- ☑ 第4次中東戦争→第1次石油危機が発生(→高度経済成長の終了)
- ☑ イラン゠イスラーム革命→第2次石油危機が発生

🔍 **この講のまとめ**

　ドル危機や石油危機といった国際的問題は，日本にどのような影響を与えたのだろう。

- ☑ ドル危機を契機にドルを基軸通貨とした固定相場制がゆらぎ，最終的に日本を含めた資本主義諸国は変動相場制へと移行した。
- ☑ 第1次石油危機の影響で，石油の輸入を中東に依存していた日本は経済的な大打撃を受け，その対応などのため日本も含めた先進国首脳会議が開かれるようになった。

|105| 経済大国化する日本

この講の着眼点

経済大国となった日本に何がおこったのだろう。

1 経済大国化

第1次石油危機後，日本は高度経済成長を終えた
が，それでも欧米諸国と比較して高い成長率で成長
を続け，**安定成長**の時代に入っていた。工場やオフィ
ス設備はコンピュータや ME（マイクロ゠エレクト
ロニクス）などの技術で自動化がすすんでいき，省
エネルギー化や人件費の削減が行われるなど，減
量経営がはかられた。産業分野においても，鉄鋼
や造船などの従来の重工業製品より，自動車・半導
体・IC（集積回路）・コンピュータのようなハイテ
ク産業の生産が増加し，盛んに輸出された。

貿易においては，日本は為替が円高傾向にあり，
黒字を大幅に拡大させ，逆に赤字だった欧米諸国と
の間で貿易摩擦が発生した。特にアメリカとは自動車の貿易摩擦が問題となっ
た。日本からアメリカ向けの自動車の輸出が増加し，アメリカの自動車産業は労
働者が解雇されるなどの打撃を受けたことから，アメリカ国内では日本製品の不
買運動や，日本製自動車を叩き壊すパフォーマンスがなされるような，対日非難
（**ジャパン゠バッシング**）も発生した。

1980 年には世界の国民総生産(GNP)における日本の占める割合が1割に達す
るなど，日本は世界における経済大国となった。それに伴い，開発途上国へ
の支援である**政府開発援助(ODA)**の規模も大きくなっていった。

2 プラザ合意

アメリカは財政赤字と貿易赤字の「双子の赤字」に悩まされていた。1980 年代

に日米の貿易摩擦は激しさを増し、アメリカは日本に自動車などの輸出の自主規制を求めた。また、日本市場の制度や慣行がアメリカの参入をさまたげる原因だとして、農産物の貿易規制の撤廃などを求めた。

またアメリカの貿易赤字の解決をはかるため、1985 年にアメリカのニューヨークで**5 カ国大蔵大臣(財務大臣)・中央銀行総裁会議(G5)**が開催され、協調してドル高を是正する合意がなされた(プラザ合意)。この会議の参加国は日本・アメリカ・イギリス・西ドイツ・フランスで、各国の政策協調により**円高・ドル安**の動きが急加速した。

3 バブル経済

円高は輸出に不利となるので、日本は輸出産業を中心とした円高不況となった。しかしこれは一時的なものだった。コンピュータなどによる生産・流通・販売のネットワーク化、ME 技術の導入など、企業の設備投資がすすんだ。そして、レジャー・旅行・外食のような第 3 次産業が活況となるなど内需が高まり、1987 年頃には不況を脱して好況となっていった。

1980 年代後半から生じたこの好況は 1990 年代初頭まで続き、バブル経済とよばれた。バブル経済は、当時の低金利政策によって市場に資金が余り、それが土地や株式に集まって地価や株価が暴騰していったことに特徴があった。

POINT

1980 年代の主な経済の出来事
☑ **プラザ合意** ドル高是正をはかる (→**円高・ドル安**が急加速)
☑ **バブル経済** 1980 年代後半からの地価・株価の暴騰を特徴にした好景気

4 行財政改革

1982 年、鈴木善幸内閣の次に、中曽根康弘内閣が成立した。中曽根内閣は世界で展開される新自由(新保守)主義を背景に、「**戦後政治の総決算**」をスロー

ガンとして行財政改革に取り組んだ。特にのちの
NTTとなる**電電公社**，のちのJTとなる**専売公
社**，のちのJRとなる**国鉄**の民営化を実施し，小
さな政府の実現をめざした。また，防衛費の大幅増
額や，日米韓の緊密化による防衛体制の強化もは
かった。

　1987年には**竹下登内閣**が成立した。この内閣
において大型間接税の**消費税**（3％）が導入され，
1989年から実施された。

　また，1980年代後半には労働組合が再編された。
1987年に発足した全日本民間労働組合連合会に日
本労働組合総評議会（総評）が合流し，1989年に労
使協調的な大規模労働組合となる**日本労働組合
総連合会（連合）**が発足した。

🔑 KEY WORD

消費税

商品やサービスに広く課税される間接税。3％で導入され，1997年に5％，2014年に8％，2019年に10％に引き上げられた。低所得者ほど所得に占める税負担割合が高くなる。

 POINT

中曽根内閣の民営化政策の対象となった公営企業
- ☑ **電電公社**　のちの**NTT**
- ☑ **専売公社**　のちの**JT**
- ☑ **国鉄**　のちの**JR**

🔍 この講のまとめ

経済大国となった日本に何がおこったのだろう。
- ☑ 特にアメリカと貿易摩擦が発生し，アメリカの要求を受け入れ農産物の貿易規制の撤廃などを実施した。
- ☑ 貿易の不均衡などからプラザ合意がなされ，その後にはバブル経済が発生した。

106 冷戦の終結と平成の日本社会

🔍 この講の着眼点

冷戦の終結後，日本ではどのようなことがあったのだろう。

1 冷戦の終結

　冷戦において，1970年代半ばに緊張緩和(デタント)の動きもあったが，1979年のソ連のアフガニスタン侵攻によって再度緊張が高まった。新冷戦ともされる状況に米ソは軍拡を行ったが，アメリカは「双子の赤字」に苦しみ，ソ連も社会主義に行き詰って深刻な経済危機を迎えていた。ソ連では1985年に指導者となったゴルバチョフにより体制の立て直し(**ペレストロイカ**)がはかられ，市場原理の導入などの改革が実施された。1987年には米ソは**中距離核戦力(INF)全廃条約**を締結するなど，軍縮も推進した(同条約は2019年にアメリカが破棄し失効)。そして1989年，アメリカのブッシュ大統領とソ連のゴルバチョフによる首脳会談(**マルタ会談**)が行われ，**冷戦の終結**が宣言された。

　ソ連の改革の動きをきっかけに，東欧諸国はソ連の影響下から脱した(**東欧革命**)。1990年には第二次世界大戦後に東西に分断されていた**ドイツが統一**された。そして，1991年に**ソ連は解体**することになり，東西の冷戦対決構造は崩れて世界情勢は新たな局面に突入した。

▲マルタ会談

2 自衛隊の海外派遣

　1990年にイラクがクウェートに侵攻した。翌年にはアメリカ軍などの多国籍軍がイラクに武力制裁を行う**湾岸戦争**がおこった。日本にはアメリカから参加要求があったが，日本は自衛隊の派遣は行わず多国籍軍への資金援助を実施した。そして停戦後，日本は戦後処理の1つとして機雷除去のため，ペルシア湾に海上自衛隊を派遣した。自衛隊の海外派遣には国内でも論議がおこったが，1992年に**国連平和維持活動(PKO)協力法**が制定され，自衛隊はカンボジアへ

の派遣を始めとして各国でさまざまな活動を行うようになった。

2001年にはアメリカでの**同時多発テロ**をきっかけに，アメリカが報復行動をおこした（**アフガニスタン紛争**）。この際，日本は海上自衛隊をインド洋に派遣して，アメリカなどの後方支援を実施した。2003年にアメリカなどがイラクに大量破壊兵器があるとして開始した**イラク戦争**では，日本はイラク復興支援特別措置法により自衛隊を派遣し，人道支援を実施した。

❸ 55年体制の終了

竹下登内閣の時代となる1989年1月，昭和天皇が死去した。そして明仁皇太子が天皇に即位して，元号が昭和から**平成**に改元された。同年，竹下内閣は贈収賄疑惑の**リクルート事件**や**消費税**の導入などで国民の支持率が低下し，退陣した。次に**宇野宗佑内閣**が成立したが，成立直後の参議院選挙で自民党が大敗したことなどにより，数か月で内閣は退陣し，**海部俊樹内閣**が成立した。海部内閣は湾岸戦争時の資金援助や自衛隊の派遣などの対応を行った。

1991年には**宮澤喜一内閣**が成立したが，**佐川急便事件**などの汚職事件により国民の不信を強めた。自民党内の造反による分裂もあり，1993年の総選挙で自民党は過半数を割り，大敗した。これで宮澤内閣は退陣し，創価学会を基盤とする公明党や，自民党から分裂した新生党や新党さきがけなどの**非自民8党派・非共産の連立政権**となる**細川護熙内閣**が誕生した。これで1955年より政権を担当した自民党は野党になり，**55年体制は終了**した。細川内閣は衆議院の選挙制度の改革をはかり，**小選挙区比例代表並立制**を導入するなどしたが短命に終わり，1994年に成立し，連立から日本社会党と新党さきがけが抜けた後継の**羽田孜内閣**も短命に終わった。

⊕ PLUS α

細川内閣の構成
日本社会党，新生党，公明党，日本新党，民社党，新党さきがけ，社会民主連合，民主改革連合の8党派からなった。

1994年，自民党・日本社会党・新党さきがけが提携し，**村山富市内閣**が成立した。この内閣の首班を出した社会党は従来の基本政策を転換して，安保・自衛隊・消費税などを容認した。1995年には，**阪神・淡路大震災**や，**オウム真理教**が毒ガスを散布する**地下鉄サリン事件**など，社会が大きくゆらぐ出来事がおこった。

1996年には村山内閣時の連立を引き継ぎ，**橋本龍太郎内閣**が成立した。

橋本内閣は自民党首班の連立内閣であったが，のち
に自民党単独政権となった。橋本内閣の時代には消
費税5％の実施，**アイヌ文化振興法**の制定，気候変
動に対処する京都議定書の採択などが行われた。
また，アジア諸国で**アジア通貨危機**が発生するなど
経済的な混乱もおこった。防衛面では，日米防衛協
力指針（ガイドライン）が見直され，1997年に日本
への攻撃だけでなく朝鮮半島などの日本周辺の有事に日米が協力できるように備
える**新ガイドライン**が決定された。翌年成立した小渕恵三内閣はそれを受け
て，1999年に新ガイドライン関連法の制定などを行った。小渕内閣は当
初自民党単独政権だったが，のちに自由党・公明党と連立するようになった。

⊕ PLUS α

新党の結成

1990年代半ばには野党側で
動きがあり，いくつかの野党
が合同して新進党が誕生し
た。また，民主党も結成され
た。

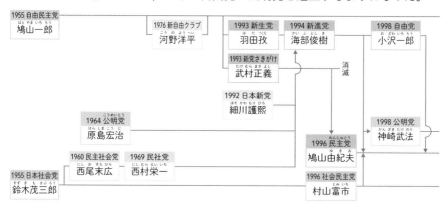

4 平成不況

1980年代後半の**バブル経済**は，1990年代前半
になると株価の下落(1990年)，景気の後退(1991
年)，地価の下落(1992年)などが始まって崩壊し，
平成不況となった。バブル経済で暴騰した株価
や地価は暴落した。そして金融機関の融資は，回収
の目途の立たない不良債権となった。金融機関自身
も株価や地価が上がることを見越して大量に保有し
ていた株式や土地が不良資産となり，不況に拍車をかけた（複合不況）。企業
の人員削減や倒産で，多くの失業者が発生し，この不況は長引いた。さらに個人

⊕ PLUS α

破綻した金融機関

・1995年頃…住宅金融専門
会社（住専）各社
・1997年…北海道拓殖銀行，
山一證券
・1998年…日本債券信用銀
行，日本長期信用銀行

消費が低迷して，内需が不振となり，円高により輸出競争力も低下していた。1990年代後半には金融機関の破綻もおこった。

　1990年代にはアメリカの圧力により，日本市場の規制緩和や市場開放がすすめられた。日本企業も国際競争にさらされ，外国資本との提携や合併などもなされた。この時代は特に情報通信技術が発達した。1990年代後半に**インターネットや携帯電話が普及**し，企業活動もいっそう国際的になっていったが，国内企業が海外に工場を移転するなど，国内産業の空洞化もおこった。

5 現代の政治と令和改元

　2000年，森喜朗内閣は中央省庁の再編などを行ったが，国民の支持を得られず退陣し，2001年に小泉純一郎内閣が成立した。小泉内閣は**構造改革**の名のもとに，金融や労働法制の緩和，郵政民営化などの**新自由主義**的な政策を推進した。その結果，所得格差などが拡大

▲小泉首相と金総書記

していった。外交では北朝鮮との国交正常化をはかり，2002年に首相自ら訪朝して金正日総書記と会談したが，日本人拉致問題などの課題は残った。2006年には安倍晋三，2007年に福田康夫が首相となったがいずれも短命政権だった。2008年に成立した麻生太郎内閣の時代には，アメリカの投資銀行リーマン＝ブラザーズが経営破綻して世界的な金融危機に発展した**リーマン＝ショック**により，日本経済も大きなダメージを受けた。

　2009年の総選挙では民主党が圧勝して，民主党を中心とする連立政権の鳩山由紀夫内閣が成立し，**自民党からの政権交代**となった。しかし安定した政権を運営できず，2010年に菅直人内閣となった。2011年には**東日本大震災**が発生し，菅内閣は震災や地震の影響でおこった東京電力福島第一原子力発電所の事故の対応に苦戦して退陣した。次の野田佳彦内閣が2012年の総選挙で大敗したことで，民主党中心の政権は終了し，自民党に政権が戻ることになった。

　第2次安倍晋三内閣以降，自民党は公明党と連立内閣を組織した。安倍首相は「戦後レジーム（戦後体制）からの脱却」をスローガンとして政権運営をすすめた。安倍内閣は憲法の解釈を変更して，**集団的自衛権**（自国と関係の深い他国

が攻撃された場合も自国が攻撃されたのと同様に対応する権利)を行使可能とし，2015年に安全保障関連法案を成立させるなどした。アイヌ問題についても進展があり，2019年に初めてアイヌを先住民族と明記した**アイヌ施策推進法**が成立した。また経済面では，大規模な金融緩和や財政出動を行い，経済成長の促進をはかった。消費税については2014年に**8％**，2019年に**10%**と2度の増税を実施した。また，2015年には選挙権の拡大も行い，**満18歳以上の男女**が選挙権を得るようになった。そして，2019年には天皇が退位して上皇となり，徳仁皇太子が即位して**令和**に改元され，平成は終わり新時代に突入した。

⊕ PLUS α

天皇の生前退位

2019年の天皇の生前退位は，江戸時代となる1817年に光格天皇が退位して以来のことだった。

POINT

自民党からの政権交代

☑ 1993年　**非自民・非共産の細川護熙内閣**が成立 (→55年体制の終了)

☑ 2009年　**民主党の鳩山由紀夫内閣**が成立

この講のまとめ

冷戦の終結後，日本ではどのようなことがあったのだろう。

☑ 各地で紛争がおき，自衛隊の海外派遣が増えて人道支援などを行うようになった。

☑ バブル経済が崩壊し，長期にわたる平成不況に陥った。

☑ 55年体制が終了して不安定な連合政権の時代となった。一時は民主党中心の政権期もあったが，自民党と公明党などが連立政権を長期に担うようになった。

定期テスト対策問題⑤

解答は p.351

1 昭和前期の日本の軍部の行動について，あとの問いに答えなさい。

昭和前期の陸海軍は，政府の意図に従わない行動が多く見られた。中国では満洲の支配をもくろむ _____ が張作霖の爆殺や，満洲事変を引きおこした。一方国内では，①海軍青年将校による首相暗殺や，②陸軍皇道派青年将校によるクーデタが発生し，政府は軍部を抑えきれなくなっていった。

(1) _____ に当てはまる，満洲に置かれた陸軍部隊の名称を答えなさい。

(2) 下線部①に関連して，この事件で暗殺された首相は誰か。

(3) 下線部①の事件がおこるまでの数年間は衆議院で最も多くの議席をもつ政党の党首が内閣を組織していたが，この状態を何というか。

(4) 下線部②の事件をそれがおこった日付から何というか。

2 朝鮮戦争と日本の国際社会復帰について，あとの問いに答えなさい。

中華人民共和国の成立と東側陣営への加入を受け，北朝鮮が大韓民国へと侵攻し，①朝鮮戦争が始まった。これを受けてアメリカは日本の占領を早期に終わらせ西側陣営に組み込む方針をとった。1951 年に日本は②西側諸国との単独講和を結び，国際社会復帰を果たした。

(1) 第二次世界大戦後のアメリカを中心とする西側陣営と，ソ連を中心とする東側陣営の対立を何というか。

(2) 下線部①の頃に実施された共産主義者への公職追放を何というか。

(3) 下線部②の条約を何というか。

(4) 下線部②の条約と同日に調印された，日本の独立後もアメリカ軍が日本に駐留することを認めた条約は何か。

3 戦後の日本経済について，あとの問いに答えなさい。

(1) 第 1 次吉田茂内閣のもとで実施された，重要な産業に資金や資材を集中的に投入する政策は何か。

(2) 「所得倍増」のスローガンのもと，高度経済成長を促進する経済政策を打ち出した首相は誰か。

(3) 1985 年に主要 5 か国の間でなされた，アメリカの貿易赤字を解消するためのドル高是正に関する合意のことを何というか。

(4) 1980 年代後半の地価や株価の暴騰を背景とする好況を何というか。

ヒント

3 (2) 首相在任中に LT 貿易を取り決め，東京オリンピックが開催された。

定期テスト対策問題　解答

第1章　古代

定期テスト対策問題①　p.78

1 解答 (1)　屯倉　(2)　公地公民制
(3)　口分田　(4)　墾田永年私財法
(5)　醍醐天皇
2 解答 (1)　蔵人頭　(2)　(b)
(3)　摂関政治
3 解答 (1)　末法思想　(2)　空也
(3)　平等院鳳凰堂　(4)　寄木造

第2章　中世

定期テスト対策問題②　p.136

1 解答 (1)　承久の乱
(2)　御成敗式目(貞永式目)
(3)　引付衆
(4)　(a)文永　(b)弘安　(5)　得宗
2 解答 (1)　足利義政
(2)　東軍：細川勝元
西軍：山名持豊(宗全)
(3)　下剋上　(4)　分国法(家法)
3 解答 (1)　二毛作　(2)　三斎市
(3)　座　(4)　会合衆

第3章　近世

定期テスト対策問題③　p.205 - 206

1 解答 (1)　桶狭間の戦い
(2)　関白　(3)　刀狩令
(4)　出雲お国(阿国)
2 解答 (1)　フランシスコ゠ザビエル
(2)　天正遣欧使節
(3)　バテレン追放令
(4)　島原の乱
3 解答 (1)　林羅山(道春)
(2)　正徳の政治　(3)　熊沢蕃山
(4)　(d)→(b)→(a)→(c)
4 解答 (1)　徳川吉宗　(2)　株仲間
(3)　旧里帰農令　(4)　上知令
5 解答 (a)　日光東照宮　(b)　俵屋宗達
(c)　松尾芭蕉　(d)　井原西鶴
(e)　人形浄瑠璃　(f)　解体新書
(g)　芝蘭堂　(h)　本居宣長
(i)　群書類従　(j)　滑稽本
(k)　葛飾北斎　(l)　東海道五十三次

第4章 近代：幕末〜大正

定期テスト対策問題 4 p.289 - 290

1 解答 (1) 五品江戸廻送令
 (2) 安藤信正 (3) 大政奉還
 (4) 戊辰戦争

2 解答 (1) 超然主義 (2) 憲政党
 (3) (b) (4) 原敬

3 解答 (1) 寺内正毅
 (2) 石井・ランシング協定
 (3) 船成金 (4) 国際連盟

4 解答 (1) 日米修好通商条約
 (2) 岩倉具視 (3) 鹿鳴館
 (4) 日英通商航海条約
 (5) 小村寿太郎

5 解答 (1) (a)大阪紡績会社 (b)豊田佐吉
 (c)八幡製鉄所
 (2) 労働組合期成会
 (3) 足尾銅山 (4) 治安警察法

6 解答 (1) 大正デモクラシー
 (2) プロレタリア文学
 (3) 柳田国男 (4) 新劇運動

第5章 近代・現代：昭和〜平成

定期テスト対策問題 5 p.349

1 解答 (1) 関東軍 (2) 犬養毅
 (3) 憲政の常道 (4) 二・二六事件

2 解答 (1) 冷戦(冷たい戦争)
 (2) レッド゠パージ
 (3) サンフランシスコ平和条約
 (4) 日米安全保障条約(安保条約)

3 解答 (1) 傾斜生産方式
 (2) 池田勇人 (3) プラザ合意
 (4) バブル経済

さくいん

MY BEST
よくわかる高校日本史探究

イラストレーション	FUJIKO / 大津萌乃
編集協力	香取愛一郎 / 赤堀大輔(株式会社オルタナプロ)
校正	佐藤千晶(株式会社シナップス) / 牧屋研一
データ作成	株式会社 四国写研
印刷所	共同印刷株式会社 / 株式会社 リーブルテック